上海文化发展系列蓝皮书
THE BLUE BOOK SERIES ON
SHANGHAI CULTURAL DEVELOPMENT

上海文化交流发展报告
（2019）

ANNUAL REPORT ON CULTURE COMMUNICATION DEVELOPMENT OF SHANGHAI
(2019)

打造"一带一路"文化交流品牌

主编／荣跃明

执行主编／饶先来　李艳丽

上海人民出版社

上海书店出版社

摘　要

　　《上海文化交流发展报告（2019）》以"加强文化交流品牌建设　推进'一带一路'民心相通"为主题，着眼于 2019 年甚或更长一个时期上海与国家文化交流发展的热点议题和重要问题，在准确把握文化交流与合作工作于"一带一路"建设中的重要意义的基础上，预测展望文化交流品牌建设与发展的新趋势，进而提出未来上海文化交流发展在服务中心工作、配合国家战略方面的一些具体的举措和建议考。全书内容共分为：总报告、"一带一路"建设中的文化经济与文化交流、"一带一路"文化交流品牌建设、国家形象与文化传播、港澳台文化交流与实践五部分。

　　"总报告"深入阐释了文化交流发展在推进国家战略以及"一带一路"倡议中的地位，聚焦于"一带一路"文化交流品牌打造的现状、新趋势，以及文化交流品牌建设进程中出现的新挑战和新问题，结合现实需要和未来发展提出了一些相应的思考。"'一带一路'建设中的文化经济与文化交流"深入梳理了历史记忆对建设"一带一路"的重要作用，尤其是其对构建"丝路城市文化交流网络"和重塑彼此共同的新记忆、新共识的作用。据此，提出了建设"城市建文化交流合作的体系"的新设想。"'一带一路'文化交流品牌建设"主要研析了"中国（上海）国际艺术节""上海写作十年计划""青年汉学家研修计划"等文化交流品牌的建设情况、实践经验和遇到的新挑战。"国家形象与文化传播"则主要关注了在"中华文化走出去"的背景下，我国现当代文学在德语世界中的传播现状和问题。另外，通过对日本电影《小偷家族》在中日两国的接受情况的比较，以及西班牙瓦伦西亚法雅节在城市文化建构与传播中的作用等的研究，揭示了其对国家形象建构和城市文化传播的一些重要启示。"港澳台文化交流与实践"重点关注了台湾地区信仰圈对妈祖文化传播的襄助与推动。

Abstract

The "*Shanghai Cultural Exchange Development Report (2019)*" is themed on "strengthening the construction of cultural exchange brand, promoting Understanding between peoplesaround 'the Belt and Road'"; focusing on the hot topics and important issues of Shanghai and Chinese cultural exchanges in 2019 or a longer period. By accurately grasping the significance of cultural exchanges and cooperation in the construction of "the Belt and Road", we forecast the new trends of cultural exchange brand construction and development, and then propose the specific actions and suggestions in future development of Shanghai cultural exchanges to serve and cooperate with national strategies. The contents of the book are divided into five parts: the general report, cultural economy and cultural exchanges in the construction of "the Belt and Road", The cultural exchange brand construction of "the Belt and Road", national image and cultural communication, cultural exchanges and practices in Hong Kong, Macao and Taiwan.

The *General Report* provides a deep explanation of the status of cultural exchange development in advancing the national strategy and "the Belt and Road" initiative, the current situation, new trends in the construction of cultural exchange brand of "the Belt and Road", and the new challenges and issues in the process of constructing cultural exchange brand. This report also proposes some corresponding thoughts by combing realistic needs and future development.

Cultural Economy and Cultural Exchanges in the Construction of "the Belt and Road" profoundly studied the importance of historical memory in building "the Belt and Road", especially its effects in building "the Cultural Exchange Network of the

Silk Road Cities", and the remodeling of the common memories and consensuses of each other. As a result, we propose the new imagine of constructing "the system of urban cultural exchanges and cooperation". *The Cultural Exchange Brand Construction of "the Belt and Road"* mainly analyze the construction situation, practical experience and the new challenges of cultural exchange brands such as "China Shanghai International Arts Festival", "Shanghai Writing Project" and "Training Program of Young Sinologist". *National Image and Cultural Communication* mainly focus on the propagating situation and problems of Chinese modern and contemporary literature in the German-speaking world in the background of going global of Chinese culture. In addition, by comparing the acceptance situation of the Japanese film Shoplifters in China and Japan, and studying the role of the Las Fallas Festival of Valencia in the process of constructing and propagating urban culture, this session reveal some important revelations in constructing national image and propagating urban cultural communication. Cultural Exchanges and Practices in Hong Kong, Macao and Taiwan focus on the effort in promotion of Mazu culture from the belief circle of Taiwan area.

目　录

总　报　告

分　报　告
(一)"一带一路"建设中的文化经济与文化交流

(二)"一带一路"文化交流品牌建设

（三）国家形象与文化传播

（四）港澳台文化交流与实践

CONTENTS

General Report

Sub Report
(I) Cultural Economy and Cultural Exchanges in the Construction of "the Belt and Road"

(Ⅱ) The Construction of Cultural Exchange Brand of "the Belt and Road"

(Ⅲ) National Image and Cultural Communication

(Ⅳ) Cultural Exchanges and Practices in Hong Kong, Macao and Taiwan

总 报 告

1

加强文化交流品牌建设
推进"一带一路"民心相通

饶先来* 李艳丽**

摘 要 "一带一路"倡议提出5年来,上海文化交流工作成效显著,成果丰硕,以"一带一路"为主题的文化交流活动明显增多,并呈现出快速化、多元化、品牌化发展趋势。以"上海国际电影节""中国上海国际艺术节"等为代表的对外文化交流品牌,已经成为"一带一路"沿线国家和人们了解中国文化的一张张特殊名片,成为中外人民心灵交流和沟通的一座坚实桥梁,成为展示中华文化独特魅力的一个重要平台,更是实现对外文化交流成效的倍增器。上海对外文化交流品牌建设过程中还存在一些现实的挑战和亟待破解的问题,比如在品牌建设的过程中也存在机制不灵活,人员培训不到位,运作模式僵化的

* 饶先来,上海社会科学院文学研究所,副研究员,长期致力于文化政策、文艺批评等方面的研究。
** 李艳丽,上海社会科学院文学研究所,助理研究员,研究方向为比较文化、日本明治文学等。

问题。基于此，应整合政府、社会、民间的相关资源，形成合力，瞄准主流，厚植民意，不断创新城市文化的国际化表达方式；发掘中华传统文化的当代价值，内容为王，优化载体，加强"品牌化"建设；创新为本，需求牵引，加大"市场化"运作力度。

关键词　文化交流品牌　"一带一路"　民心相通

2018年11月5日，习近平主席在首届中国国际进口博览会开幕式上发表主旨演讲指出，中国将继续推进共建"一带一路"，坚持共商共建共享，同相关国家一道推进重大项目建设，搭建更多贸易促进平台，鼓励更多有实力、信誉好的中国企业到沿线国家开展投资合作，深化生态、科技、文化、民生等各领域交流合作，为全球提供开放合作的国际平台。

上海作为此次进博会的常驻举办地，又一次吸引了世界的目光。这不仅是上海作为中国对外开放的门户城市，作为对外文化交流的重要窗口的地位的凸显，更是明确了上海建设"一带一路"文化领域桥头堡的重要使命。

一、上海市文化交流工作成果丰硕

（一）服务外交大局，深化人文交流机制

为配合李强同志率领的中国共产党代表团访问古巴、秘鲁，根据中共中央对外联络部和上海市委工作部署，市文广局组派以局长于秀芬为团长的上海文化艺术团一行50人于7月10日至7月24日赴古巴、秘鲁，在哈瓦那、利马分别举办"上海之夜"专场文艺晚会。中共中央政治局委员、上海市委书记李强，中国驻古巴大使陈曦、古共中央政治局委员洛佩兹、秘鲁国会教育青年体育委员会主席帕洛玛等古巴、秘鲁政要、各界嘉宾近1500余人出席并观看演出，扩大了中华文化和海派文化的影响，服务外交大局，得到中联部、驻外使馆、新闻媒体等多方面的高度评价，获得圆满成功。

　　为落实第五次中英高级别人文交流机制会议合作成果,促成中国上海国际艺术节与爱丁堡国际艺术节于苏格兰首席大臣斯特金 4 月访华期间,签署委约合作意向,著名舞蹈家杨丽萍编导的现代舞《春之祭》将于 2019 年 8 月第七十二届爱丁堡国际艺术节正式公演。该合作标志着中英人文交流机制下的文化交流取得了新进展。

　　配合国家文化和旅游部开展文化外交工作,全年共接待摩洛哥、立陶宛、巴基斯坦、毛里求斯、加拿大、几内亚、沙特等 7 批文化部长级访华团组,配合上海进口博览会接待英国高级别访问团组,增进了相互了解,促进了与相关国家的文化往来合作。支持国家对外文化贸易基地(上海)在进博会主会场举办 2018 中国文化产品国际营销年会,以"文旅融合发展"为主题,邀请来自南非、英国、美国等国海外业界专业人士和嘉宾参与对话。

(二)积极推进"一带一路"文化建设,各领域合作取得新进展

　　根据《文化部"一带一路"文化发展行动计划(2016—2020 年)》及《上海服务国家"一带一路"建设发挥桥头堡作用行动方案》工作要求,结合上海文化资源,稳步推进与"一带一路"沿线国家开展内容、形式多样的文化合作与交流。

　　1. 整合文化资源,助力上海文化成果走进沿线国家。

　　组织上海艺术档案馆、上海艺术品博物馆、工艺美院等 7 月赴埃及亚历山大图书馆举办《生活中的上海》非遗展览,夯实与"一带一路"沿线国家的民心相通和友好交往的基石。应中国驻波兰大使馆邀请,组织上海文化团组 10 月赴波兰格但斯克举办 2018"波兰中国周"活动,开展昆曲、话剧、舞剧专场演出,举办"中国上海改革开放成就图片展""开天辟地——中华创世神话展"和工作坊、讲座交流,为当地民众带去融传统与现代于一体的优秀上海文化作品,展现了上海城市风采,有效地夯实了在"一带一路"国家及地区开展合作的基础。

　　结合"上海文创 50 条"推动文化贸易发展的需求,赴蒙古乌兰巴托中国文化中心举办数字媒体艺术特展《遇见中国》。通过前沿的数字成像手段向"一

带一路"沿线国家人民展示中国传统文化，推动上海文化创意产业、文化装备走向"一带一路"国家。

2. 紧抓关键平台，充分发挥影视两节和国际艺术节"一带一路"文化交流平台作用，增强"一带一路"合作内涵。

6月在第21届上海国际电影节期间正式成立"一带一路"电影节联盟。来自29个国家和地区的31个电影节机构正式签署"一带一路"电影节联盟备忘录。"丝绸之路"展映单元和"带路国家"展映板块打造升级，举办"一带一路"高层圆桌峰会、电影周、电影之夜等系列活动，打造东西方文化交汇的中心节点。10月在第20届中国上海国际艺术节期间召开首届丝绸之路国际艺术节联盟年会，举办"一带一路"国际艺术节发展论坛，并与斯洛文尼亚卢比亚那艺术节、立陶宛维尔纽斯音乐节、波兰格但斯克剧院基金会、中国香港新视野艺术节签署合作备忘录，务实推动"一带一路"人文互通走深走实。

3. 拓展工作渠道，推动"一带一路"影视领域合作。

组织以于秀芬局长为团长的工作组于2018年4月赴匈牙利、捷克、印度访问，在匈牙利米什卡尔茨电影节举办"上海电影周"活动，与印度孟买电影节签订"一带一路"电影节联盟合作协议，扩大"朋友圈"。配合文化和旅游部、广电总局于6月中旬在沪成功举办2018中外影视译制合作高级研修班，邀请来自沿线国家的40位外国影视译制专业人士、机构负责人参加，并举办影视互译合作主题论坛、上海影视作品推介路演等一系列活动，成功推动纪录片《上海记忆》为首的影视产品在印尼等"一带一路"沿线国家播出。

4. 发挥上海优势，服务国家"一带一路"文化建设。

推动指导中华艺术宫与白俄罗斯国家近现代艺术中心、塞尔维亚国家博物馆等签署合作备忘录，参加文化和旅游部"丝绸之路国际美术馆联盟"成立活动，共同签署丝绸之路国际美术馆联盟成立宣言。上海图书馆加入由中国国家图书馆等牵头举办的丝绸之路国际图书馆联盟。

（三）"欢乐春节"力推海派艺术精品，打响文化品牌

2018年1月至3月期间，上海市文广局积极整合本市文化资源，主动参与由文化和旅游部会同国家相关部委和我驻外机构在海外举办的"欢乐春节"活动，共组织赴海外"欢乐春节"团组组织 28 批、677 人次，涵盖美国、比利时、俄罗斯、拉脱维亚、法国、英国、德国、新西兰、蒙古、南非等 20 个国家和我国台湾地区，以"欢乐春节"为平台，在海外打响上海文化品牌。

在美国纽约举办的"欢乐春节·上海文化周"通过上海电影周、上海电视展映周、"上海印象"非物质文化遗产展、"魅力上海"图片展等全方位、多角度向纽约民众展现了海派文化的独特魅力、当代上海的建设成就和上海人民的精神风貌。在中国驻纽约总领馆的大力支持下，"上海文化周"开幕式与新春招待会在纽约总领馆联袂举行，来自美东地区各界华人华侨代表和嘉宾逾 300 人出席。章启月总领事、纽约电影学院董事长 Jean Sherlock 等嘉宾共同为"上海文化周"开幕点红。上海著名昆曲艺术家张军、琵琶演奏家俞冰和高校大学生们为观众表演了精彩的文艺节目，来自上海的非遗传人为在场嘉宾展示了剪纸、龙凤字、中国结等传统手工艺，令众人交口称赞。活动期间，纽约时报广场纳斯达克屏、路透屏和上海陆家嘴花旗大厦"外滩之窗"屏滚动播出"欢乐春节——上海文化周·纽约"活动短片，共同营造跨越时空的"喜迎中国年"祥和氛围。活动成为我外交部开展对美文化交流工作的重要抓手，形成上海文化在美的新名片。

应莫斯科中国文化中心和中国驻拉脱维亚大使馆邀请，组织上海文化艺术团于 2018 年 2 月赴俄罗斯、拉脱维亚举办"欢乐春节"演出活动。上海民族乐团音乐会版《海上生民乐》则赴英国、法国、比利时和德国等多个欧洲重要国家的标志性文化场所开展巡演，共吸引 10 300 名欧洲观众现场观看，成为海派艺术精品走出去又一成功范例。

以文贸结合带动上海文化企业与产品走出去。支持国家对外文化贸易基地(上海)赴南非开普敦举办"欢乐春节嘉年华"文化贸易促进系列活动，组织上海文化企业赴美国拉斯维加斯参加美国国际品牌授权博览会，赴洛杉矶参加华人工商大展，赴纽约参加 2018 年国际表演艺术协会年会以及美国演艺出品人年会(APAP)。

(四)打造文化中心平台,推动海外文化传播

根据市委宣传部《全力打响"上海文化"品牌加快建成国际文化大都市三年行动计划(2018—2020年)》《"上海文化"品牌2018年60项重点工作推进计划》,市文广局积极推动创新开展国际传播,在上海参建的海外中国文化中心打造系列对外文化传播品牌。中心全年共举办演出展览活动13项,5 000人次参与,讲座论坛8场,670人次参与,电影放映46场,1 380人次观看,文化培训102课时,158人参加,主流社交媒体互动人数19 413人。

2018年2月,市文广局组织上海市群众艺术馆、上海非遗保护中心赴中心举办了"中国年画精品展暨民俗文化体验日";4月至5月,在中国驻欧盟使团、中国驻比利时大使馆支持下,组织上海市非物质文化遗产保护协会举办"从上海到布鲁塞尔:百年旗袍展";6月在中心举办首届中欧艺术对话—沃特·维兰与姚逸之艺术联展,促进中欧人文交流互鉴。7月,在中心举办当代昆区"我,哈姆雷特"演出暨静安现代戏剧谷推介。11月,推动中华艺术宫赴中心举办"风从海上来—海派当代美学与青年艺术"展,呈现上海东西交汇、包容个性、创新活力的海派文化特色。中国驻比利时大使曲星、驻欧盟使团大使张明多次应邀出席相关活动,在成功宣传中华文化、海派文化的同时,也成为我国在欧盟等重要外交机构推进合作、开展交流、传递中国声音的重要平台。

(五)继续推动对港澳台地区文化交流

利用沪港合作机制第四次会议契机,积极推动上海国际艺术节中心与香港康文署签订沪港互办文化周合作备忘录,上海当代艺术博物馆、戏曲艺术中心、文广演艺集团、徐汇滨江等纷纷与香港西九文化区管理局等相关单位签约合作。注重培养港澳青年艺术人才,组织来自香港大学、澳门大学等院校的33名港澳大学生于6月至7月在中华艺术宫、上海大剧院、国家对外文化贸易基地等19家沪上文化艺术机构实习,并通过文化讲座、参与上海国际电影节等活动,让港澳学生体验上海文化氛围,增进对祖国文化认同感。积极推进对港澳重点交流项目遴选工作,文广演艺集团皮影戏《花木兰》、上戏戏曲学校中国

传统戏曲港澳校园巡演等项目得到支持并赴港澳交流。

加强文化入岛,推动两岸文化各领域交流与合作。2018年1月至3月赴台湾台北、高雄连续举办"上海昆剧团《临川四梦》系列演出""指尖上的非遗—上海手工技艺精品展""中华创世神话绘本作品展"和"欢乐庆元宵—上海传统文化市集"等系列"欢乐春节"暨第八届海派文化艺术节赴台交流项目,以"海派文化"为主题,令台湾基层民众感受传统文化艺术魅力。新形势下加强两岸青少年文化交流,7月举办"台湾学生文化摄影夏令营"活动,邀请台北市立复兴高中师生等一行22人来沪参访交流。组织15名台湾大学生于6月至7月在上海文广集团所属各影视机构暑期实习。12月,配合上海台北双城论坛赴台举办文化分论坛交流活动。

二、"一带一路"文化交流品牌建设的上海实践

随着中国特色社会主义进入新时代,对外文化交流合作将面临新的使命和要求。近年来,上海在市委市政府的正确领导下,对外文化交流质量和水平明显提高,文化交流品牌活动深入推进,取得了可喜的成果。为了响应"一带一路"倡议,自2013年以来,上海市在宣传文化领域强化了与"一带一路"沿线国家城市之间的文化交流与合作,充分利用上海国际电影节、中国上海国际文化节以及以上海芭蕾舞团、上海歌剧院为代表的艺术院团国际巡演等已有文化品牌活动,大力推进"一带一路"文化交流品牌建设,取得了扎扎实实的进展。

1. 上海国际电影节

电影是文化的"使者",电影节是"文化使者"走向世界的桥梁。经过25年来的发展,上海国际电影节已被打造为上海对外文化交流的知名品牌,成为"中华文化"走向世界的一张"金名片"。

120年来,上海与电影结下不解之缘,这里的观众热爱电影,这座城市不遗余力培育电影。上海,还成为了中外电影人集结的大码头。1993年,经中华人民共和国国务院批准,上海国际电影节正式创办。上海国际电影节是国际电

影制片人协会认可的非专门类竞赛型国际电影节,已举办 21 届,凭借中国电影产业快速发展和上海建设国际文化大都市的强劲动力,以专业性、权威性构建中外电影文化交流平台,围绕评奖、市场、论坛、展映四大主体活动拓展影响力,开展"国际直通车""一带一路"行动等加强国际传播力,文化节庆品牌魅力已深入人心。

自 1993 年创办以来,上海国际电影节始终为全球电影人筑造交流平台,为新人创造发展机遇,为观众呈现中外电影文化,已发展成为具有广泛国际影响力、美誉度的电影节。25 年来,上海国际电影节秉持"亚洲、华语、新人"的办节定位,致力于推动中外电影交流,已经成为亚太地区最具规模、最有影响力的电影节之一,成为上海文化走向世界的一张"金名片"。2018 年 5 月,国际电影制片人协会成立电影节委员会,上海国际电影节与戛纳电影节一起,成为这个委员会指定成员,这将进一步提高上海国际电影节在国际组织中的专业话语权。

2018 年第 21 届上海国际电影面向全球参赛参展征片,共收到来自 108 个国家和地区的 3 447 部影片报名,比去年的 2 528 部有较大增长;电影节首日,签约成立了由来自 29 个国家的 31 家电影节机构组成的"一带一路"电影节联盟,还将举办"一带一路"电影周;500 部左右的中外影片在上海 45 家影院的展映,引起了市民观众的热烈反响;电影市场则吸引了各国电影机构的关注,参展的买家卖家数量出现较大幅度增长。而首映机制也在其中发挥着重要作用,本届电影节展映影片,共有 47 部为世界首映、24 部国际首映、84 部亚洲首映、118 部为中国首映。首映机制让中国优秀电影借助上海国际电影节走向国际,让世界优秀作品从这个平台被中国观众认识,通过"文化大码头"的集聚效应,打造首发、首映、首展的"上海主场",也体现了上海国际电影节这块金字招牌的国际综合影响力和面向未来的文化自信。

为积极响应"一带一路"倡议,在连续多年开展"一带一路"电影文化交流的基础上,上海国际电影节主动与沿线国家电影同行编织互通互鉴的合作之网,各国同行热烈响应,取得了良好效果。2018 年第 21 届电影节共收到来自"一带一路"沿线 49 个国家 1 369 部电影报名参赛参展的作品,共选出 154 部影片列入金爵奖竞赛和展映单元;有 26 个沿线国家的电影节机构带来了 26 部最新优秀影片,在今年首次创办的"一带一路"电影周集中展映。本届电影节首日,来自 29 个国家的 31 家电影节机构,联合签约成立"一带一路"电影节联盟,此举也让上海国际电影节在落实打响"上海文化"品牌的努力之中,助力上海成为国际文化交流枢纽城市。从 2018 年秋天起,上海国际电影节(SIFF)全新启动"一带一路"电影巡展机制。这意味着,上海国际电影节把"一带一路"电影文化交流从节内扩展为全年常态合作,每年组织不少于 10 个国家的巡展。

"一带一路"电影节联盟的成立和"一带一路"电影巡展机制的实施,既把推进各国之间的电影文化交流落到了实处,也促使各国电影节拓展了影片征集资源,丰富了竞赛和展映的多元主题。在第 21 届上海国际电影节期间,"一带一路"电影节联盟签约成员纽约亚洲电影节,就从"一带一路"电影周展映单元中挑选了马来西亚《十字路口》和菲律宾《新马尼拉》等参展影片,在今年 7 月的电影节期间进行展映;保加利亚索菲亚国际电影节已表达了在明年 3 月举行的电影节期间设立"一带一路"电影节联盟单元的计划,期待得到上影节支持。

第 21 届上海国际电影节落幕之后,上海国际电影节建立了常设工作机构,与"一带一路"电影节联盟成员保持日常联络,定期互通信息,交换合作意向。经过前期的影片推荐、遴选和项目沟通,目前已部分确定了上海国际电影节在近期举办的各国电影节进行的"一带一路"电影巡展计划。

具体来看,SIFF 将在 9 月中旬举行的乌克兰基辅媒体周举办市场展览活动;9 月下旬的匈牙利米什科尔茨国际电影节设立"SIFF 单元",放映已入围该电影节主竞赛单元的本届上影节"一带一路"电影周开幕片《柔情史》和入围该电影节展映单元的亚新奖提名片《疲城》、金爵奖最佳动画入围片《女他》;9 月下旬起举办的温哥华国际电影节,已选中获上影节金爵奖最佳编剧和评委会大奖的《阿拉姜色》和《柔情史》等影片进入展映;由 SIFF 推荐的上影节华语展映片《矮婆》,已入围 10 月中旬的波兰华沙国际电影节"发现"单元;谢晋执导的 4K 修复版《芙蓉镇》,经 SIFF 推荐已在 10 月中旬的法国卢米埃尔电影节展映；由 SIFF 推荐的中国影片《阿拉姜色》，入围 10 月下旬的菲律宾奎松城国际电影节"世界电影"单元等。

2. 中国（上海）国际艺术节

中国上海国际艺术节是由中华人民共和国文化和旅游部主办、上海市人民政府承办的重大国际文化活动，是中国唯一的国家级综合性国际艺术节。

创办于 1999 年的中国上海国际艺术节（以下或简称"上海艺术节"）是中国首个国家级国际艺术节，经过二十年探索发展，已经成为上海的重要节庆文化品牌。自创办伊始，上海艺术节即将艺术节本身作为一项带有文化产业性质的无形资产加以开发，以市场化运作达到"以节养节"的目标，并以实现品牌化作为内在的发展驱动力。从第二届艺术节开始，即成立艺术节中心的常设机构，开创了全国在此类重大文化活动领域的先例。

19 年来，上海艺术节从初创节庆活动跻身世界知名艺术节行列：总计有五大洲 70 多个国家和地区的 4 万余名艺术家、700 余个中外艺术团体先后造访艺术节，主板演出共上演中外剧（节）目 1 034 台，其中，境外剧（节）目 508 台，境内剧（节）目 526 台，观众数量超过 465 万，100 多个国家 160 多个城市和地区的 1 000 多家中外著名艺术节、演出经纪机构、演出团体参加了演出交易会，共举办近 60 项 200 余场论坛会议，节中节共举办 220 多项中外展览和博览会，参观人次 900 多万。2002 年起，举办了 15 个嘉宾国文化周。2018 年，超过 60 个国家和地区的艺术家和艺术机构参与第 20 届中国上海国际艺术节，共遴选 42 台节（剧）目参演，其中原创首演为 23 台，遴选 16 台项目参展。

自 2013 年习近平主席代表中国提出"一带一路"倡议以来，中国上海国际艺术节积极贯彻落实服务国家战略与大国外交方针，旨在促进文化交流互鉴、交融共存，为实现文明复兴、文化进步、文艺繁荣提供持久助力，为国家和地区间的多边合作提供更深厚的精神滋养，开辟具有战略意义的艺术文化舞台，推广建立更多的人文交流机制，放大这一倡议对艺术文化交流发展产生的正向溢出效应。为此，艺术节在"一带一路"文化交流品牌建设方面采取了一系列举措，向各国和各地区艺术节传递了携手并进的强烈信号，"一带一路"艺术节文化交流品牌建设初现成果。

2015年年初,中国上海国际艺术节即发起建立"丝绸之路"国际艺术节合作网络,总计获得来自18个国家22个艺术节和文化机构的热烈响应,并初步提出"丝绸之路"国际艺术节合作创意。2016年,这一合作网络进一步扩大,共有30个带路国家60多家艺术节和重要的文化机构参加了艺术节联盟。在此基础上,经过两年多的不懈努力,"丝绸之路国际艺术节联盟"在2017年第十九届中国上海国际艺术节期间正式成立,成为"一带一路"沿线国家艺术节互联互通、共创共享的合作实体、联系网络与服务平台,共有来自32个国家和地区的124个艺术节和机构加盟。"丝绸之路国际艺术节联盟"的成立标志着"一带一路"文化交流合作机制的创新,这一组织将致力于通过国际艺术文化的纽带,连接并推动包括"一带一路"沿线国家及更大范围的国际文化交流与合作,探索艺术文化的创新动力,实现沿线各国在艺术领域多元、自主、平衡、可持续的发展。

2017年10月,在"一带一路"国际艺术节发展论坛上,中国上海国际艺术节还就"丝绸之路国际艺术节联盟"的具体运作提出了初步规划和设想。一是通过签署双边、多边的合作协议、备忘录等形式,在联盟成员国家和地区举办不同的艺术节、文化周活动来辐射更广泛区域,吸引更多艺术节和文化机构加入联盟。二是在基于自愿的相对松散型合作网络的基础之上,建立高效、规范的联合工作机制,有效搭建起信息的集聚中心、传播中心和交流中心。三是开展务实多样的创新服务工作,以艺术节和上海艺术舞台的交流平台为窗口,展示、推介、遴选和表彰优秀作品,逐步形成各个艺术节之间相互推荐、相互评审和相互巡回演出的长效机制。四是建立"丝绸之路国际艺术节联盟"艺术家和艺术项目数据库,并辅以多种形式的论坛、培训班、艺术教育等活动推进艺术文化的传播,深化人力资源、市场信息、理论架构、实践操作等诸多维度的交流,为实现文化贸易、推动创新发展的建立获取更为广泛的共识。五是以节目交易会和项目洽谈会为依托,广泛拓展对外艺术文化贸易,切实让更多本土优秀剧目走向海外商业演出市场和艺术节表演舞台,实现在剧目交流和人员交流方面更深度的融合。

2017年至2018年,丝绸之路国际艺术节联盟中国新增香港新视野艺术节等成员33家,截止到目前共有41个国家和地区的157家艺术机构加入联盟。除了持续的合作网络规模扩大,2016年以来艺术节与其他艺术节和文化机构签订的"'一带一路'双边合作协定"也在不断践行之中:三年来,国内多家演艺机构和院团从艺术节平台进入到"一带一路"沿线国家和国际演出市场,受邀参加了包括印度德里国际艺术节、匈牙利布达佩斯之秋艺术节、英国南岸艺术中心、中国变奏艺术节、澳大利亚阿德莱德艺术节、罗马尼亚锡比乌国际戏剧节、格鲁吉亚第比利斯国际戏剧节等节庆活动在内的演出和城市活动。此外,借助艺术节原有平台特别推出的"一带一路"版块,每年从演出展览到合作洽谈签约,从论坛研讨到演出项目专门推介,全方位推进双边和多边合作交流,落实了众多合作意向。联盟成立至今,达成双边文化合作协议4个,中国原创优秀节目"走出去"演出15场,达成相关合作意向100多个。充分运用艺术节平台资源网络积极推动中华文化"走出去",推动落实多项海外演出项目,如艺术节委约作品谭盾微电影交响诗《女书》、张军当代昆曲《我,哈姆雷特》、艺术节"扶持青年艺术家计划"委约作品王亚彬现代舞剧《青衣》、音乐电影《斩·断》等分别赴匈牙利布达佩斯之春艺术节、匈牙利布达佩斯之秋艺术节、印度德里国际艺术节、乌兹别克斯坦东方旋律音乐节、捷克布拉格之春音乐节等知名"一带一路"沿线国家艺术节演出。

2018年,第二十届艺术节论坛召开了题为"新格局、新作为、新世代"的主旨论坛暨丝绸之路国际艺术节联盟第一次年会,共同探讨"丝绸之路国际艺术节联盟"成立一年来取得的成果和实绩,并基于现有平台资源和共同繁荣的愿景,落实在节目展演、合作制作、共同委约、人才培训等方面的具体合作意向以及扩大合作、深化交流的行动指南。年会首倡丝绸之路国际艺术节联盟合作计划,提出五项具体的工作设想:一是形成多元共享的文化合作网络,建立全球参与、合作共赢、普惠民众的文化合作网络,促进文化多样性;二是基于合作网络,建立高效、互动、规范的联合工作机制,为联盟成员提供优质服务;三是开展务实多样的创新服务工作,以各联盟成员机构为窗口,展示、推介、遴选、表彰优秀作品,逐步形成成员间相互推荐、相互咨询、相互巡演的体系;四是建立新作孵化和人才培养新平台,通过跨地区、跨界合作,进一步推动艺术创新和技术革新,鼓励联合委约和联合制作;五是通过务实的剧目演出和人员交流活动,推动更大范围内的文化贸易。在贯彻落实上述举措的基础上,使联盟真正成为各成员国家和地区艺术作品生产创作的基地与首演平台。

除以上各平台活动以外,2018 年,中国上海国际艺术节与斯洛文尼亚卢布尔雅那艺术节、波兰格但斯科莎士比亚戏剧节、格鲁吉亚第比利斯国际戏剧节、意大利斯波莱托两个世界艺术节、立陶宛爱乐协会签订合作协议,就互邀演出、艺术节总监互访交流、培训、论坛嘉宾邀请、专业创作交流、青少年艺术教育项目交流合作、互办文化周等各专业活动达成明确的合作意向。在主板演出环节,第 20 届中国上海国际艺术节延续与"一带一路"沿线国家开展文化交流的传统,罗马尼亚锡比乌国家剧院《俄狄浦斯》、格鲁吉亚科捷·马加尼什维里国立戏剧院《皆大欢喜》、立陶宛室内乐团、华沙交响乐团等都将在艺术节举办期间在沪亮相。在联盟合作框架的主导下,沉浸式越剧《再生缘》赴罗马尼亚演出,赵梁现代舞《舞术》赴格鲁吉亚演出,中波合作舞蹈夏令营圆满举行,中国大学生赴罗马尼亚锡比乌国际戏剧节"学生观剧团"成为长效化交流活动。

创办 19 年来,中国上海国际艺术节以"创新发展"的理念为引领,坚持走品牌发展之路,已成为了中国对外文化交流的重要窗口和国际艺坛具有品牌影响力的著名艺术节之一,必将在"一带一路"文化交流活动中发挥作用,推动世界文化的交流、融合、发展。

3. 上海芭蕾舞团全球巡演

上海芭蕾舞团不断开拓"走出去"的演出模式,力推具有中国元素的原创芭蕾作品。通过交流演出季、受邀参加节庆演出、纯商业合作及自主租场等多种模式,进一步扩大中国芭蕾艺术在国际舞台上的影响力。近年来,为了积极响应"一带一路"倡议,利用自身文化品牌活动的资源优势和影响力,进一步强化了与沿线国家地区之间的文化交流合作。

2016 年上海芭蕾舞团全年完成 4 个国家 5 个批次共 32 场的国外演出。2017 年完成了 45 场的国外演出,向世界展现当今中国芭蕾的创新力量和艺术水准。2018 年,上海芭蕾舞团积极传播海派文化品牌,多部经典及原创芭蕾舞剧献演世界舞台,不仅出色完成了豪华版《天鹅湖》国外巡演计划,第三次登上欧洲的舞台共演出 27 场,而且以大型原创芭蕾舞剧《马可·波罗——最后的使命》参加俄罗斯车里雅宾斯克歌剧芭蕾舞剧院举办的第十届芭蕾舞节(为纪念叶卡捷琳娜·马克西莫娃),于 6 月 26 日、27 日登上车里雅宾斯克歌剧芭蕾舞剧院的舞台。这也是上芭首次赴该地区进行演出交流,将中国优秀原创芭蕾作品推向世界舞台的同时,进一步打响上海文化品牌,增进"一带一路"沿线国家间的交流合作与传统友谊。

上海在"一带一路"文化交流品牌打造方面取得巨大进展的同时,也面临着一些新的挑战,比如对外文化交流合作多部门齐头并进,缺乏完善的协作机制,商业化运作力度不大,民间活力有待进一步激活,文化项目活动相关人员素质参差不齐,品牌文化活动的内涵应进一步丰富和拓展,等等。

三、对上海"一带一路"文化交流品牌建设的思考

"一带一路"本质上是就是一种多极的模式。中国推进"一带一路"建设需要且必须得到绝大大多数国家的合作,才能成功。"一带一路"倡议是以世界各国人民的共同利益为牵引,绝大多数国家和人们都能从中看到自己的希望。而今天经济的全球化,以及技术上的进步,也提供了这种实现希望的可能。因此,一方面,沿线国家地区的政府和人们都有参与"一带一路"建设的动力,另一方面,在西方一些舆论大肆歪曲抹黑下,"一带一路"建设也让一部分不明就里的国家和人们心存疑虑。要成功推进"一带一路"建设,既要大力揭露和驳斥一些西方国家的阴谋,也要通过长期细致的文化交流工作来消除这种疑虑。必须通过"硬联通"与"软联通"并举,大力夯实中国与沿线国家之间的民意基础。软联通主要凭借文化交流合作,才能让他们深入了解中华文化的本质,更好地体认中国人民的义利观,最终实现"一带一路"民心相通。而对外文化交流品牌活动的打造,则是其中最有效、最长远的一项工作。

(一)品牌意识是提升文化交流成效的倍增器

文化交流要有品牌意识,品牌是提升文化交流合作成效的不二利器。国

家文化部等机构共同打造的"欢乐春节"这个文化交流品牌活动就是一个成功的例证。

春节是中华民族最重要的传统节日,也是中华文化的重要载体。随着中国文化在世界的广泛传播,越来越多的外国朋友开始对中国春节文化产生了浓厚的兴趣,并希望通过参与春节的文化活动,学习中华文化,了解中国社会;越来越多的国家把春节列为其公共假日或节日。春节已成为世界了解中国的一个重要窗口。海外"欢乐春节"活动积极倡导"欢乐""和谐""共享""祈福"的价值理念,突出"欢乐春节,和谐世界"的主题,既集中体现中华民族的良好愿望,也充分反映各国人民的美好心声。经过五届的积累已逐步成为在海外举办的迄今为止规模最大的对外文化交流品牌活动。

自 2010 年春节开始,中国文化部等机构在海外共同推出"欢乐春节"大型文化交流活动,与各国人民共度农历春节、共享中华文化,受到海外民众欢迎,经过 9 年的累积已逐步成为具有广泛影响力的中国文化品牌,是我国开展文化外交、公共外交、文化贸易及提升国家形象地一个重要平台。中国春节蕴含着丰富的民族传统与历史文化底蕴,既是中国人的最重要的传统节日,同时也是开展中外文明交流互鉴的最佳载体。

毋容置疑的是,"欢乐春节"作为开展对外文化交流、推动中华文化走向世界的一个靓丽品牌,已经成为国外民众了解中国文化的一张特殊名片,成为中外人民心灵交流和沟通的一座坚实桥梁,成为展示中华文化独特魅力的一个重要平台,更是实现对外文化交流成效的倍增器。

(二)文化交流品牌活动促进民心相通

"一带一路"沿线国家地区互联互通,中国企业在那里承担了大量的"硬件",即基础设施建设,推进沿线发展中国家的城市现代化。除了这些硬件,中国也正在帮助沿线一些国家完善相应的"软件",即配套的社会公益设施。除了教育、文化、卫生等项目,除了实现"硬联通",我们还需要达致"软联通"。

实际上所有的"硬联通"如果没有"软联通",恐怕都难以成功。第一,所有项目在落地的时候就和当地居民产生了关系。当地居民同意不同意这项目,很大程度上决定了这项目能否持久推进。第二,项目落地以后,需要吸引大量当地劳动力进入这一项目,否则都是中国工人也不行。没有当地的管理人员和工人,这项目将来容易半途而废。注重雇佣当地的经理、工人,这一点也是"软联通"。第三,培养更多的当地人才。所以,"软联通"是"硬联通"能否持续的保证,没有"软联通","硬联通"基本都是失败的。像文化的、价值观的、制度的联通,那就更高了,需要更长时间。

把"一带一路"看成一个纯粹的基础设施项目,这是非常片面的。在以后的发展过程中,不管是中国政府、中国企业还是中国的一些大学机构、研究所,都要花很多的力气进行"软联通"。"软联通"的时间要比"硬联通"的时间长得多,"硬联通"可能最多不过5年就完成一个项目,"软联通"可能要几十年。

究其实质,"一带一路"建设的着力点是个沿线国家地区及背后多元文明的群体性复兴,使建立在文明融合而非文明冲突的立场上,是以文化的交流交融为经济建设搭桥铺路,并提供价值引领和支撑。这就要求沿线各国家、地区必须加大文化的对外开放力度和提升对外开放水平,通过文化的传承、交流和创新,使古老文明在现代社会焕发新的活力,这种交融也将为区域经济一体化奠定坚实的民意基础与社会基础。

1. 如何做到民心相通

中巴经济走廊也好,中亚国家也好,是"一带一路"建设的重点,因为它们是"一带一路"往西走的第一步。这里有利的一面,就是中亚国家都是上合组织成员,某种程度上,他们在政治上跟中国比较靠拢,在官方关系上没有太大问题。但区域内这些国家的老百姓过去接触不多,随着"一带一路"建设的推进,各国老百姓相互了解不多的问题就会凸显出来。

第一个问题就是宗教不一致,这需要彼此了解对方的宗教情况,尊重对方的宗教习惯。饮食上也是如此。此外中国工人过去,虽然也做了些教育,但绝大部分不了解外文,到了项目所在国就存在沟通不畅的问题。不懂对方的文化,再不懂对方的语言,容易发生误会,出现不可控的风险。

第二个就是安全问题。比如中巴经济走廊的建设,改善安全形势以谋发展越来越成为当地人民的一种共识。实际上,随着"一带一路"建设在当地的推进,恐怖主义是变少了。总的一条就是只有发展经济,才能消除恐怖主义的经济基础。这一点其实可以推而广之。将来"一带一路"修到阿富汗、伊朗、海湾地区以及中东,修到高加索地区,都有类似情况。

第三个问题是民心相通。这不是靠一两个人的智慧就能解决的问题,而是要靠教育、培训、文化交流活动等。我们要去那里和当地合作办学校,或把那里的老师邀请到中国来进行职业培训,如旅游培训、海关培训、医疗培训,让这些沿线发展中国家的人才的能力得到提升,再回到当地投身建设,由他们来解释中国的一些事情,这比中国人自己说效果要好。①

我们经常是重视硬件,忽视软件。就是要重点建设大工程以外的配套工程,而配套工程里主要的是人心的工程,做教育、医疗、卫生、文化、职业培训。

文化教育卫生交流等软件的民心相通和硬件的社会经济效益是结合在一起的。项目出效益了,民心也相通了;民心相通了,项目也容易做好,也安全了。这两点是相辅相成的。

2. 文化包容是文化共鸣的基础

"'一带一路'最重要的是文化共鸣"。经济上的互利是短暂的,文化认同才会永恒久远。文化交流是文化共鸣的前提,文化包容是文化共鸣的基础。"丝路精神"的核心价值在于沿线各国虽然文化不同、制度各异、社会形态有别,但各国人民能互相尊重,互相包容,互学互鉴、互利互惠,能凝聚共识、共建共享共赢。在今日全球化的背景下,沿线各国文化多元并存,相互碰撞与融合,促成了文化创新、产生文化共鸣,同时为各国各区域的经济发展注入了活力。

"一带一路"沿线国家和地区的人文各有特色,通过深层次的文化交流合作,同频共振、同气连枝,唤醒民族记忆和历史记忆,能让其产生共同心声,增强互信,广开合作之门。"一带一路"倡议追求的是经济贸易与文化发展的双丰收。无论是"丝绸之路经济带",还是 21 世纪海上丝绸之路,都蕴含着以经

---

① 黄仁伟:《从中巴经济走廊看"一带一路"光明前景》,见《观察者网》(2018 年 10 月 6 日),
https://m.guancha.cn/HuangRenWei/2018_10_06_474420_s.shtml.

济合作为基础,以人文交流为支撑,以开放包容为理念的重要内容。各国间的关系发展既需要经贸合作的硬支撑,也离不开文化交流的软助力。

"一带一路"倡议的推进,使不同文化背景、不同宗教信仰的各国、各地区、各民族人民交流更为密切,为各种优秀文化及和谐发展、和平共处理念的传播提供了途径,促进沿线国家、地区在经贸、文化等领域互学互鉴、合作共赢,加快建成水乳交融的利益共同体、责任共同体和命运共同体。

（三）"一带一路"文化交流品牌建设途径的创新

在"一带一路"倡议框架下,积极推动中华文化走出去,作为对外文化传播的重要载体,文化交流品牌正成为中华传统文化的国际表达,精心打造民族文化品牌成为中华文化走出去的战略要求。深入挖掘文化内涵,不断创新传播方式,在品牌塑造过程中嵌入中国文化的独特元素,提升文化交流品牌的潜在价值,已逐渐成为夯实国家文化软实力,增强中华文化在"一带一路"沿线国家内影响力的重要途径。

1. 精心打造对外文化交流品牌推进"一带一路"民心相通的战略要求

近年来,政府、社会、企业精心打造对外文化交流品牌,不断扩大中华文化的影响力和辐射力,中华文化不断加大"走出去"的步伐,中国文化软实力得到进一步提升。在国际舞台上,富含中国元素的中国故事赢得八方喝彩,彰显人文精神的文化品牌屡获国际大奖,中华文化正成为中国迈向世界的形象代言人,也正为中华复兴梦的实现提供强大的源动力。"一带一路"建设和"人类命运共同体"理念的传播实践,正是我国现阶段进行文化传播、彰显文化感召力的有效载体,不仅扩大了中华文化的国际影响力和吸引力,还进一步增强了我们在跨文化传播战略中的话语权和权威性。在新媒体传播的语境下,世界互联网大会、博鳌论坛、G20峰会、APEC会议、孔子学院等传播平台的形成和系列文化品牌的塑造正在成为构建对外话语体系、提高国际话语权,增强文化软实力的内在要求和重要途径。"欢乐春节"在全球范围广受欢迎、中国上海国际艺术节迄今举办十九届,上海电影节、北京电影节争奇斗艳迎来五湖四海宾客,京剧《贵妃醉酒》在美国上演、《舌尖上的中国》在东南亚热播等一系列成功典范,深刻证明中国对外文化品牌建设已成为提高中华文化国际影响力的重要载体。要推动中华文化走向世界,增强文化自觉,坚定文化自信,就必须开展形式多样、渠道多元、层次鲜明的对外文化交流活动,主动与世界沟通,提高对话质量,在相互借鉴中增强文化自信,不断提升中华文化在世界上的感召力。要使中华文化真正走出去,不但需要极具思想内涵的文化精品,还必须借助全媒体的传播平台,采取多元化的传播策略。有了品质和载体保证,才能真正产生超高的文化附加值,形成巨大的国际影响力,才能使中国文化不仅传播到沿线国家各族人民中去,还要走向更广阔的国际舞台,我们要在推进实践创造的进程中深度挖掘文化资源,不断凝练文化内涵,利用创意带动文化创新,在历史进步中实现文化传承与发展进步。因此,对外文化的品牌塑造及其传播策略已成为中国推进"一带一路"建设和中华文化走出去的核心途径和重要支撑。

2. 对外文化的品牌塑造与传播路径

对外文化的品牌塑造及传播是世界了解我国的重要窗口,随着我国国际传播体系的建构与文化软实力的日益提升,我们亟须融汇更多的中国元素构建良好的中国形象,以凸显中国精神,传播中国价值。民族的更是世界的,只有彰显中国元素的民族文化品牌才能在国际市场赢得一席之地。

上海既是中华文化走出去的重要门户,也是"一带一路"文化领域的桥头堡,理应在对外文化品牌塑造与创新传播方面狠下功夫,追求更高的成效。

一是挖掘文化内涵,提升对外文化的品牌价值。在当今世界经济文化一体背景下,中国倡议"一带一路"的愿景恰逢其时,这是中国提供给世界解决全球化难题的"中国方案",而这个方案深深根植于中华文化。根据以往的历史经验,做任何事情都离不开广大民众的热情参与和积极支持,推进"一带一路"更是需要强大的民意基础,要让沿线国家和地区的人民真正拥有获得感、幸福感,努力实现"民心相通"。正所谓"国之交在于民相亲"。我国各族人民只有在十分热爱自己的民族,充分了解本民族的文化内涵,坚守本民族的文化传统,高度认同本民族文化根脉的前提下,才能自觉加强自身素养的养成,凝聚民心、汇聚民智,不断提高国民的整体素质,以崭新的精神面貌和良好人文精神赢得他国人民的尊重和认同,进而增强沿线各个国家和地区的民众对中华文化的普遍认知。因此,开启新的丝绸之路进行丝路文化的跨国传播时,我国民众要大力弘扬睦邻友好的合作精神,以宽容仁爱的心态充分尊重其他国家的文化差异,理性看待多元文化的包容性和交融性。以大国姿态成就大国风范,以大国思维展现大国形象,端正态度,勇于担当,建立平等的交流平台和对话机制,树立自我尊重的信念,真正融入到世界发展的新格局中,切实担负起文化大国的使命。国土有界,文化无疆。作为一个国家和民族重要的文化标识,民族文化品牌就成为人文交流的重要载体,在推动中华文化走出去过程中,让富含中国智慧与思想的文化产品,带着中国多民族的元素与文化遗产,去广交朋友,通过极具感召力的文化品牌传播中国声音,讲述中国故事,阐释中国特色。通过多渠道的沟通实现不同国家和民族之间和平互惠的持久联系,这样才能让"一带一路"真正成为推动各国人民共同发展、共同富裕的桥梁。

二是创新传播方式,增强对外文化品牌的亲和力和普适性。整合一些带有鲜明中国特色、通俗易懂的文化产品打造文化品牌,以期系统性、即时性地介绍中国当代生活和发展现状。提炼一些非常吸引人的东西,让外国人抛去成见主动接受并喜爱中国。使其对中国有一个贴近事实的完整认知,从而大大提升中国的文化地位,树立中国正面的大国形象。随着世界经济文化一体化、文化多元化和网络信息化的深入发展,互联网极速推动人类文明进步和社会发展,互联网是传播人类优秀文化、弘扬正能量的重要载体。基于互联网思维,我们要不断创新方法手段,建立全方位的对外传播话语体系,科学凝练文化元素,系统构建文化品牌,创新发展文化传播策略,适时呈现文化成果,着力增强文化凝聚力,推动民族文化品牌积极参与国际竞争,加强各国优秀文化交流互鉴,有效促进各国人民进行真诚的情感交流,努力实现心灵沟通,增进中华文化的亲和力和感召力。当然,在对外文化交流和传播的过程中,一定要考虑到沿线各国的文化多样性,充分了解并尊重东道国的文化习俗,倾听当地人民的声音,懂得新闻传播基本规律,构筑本土化传播网络,选择恰当的载体和渠道,努力克服文化差异、思维差异、语言差异、信仰差异,以当地民众乐于接受的方式、能够理解的语言、喜闻乐见的媒介讲述中国故事,增加沿线各国人民对中华文化的亲近感和认同感,从而让世界人民更好地了解中国,认知中国,并喜欢上中国。

三是凸显中国元素,提炼海派文化优秀质素,提升对外文化品牌的影响力和辐射力。快速发展的世界经济离不开中国经济的高速前进,丰富的中华文化成为世界文明多样性的重要组成部分。文化既具有民族性,又具有世界性,全球文化与世界文明是多样性的统一。生生不息的中华传统文化,在数千年传承积淀中,发挥了不可磨灭的历史作用。从更宏阔的文化视野来看,我们亟需中华传统文化的创造性转化与创新性发展,这既是中华传统文化数千年传承延续内在规律的现代彰显,是它历经抗争磨难之后寻求新的作为的真切呼唤,更是当代中国语境下民族复兴伟业对中华传统文化释放能量、发挥作用的客观要求与现实需要。而孕育着中华文化精髓的"中国元素"就不仅仅是传统文化的一种象征和内在要求,更是文化强国发展战略的时代召唤,也必将为中华文化品牌走向世界奠定自信,并将勇于承担起融入世界、影响时代的历史新使命。作为承载中国元素的民族文化品牌,不仅是一个国家文化创造力的重要体现,更是促进经济社会发展的源动力。某种意义上讲,中华民族文化品牌是文化领域的中国制造和中国创造。然而,相对于借助中国元素讲述中国故事而焕发新生的好莱坞制作,我国本土化原生态的文化产品却没有占尽先机,坐守民族文化资源富矿却未能有效开掘并积极利用。源远流长的中华文明发展史,孕育了极富民族个性和特色的多民族文化,丝织、陶器、茶艺、皮影、剪纸等传统工艺风靡全球,武术、杂技等项目备受世界各国人的好评,忠、孝、悌、信等核心价值观深刻影响着周边国家和地区,这些都是中国文化产品走出去的文化基础和重要前提。

我们要善用现代媒体技术融合提炼传统文化中的中国元素,把资源优势转化为产业优势和经济优势,通过文化品牌的塑造和传播,向世界推介更多饱含中国元素、彰显中国精神、蕴藏中国智慧的传统优秀文化,进一步提升中华文化软实力和国际影响力。[①]

---

① 参见常凌翀文章,《今传媒》2018 年 01 月 19 日。

（四）进一步加强和推进文化交流品牌建设的建议

1. 进一步完善对外文化交流协作机制

目前,在国家层面上,对外文化交流主要以文化部为主要组织机构,并已逐步建立了对外文化交流的部际联席会议、部省合作机制、部馆合作机制、部直合作机制,这些机制发挥了重要作用。事实表明,中央和地方之间、国内和驻外使领馆之间的协作比较顺畅,地方政府和驻外使领馆的支持和参与既解决了资金不足问题,也为地方文艺团体创造了更多"走出去"的机会。

比如,除驻外使领馆积极组织举办"欢乐春节"活动外,海外中国文化中心、孔子学院以及中资机构都发挥了不可替代的作用。国务院侨办和中国海外交流协会每年都会组织阵容强大的"文化中国·四海同春"艺术团组,分赴各个国家及港澳地区举办演出,为全球华人华侨和港澳同胞送去新春的祝福,发挥了"欢乐春节"活动以侨为桥、传播文化的积极作用。可以说各个部门,各个机构共同将欢乐春节品牌推向世界,让世界了解中国文化,但是毋庸讳言在一些地方仍然存在着春节前后多个部门组织文化活动的现象,造成了资源浪费乃至互相冲击。鉴此,有关部门有必要进一步积极协调,整合资源,形成合力。

上海市的现实情况亦然,九龙治水的局面一定程度上还存在。建议组建市级对外文化交流联席会议,由市委宣传部统一协调,市文广局牵头,联合外宣办、市侨办、市对外交流协会、各区政府,整合对外文化交流资源,尽快形成合力,聚焦文化交流品牌建设,协同推进上海建设"一带一路"文化领域桥头堡工作。

2. 进一步加大商业化运作力度,善用社会力量,激活民间活力

在政府与民间双轨制的春节活动组织方式中,政府应当适当退后,更多地依托民间组织、企业及基金会的力量,自然、亲和地推动春节文化走出去。探索在市场机制较好的地区采取商业化运作方式开展交流活动,在市场容量较小或商业化运作困难的国家和地区则以政府资助方式开展交流。应该进一步加大商业化模式走出去的力度,加快培育国际演艺经纪人才,同时加强成本效

益分析,建立健全出访活动评估机制,使文化交流品牌项目和活动更有成效,更可持续。由于各国的经济社会发展情况和人文背景不同,社会公众对中华文化的了解和喜爱程度不同,乐于接受的艺术形式不同,因此对外文化交流活动应做好需求分析、有针对性地派出文艺团体。建议实施差异文化战略,区分情况,有的放矢地策划上海与沿线国家城市之间的文化交流活动。

3. 进一步加强对相关人员的培训和宣传

上海每年都积极参与国家文化与旅游部等机构主导的"欢乐春节"文化活动,活动规模也不小,市里统一选派的演职人员涉及人数众多。这些人员背景不同、习惯各异,但都是文化交流的使者,其言谈举止是否得体、直接关系着上海城市乃至中国的形象。我们不能为了完成任务而丢掉形象,不能顾此失彼。为了使各个派出艺术团队更加出色的完成交流任务,应该加强对相关人员的行前培训,编发相关文化活动手册,以使相关人员全面了解对外文化交流的重要意义,了解相关礼仪和注意事项。同时,我们还要注意到,这些人员为推动文化交流都付出了艰辛劳动,他们的主体地位和创造力应该得到进一步尊重,也应该让国外观众进一步了解我们的艺术家。

分　报　告
（一）"一带一路"建设中的文化
经济与文化交流

2

用历史记忆构建"丝路城市"
文化交流网络

王　健* 　顾　玮**

摘　要　与历史上的"丝绸之路"一样，"一带一路"的建设和发展也在物质和
　　　　精神两个层面上发挥着联通不同地区和国家的重要作用。而作为空
　　　　间维度的重要单位，"城市"无疑不仅在各国的国内建设和发展中发
　　　　挥着基础性作用，更是"一带一路"沿线国家对外交往、特别是参与
　　　　"一带一路"建设的重要单元。在"一带一路"的"五通"建设中，民心
　　　　相通是重要的文化基础。民心相通的沟通方式有许多，其中一个重
　　　　要资源就是沿线"丝路城市"的共同历史记忆。沿线"丝路城市"可

＊　王健，上海社会科学院国际问题研究所研究员，所长，研究方向为全球治理、中国外交等。
＊＊　顾玮，上海社会科学院国际问题研究所助理研究员，现致力于俄罗斯、中亚等方面的研究。

通过联合开展相关历史文化的研究和传播工作、共同历史文化遗产的挖掘和保护工作,以及相关的艺术和旅游等文化交流活动,逐步构建起"丝路城市"文化交流网络。这必将有助于重塑"丝路城市"新记忆和新共识,极大地促进民心相通。

关键词 历史记忆 丝路城市 文化交流 网络

建设"一带一路",我们强调的资金融通、设施联通等,都是在现实空间或虚拟空间上实现互联互通,但在时间的维度上,沟通历史与现在,联系过去与未来,也是建设"一带一路"应有的题中之意。因此,我们需要深刻认识历史记忆对建设"一带一路"的重要作用。特别是在塑造"丝路城市"并构建"丝路城市"文化交流网络时,历史记忆的作用十分突出。

一、"丝路城市"与"一带一路"

2015 年 3 月,中国政府正式发布《推动共建丝绸之路经济带和 21 世纪海上丝绸之路的愿景与行动》后,"一带一路"倡议得到沿线国家的普遍响应和快速推进。这一倡议的提出和建设进程,使"丝绸之路"这一看似古老的概念焕发出新的青春。人们在追寻历史和探索当代的过程中,重新认识"丝绸之路"。从历史上看,丝绸之路首先完成的是货物贸易的功能。中国生产的丝绸、茶叶、瓷器等运到中亚、西亚乃至欧洲,西方的马匹、骆驼、玻璃工艺等传入中国,货物的流通也改变了人们的生产和生活方式。在开展商贸的同时,附着在实体商品上的文化也得到广泛传播,例如,对中国影响巨大的佛教就是借由丝绸之路传入中国的。

所以说,历史上的丝绸之路不仅是商贸之路,更是文化交流之路。它沟通了亚欧非大陆上兴起的诸种文明,使分布在世界各个地区"社会空间"的不同人群,在持续不断的相互接触与碰撞中,逐步打破了原来相对孤立、封闭和分散的状态,逐渐融合成为一个具有密切联系的整体世界。因此,丝绸之路的开拓与发展实际上是一部人类文明互动与交往的全球史。位于不同地区的"异质空间"因为丝绸之路的存在相互连接,它们不仅在物质上互通有无,便利和发展了各自的经济和生活,也在精神上相互影响,在对其他文明与文化进行吸纳与包容的基础上,自身的文明也得以不断传播和发展。

与历史上的丝绸之路一样,"一带一路"的建设和发展也在物质和精神两个层面上发挥着联通不同地区和国家的重要作用。而作为空间维度的重要单位,"城市"无疑不仅在各国的国内建设和发展中发挥着基础性作用,更是"一带一路"沿线国家对外交往、特别是参与"一带一路"建设的重要单元。尤其是"一带一路"沿线区域的重要城市,不仅是落实该倡议的主要行为主体,也对该倡议的持续推进具有关键作用。由此,我们需要结合历史与现实,全面认识和把握"丝路城市"这一概念。

对于"丝路城市"的概念定义,当前仍处于探索阶段。联合国教科文组织(UNESCO)2015年曾从历史视角进行了阐述,该组织提出的丝路沿线城市(Cities alongside the Silk Roads)概念,主要指位于丝绸之路的重要贸易与交易枢纽。这些城市对学者、教师、理论家、哲学家等群体也具有吸引力,使之成为文化与思想的交流中心,进而为历史上的文明区域发展做出贡献。这一概念同样涉及到了物质(商品贸易)和精神(文化交流)两个层面,表明历史上的丝路沿线城市主要发挥了贸易和文化交流两种功能。

而人类发展的历史甚至在某种意义上可以被认为城市化的历史。随着经济的发展和社会的进步,城市化进程不断加快,城市的数量越来越多,也有相当多的城市发挥聚集效应,从小城市升级为中等城市,甚至升级为大城市和特大城市。规模的扩大仅仅是城市发展的一个方面,城市的功能也在不断完善和拓展。所以,并非所有的城市都可以被视作"丝路城市",即便是在地理上位于"一带一路"的沿线,也不一定意味着这座城市是"丝路城市"。所以,"丝路城市"概念有一定的标准,"丝路城市群"存在"入群"门槛。

我们认为,当代意义上的"丝路城市"(Silk Road Cities)应主要指处于"一带一路"沿线国家和区域范围内,对所在国、区域具有重要经济、社会、文化、对外经济交往战略地位和影响力的枢纽性城市。这些城市大部分是所在国的要素流动节点和增长极,对于所在国的发展具有重要的支撑作用,同时又是各国的重要政治、文化中心和对外文化交流的空间载体。①

从这一概念出发,我们可以重新认识"一带一路"沿线的诸多城市。当前,"一带一路"沿线涵盖亚欧非大陆及附近海域,涉及城市数以千计。根据联合国经济与社会理事会的统计,以参与"一带一路"建设的 65 个国家为例,30 万城镇人口以上城市有 974 个,100 万城镇人口以上大城市有 274 个。在人口标准以外,若以当前评判城市国际门户功能的世界城市网络的测度方法评价,"一带一路"沿线的南亚、中亚、北非、东欧等区域,虽然仍旧是世界城市网络中城市数量相对少、入选城市等级相对低的板块,但城市数量在整体上呈现明显的上升趋势。

根据对"全球化与世界城市研究网络"排名的统计,21 世纪以来,"一带一路"沿线区域 60 个国家进入世界城市榜单的城市数量快速增加,从 2000 年的 49 个增加到 2016 年的 81 个。② 这些城市可被视为"丝路城市"的主要群体。在"丝路城市群"中,不同的城市依规模和功能等指标可以进一步被划分为不同层级。被纳入第一层级的城市数量从 2000 年的 10 个增加到 12 个。此类城市包括迪拜、孟买、伊斯坦布尔、吉隆坡、雅加达、曼谷、华沙、利雅得等区域性国际交往枢纽,可视为"丝路城市"的核心支点城市。它们大多位于"一带一路"沿线国家中的实力较强的国家,有的是所在国家的首都,有的是所在国的最大城市。相比所在国家的其他城市或其他实力较弱国家的主要城市,这类核心支点城市不仅拥有较大的地理规模和较多的人口数量,也是所在国家的政治、经济和文化中心。这些城市凭借其国内资源的鼎力支持,也当然地成为所在国家对外交往的重要城市。例如,伊斯坦布尔虽然不是土耳其的首都,但其地跨欧亚两大洲的重要地理位置以及历史与现实积累和发展出的优势,使

---

① 邓智团、苏宁、张剑涛、屠启宇:《国际城市发展报告(2016)》,社会科学文献出版社 2016 年版。

② 杨传开、屠启宇、张方闻:《新世纪以来全球城市格局及中国城市崛起态势——基于 2000—2016 年 GaWC 连续排名的分析》,http://www.yidianzixun.com/article/0J3Uz3Nt。

其成为世界一线城市,①也可以成为"丝路城市"的核心支点之一。

第二层级是次级中心城市,"一带一路"沿线国家的首都大都属于此种类型,它们构成"丝路城市"的重要节点城市,主要发挥推动所在国参与"一带一路"建设、开展项目实施和协议落实等作用。同时,随着"一带一路"重点项目的推进和沿线区域的发展,还有一部分位于沿线重要空间枢纽区域,具有重大战略潜力,但尚未达到一般支点城市水平的关键通道节点,有望通过城市化的快速发展,形成与普通港口、口岸等枢纽型区域不同的发展特征,成长为沿线区域的"新兴发展节点"(Emerging Development Pivot)城市。这些新兴发展节点城市包括波兰的尼古拉耶夫、希腊的比雷埃夫斯、伊朗的库姆、斯里兰卡的汉班托特、马来西亚的马六甲市、印尼的加里曼丹和苏门答腊、以色列的阿什杜德等。

不同的城市在各自发展的过程中,可以通过不同的形式参与到"一带一路"建设中,并发挥不同的影响作用。城市自身的发展处于动态进程中,相应地,城市对"一带一路"的参与也处于动态发展中,城市之间也存在一定的竞争与合作,会有新成长起来的城市成为新的核心支点。所以,我们对"丝路城市"的基本分类是基于当时当代的发展情况做出的,在不同的时段,"丝路城市"发挥的作用并不相同,所以,我们认识"丝路城市"、发挥"丝路城市"的作用以及构建"一带一路"的城市群和城市网络必须重视"时间"这一影响因素,也就相应地需要考虑历史记忆在其中的重要作用。

二、历史记忆与"丝路城市"

在"一带一路"的"五通"建设中,民心相通是重要的文化基础。民心相通的沟通方式有许多,其中一个重要资源就是沿线"丝路城市"的共同历史记忆。

相较于具体存在的城市,记忆是一种虚拟的心智活动,存在于人们的脑海

---

① 《世界城市排名权威发布:北京首进四强深圳成世界一线》,2018 年 11 月 14 日,https://finance. sina. com. cn/world/gjjj/2018－11－14/doc-ihnvukfe7755275. shtml。

中,是人们对过往经历、感触、经验、心理等方面的累积。当个体通过某种方式将记忆转化并表达出来时,记忆得以呈现。例如某人回想起某段记忆后口述出来,听众会了解他存有某种记忆;如果这段口述被通过文字、录音等方式记录下来,记忆就有了实体化的呈现。如果记忆通过绘画、雕塑等方式呈现出来,那么拥有相同或相近记忆的人们就同时处于某种文化之中。所以,记忆背后所蕴含的社会文化因素日益被发掘并受到关注。法国著名社会学家哈布瓦赫主张记忆的社会性,认为记忆是一个特定社会群体的成员共享往事的过程和结果。① 所以,个体化的记忆简单相加并不能得到一个城市的集体性历史记忆。相反,历史记忆是诸多个体记忆在社会占主导意识形态和文化规范的作用下被合力统摄作用的结果。② 因此,历史记忆是立足当下而对过去的一种集体性建构产物,"是一个社会中多数成员脑海里留存的对过去事件的系统性再现"。③

具体到城市这个人类活动的聚合体来说,历史记忆就是大多数市民对所在城市过去的经历和事件的一种聚合性、系统性的呈现。历史记忆通过市民个体的记忆进行聚合,从而成为城市的历史记忆。而城市的历史记忆,也会通过官方撰写地方志、媒体宣传、市民个体的口述等方式表达和呈现出来。例如,南京市民对南京在抗日战争期间遭受日军的大屠杀有着深刻的历史记忆,无论是幸存者或部分日本老兵的回忆、照片等影像资料的收集和整理,还是建立南京大屠杀纪念馆以及举行国家公祭仪式等,都保留、强化和传承着南京市民以及中国人民对大屠杀历史的记忆。

很多"丝路城市"都具有共同的历史记忆,这不仅充分印证了城市所具有的"丝路城市"身份,也为它们开展文化交流提供了重要基础。历史记忆对"丝路城市"的重要性体现在如下方面。

---

① [法]莫里斯·哈布瓦赫:《论集体记忆》,毕然、郭金华译,上海人民出版社 2002 年版。
② 吴玉军、顾豪迈:《国家认同建构中的历史记忆问题》,《中国特色社会主义研究》2018 年第 3 期。
③ [俄]亚历山大·L.尼基福罗夫:《历史记忆:意识的建构》,冯红译,《国外理论动态》2017 年第 12 期。

　　第一，有助于增强人们对历史命运同一性的认知。例如，沿线国家"丝路城市"在世界反法西斯战争中面临的共同威胁和相互支持，白俄罗斯的明斯克和布列斯特与俄罗斯的莫斯科和伏尔加格勒等，都在世界反法西斯战争中并肩作战，共同抵御法西斯的侵略。又如，郑和下西洋过程中，中国与东南亚、南亚等区域城市进行了友好交往，至今分布在中国沿海多个城市以及东南亚很多国家城市里的天后宫，不仅印证了友好交往的历史，也显示了各个丝路城市对妈祖信仰的共同记忆。再如，沿线城市在援助印尼海啸过程中的相互携手，彼此扶持等，都成为并不久远的新记忆，联通了各个丝路城市的民心。钱穆先生曾说"欲其国民对国家有深厚之爱情，必先使其国民对国家以往历史有深厚的认识"，①由此，要使得沿线国家对"一带一路"倡议有深厚的感情，认识彼此历史命运的同一性，应先使沿线国家民众回忆起各国友好交往的历史，并对这些共同记忆有深刻的认识。

　　第二，历史记忆能够促进沿线城市认可"丝路城市"的身份，并激发沿线城市推进"一带一路"建设的热情。历史记忆的目的绝非单纯对过去的呈现，同时还有对包含其中的集体情感和价值观念的阐发和渗透。因此，历史记忆不仅是一种纯粹面向过去的回溯，它更是一种立足现在对过去的重构。沿线国家历史上都曾享有丝绸之路时代的辉煌，基于当下需要的历史记忆书写，选择那些有正面影响的事件，不仅能够使他们认可本城市的"丝路城市"身份，而且能够激发他们共同参与"一带一路"建设的激情，必将有效推动现实合作的发展。例如，伊斯坦布尔在历史上曾长期作为中东地区的政治、文化和经济中心，被视为"丝绸之路"亚洲部分的终点，是东西方交流的核心节点。与君士坦丁堡这一名称有关的历史记忆，附着在今日伊斯坦布尔的古迹中，对这一记忆的唤起，有助于土耳其民众认可伊斯坦布尔的"丝路城市"身份，而且伊斯坦布尔是核心支点，这显然有助于推动土耳其政府更加积极地参与"一带一路"，充分发挥其联通欧亚的地理位置所赋予的重要枢纽作用。

　　但整体上看，历史记忆受到时间间隔和凝聚物具体形态的影响，并不能被

---

　　① 钱穆：《国史大纲（上册）》，商务印书馆 1996 年版，第 2—3 页。

直接触摸和认知到,某些历史记忆甚至被尘封,或埋藏于地下,需要挖掘和唤醒。而仅仅通过历史记忆使某座城市认可自身的"丝路城市"身份,只能发挥略显静态的功能,也就是说这些"丝路城市"只能作为"一带一路"上的孤立的节点而存在。对"一带一路"建设的持续发展而言,更重要的是将各个节点连接起来,形成动态的"链",进而发展成群组和网络。也就是说,构建"丝路城市"文化交流网络将更有利于"一带一路"的建设和发展。而构建"丝路城市"文化交流网络,同样需要历史记忆。

三、利用历史记忆构建"丝路城市"文化交流网络

将静态的"丝路城市"连接起来,构建"丝路城市"文化交流网络,其基础性工作是上一部分所谈到的挖掘单个"丝路城市"的历史记忆。在此基础上,第二步的关键工作是不同城市之间开展联合行动,共同构建"丝路城市"文化交流网络。

第一,共同开展相关历史文化的研究和传播工作。

"丝路城市"的身份表明这些城市在历史上曾进行过友好交往,那么在当代,"丝路城市"可以共同撰写《丝路城市通史》《丝路城市历史上的友好故事》等著作。这种联合出版可以采取多种形式完成。例如,可以由丝路城市的政府部门牵头,联合"地方志"研究单位,共同撰写相关著作;也可以由"丝路城市"的高校、科研机构自发组织,开展联合研究,不仅仅是历史学研究的相关机构,包括社会学、人类学、文学、传播学、外语类等多个专业的科研人员都可以参与到联合研究工作中;也可以吸引相关企业赞助研究工作,或参与研究成果的发布、推广等进程中。这不仅有利于挖掘历史记忆,更有助于使研究成果得到广泛传播,从而推动更多城市和民众认识到彼此在历史上有着深厚的友谊和丰富的交往经历,有助于更多地参与到新的"一带一路"建设中。

又如,"阿凡提"是在中国百姓中几乎家喻户晓的人物形象,特别是由于动画片《阿凡提的故事》的制作和播出,不仅让维吾尔族民众,也让其他民族的中

国人都了解了阿凡提。实际上,在中亚很多国家和民族的民间传说中,都有阿凡提这样的人物形象,他们只不过有些在名字上存在差别,但民间流传的故事有相似之处。沿线国家的"丝路城市"可以围绕类似"阿凡提"的民间传说和故事进行联合研究,通过系统梳理和比较研究,不仅可以了解民间文学的传播路径,也有利于增进普通百姓的相互理解。

第二,开展共同历史文化遗产的挖掘和保护工作。

"一带一路"沿线国家拥有世界文化遗产 400 多项,约占全球世界文化遗产总数的 55%。中国被认定的世界遗产已达 52 项,其中世界文化遗产 36 项、世界文化与自然双重遗产 4 项。丰富的世界文化遗产是联通"一带一路"沿线国家以及"丝路城市"的文化桥梁和纽带。2014 年 6 月 22 日,中国、哈萨克斯坦、吉尔吉斯斯坦三国联合申报的"丝绸之路:长安—天山廊道的路网"成功获批为世界文化遗产,标志着"丝绸之路"遗产具备世界文化遗产要求的突出价值。另外,可以考虑建立"丝路城市"世界文化遗产联盟,不仅加强相互之间沟通和推广,而且可以考虑共同申报相关文化遗产。

丝路"新兴发展节点"城市马六甲既是马来西亚的历史之城,也是古代海上丝绸之路上的最重要古城之一,是郑和七下西洋中的六次驻节之地,在丝绸之路历史上具有重要文化遗产价值。中国的福建省泉州市同马六甲具有重要的历史渊源,郑和下西洋与泉州港的发展以及泉州城市的建设紧密相关,泉州可以同马六甲联合开展水下考古。目前,与泉州建立友好城市关系的多个城市,都是所在国家重要的文化、旅游和交通城市,具有丰富的历史资源。例如,马来西亚沙捞越州古晋南市,素有"水上之都"美誉,拥有丰富的历史文化遗产,也是沙捞越州的大部分物资向新加坡等地转运的重要节点;①位于土耳其的梅尔辛伊尼赛市是土耳其南部的最大港口。在与这些城市建立友好关系的同时,联合开展文化遗产的挖掘和保护工作,既有利于唤醒共同的历史记忆,也有利于现实合作的开展。

---

① 《国际"朋友圈"再扩大 泉州与古晋南市建立友好城市关系》,http://www.qzwb.com/gb/content/2017-10/20/content_5717234.htm。

第三,开展相关的艺术和旅游等文化活动。

文艺作品是呈现和构建历史记忆的有效手段。中国于2014年创办的"丝绸之路国际电影节",促进了丝路沿线各国之间的电影文化交流。2018年6月在中国上海成立的"一带一路"电影节联盟,共计29个国家31个机构参加了签约仪式,将丝路沿线不同国家的电影节和电影机构联合起来,①这必然有利于各国文化通过电影等文艺作品广泛传播。除侧重电影的终端产品及其传播外,丝路沿线国家和"丝路城市"也可以在电影的启动和生产等环节开展合作。例如,丝路沿线国家共同拍摄一些有关"丝路城市"的纪录片,内容可以涉及城市的名胜古迹、考古发掘历程、非物质文化遗产的保留和传承等,这些都有助于挖掘历史记忆,并使这些记忆在普通民众中被唤醒。例如,中国、以色列、德国、新加坡、意大利、菲律宾、斯里兰卡等当年二战期间犹太难民逃离的沿线国家可以共同拍摄相关故事片,中国、印尼等共同拍摄海啸救援电影,或者举办图片影片巡回展等。

旅游是一种广受普通民众欢迎的文化交流形式。除了饱览自然风光外,各国的文化遗产也是普通民众在出国旅游时的重要目标。"丝路城市"在打造城市自身的旅游品牌的同时,也可以围绕丝绸之路的历史遗迹开展旅游合作。例如,"丝路城市"的历史博物馆和城市博物馆可以举办联合展览或巡展。每个沿线国家可以设立本国通用的"丝路城市"旅游通票,将各个城市主要名胜古迹的门票集合成册印刷,给予本国和外国游客相应的优惠,这样既可以促进旅游业的发展,起到宣传和经济的实际效果,也有助于游客增加对所在国家丝路记忆文化的了解和认识。又如,"丝路城市"的相关旅游部门,可以组织旅游服务行业提供不同种类的丝路旅游服务。与历史记忆和文化交流相结合,这种旅行团的组成不是简单的观光游览,而是可以聘请历史、考古、文博、社会学、人类学等专业的专家、学者、高校教师等参与旅游活动,以专业的角度解读有关文物和名胜古迹。这对于提升文化交流的质量很有助益。此外,不仅仅是物质性的文化遗产,非物质文化遗产也是"丝路城市"旅游合作的重点内容。

---

① 《"一带一路"电影节联盟今在上海成立,29个国家31个机构参加签约仪式》,http://www.siff.com/a/2018-06-17/2758.html。

例如,中国内蒙古的城市鄂尔多斯和呼伦贝尔等,都是典型的草原城市,可以与蒙古的乌兰巴托、俄罗斯的乌兰乌德等,共同开展草原城市文化的保护、宣传和推广工作,组织相应的草原城市旅游,交流保护草原的相关技术等,都有助于非物质文化遗产的交流和历史记忆的传承。又如,很多"丝路城市"都有自己独特的发酵型奶制品,各种奶酪制作工艺的交流、文化美食节的举办等,都是"丝路城市"开展旅游合作的有效方式。

由此可见,很多"丝路城市"都拥有共同的丰富的"丝路"历史记忆,需要去挖掘和唤醒。通过多种形式的文化交流活动,历史记忆将"丝路城市"连接起来,逐步构建起"丝路城市"文化交流网络,且在不断的动态发展中,促进了"一带一路"的文化交流,有助于民心相通。

四、"丝路城市"文化交流网络塑造新记忆

基于对"时间"要素的充分重视,我们强调历史记忆对于构建"丝路城市"文化交流网络的重要作用。但"时间"是一个非常有趣的维度和要素,一旦时间过去,今天成为了"昨天",也就成为了"历史",所以今天所做的工作、所经历的活动、所看与所想,都会在人们头脑中形成记忆,也就是自然而然地随着时间的流逝成为"历史记忆"。只是相对于遥远的过去,这些新形成的"历史记忆"具有新鲜的特点。这就使得我们在推进"一带一路"建设的过程中,不仅要注重挖掘过去的历史记忆,也需要对新进发生的事件、活动进行及时的记录和总结。尤其是文化交流活动,更加需要记录、传播和保存。

在"丝路城市"之间构建起文化交流网络后,各城市开展的各种文化交流活动,应当利用多种媒体、利用各种技术,及时地记录下来,这些都有利于扩大文化交流的覆盖面,使更多的民众参与进来。例如,纪录片、纪实电影可以在"一带一路"沿线国家播放,也可以在电视、网络等不同媒体上传播,这都有利于更多的民众了解历史,认识历史记忆,并塑造和形成新的记忆。这些工作,对于建设"一带一路"、实现民心相通、促进各国的长期友好交往具有重要的推动作用,值得认真推动和坚持开展。

3

"一带一路"城市间文化交流合作的体系研究

陈圣来*

摘　要　"一带一路"的开放体系是以沿线国家为网络,以这些国家的城市和城市群为交流合作节点。城市是"一带一路"地缘联系的桥头堡和枢纽点,无论是经济的交流还是文化的沟通,最终都必定会通过城市间的合作形态表现出来。全面推进"一带一路"城市间文化交流合作应在具体实践中形成"以政府为统筹,以社会各界为参与和推动,以市场为主体和动力的文化交流与合作"的运作机制。今后应着力在主题内容、平台网络、运作机制、产业贸易等方面进行探索性研究,以形成科学合理并可持续发展的文化交流合作体系。

关键词　"一带一路"　城市间　文化交流合作　体系

2013 年 9 月 7 日,国家主席习近平在哈萨克斯坦纳扎尔巴耶夫大学发表演讲,提出了共同建设"丝绸之路经济带"的畅想。同年 10 月 3 日,习近平在印度尼西亚国会发表演讲,提出共同建设"21 世纪海上丝绸之路"。这二者共同构成了"一带一路"重大倡议。

　　"一带一路"倡议,唤起了沿线国家的历史记忆。古代丝绸之路是一条贸易之路,更是一条友谊之路。在中华民族同其他民族的友好交往中,逐步形成了以和平合作、开放包容、互学互鉴、互利共赢为特征的丝绸之路精神。在新

---

*　陈圣来,文化部国家对外文化交流研究基地主任,研究员,主要研究方向为城市文化。

的历史条件下,提出"一带一路"倡议,就是要继承和发扬丝绸之路精神,把中国发展同沿线国家发展结合起来,把中国梦同沿线各国人民的梦想结合起来,赋予古代丝绸之路以全新的时代内涵。

"一带一路"倡议是对世界的开放体系,是个面向世界的倡议和愿景。自2013年由习近平主席率先提出以后,至今已有100多个国家和地区以及国际组织积极响应,40多个国家和地区与我国签署合作协议,我国政府明确表示"各国和国际、地区组织均可参与",实际上"一带一路"已成为造福全世界人民的全球化方略,它顺应了世界多极化、经济全球化、文化多样化、社会信息化的潮流。"一带一路"陆上贯穿亚欧非大陆,并通过海洋智连美洲,大洋洲等。"一带一路"提供了一个包容性巨大的发展平台,彰显人类社会共同理想和美好追求,是国际合作以及全球治理新模式的积极探索,具有深厚历史渊源和人文基础,能够把快速发展的中国经济同沿线国家的利益结合起来,增进沿线各国人民的人文交流和文明互鉴。

在这样的大背景下,探讨"一带一路"城市间文化交流与合作的体系,对于提升"一带一路"合作发展能级,有着极为重要的价值和意义。

一、城市间交流合作是"一带一路"
民心相通的实践载体

"一带一路"的开放体系是以沿线国家为网络,以这些国家的城市和城市群为交流合作节点。城市在当今全球化城市化的浪潮中扮演着重要角色,同时在"一带一路"规划中也扮演着重要角色。"一带一路"所倡导的政策沟通、设施联通、贸易畅通、资金融通、民心相通,主要是通过城市来进行的,因此城市是"一带一路"地缘联系的桥头堡和枢纽点,尤其文化交流和合作更离不开城市的依托。"一带一路"无论是经济的交流还是文化的沟通,最终都必定会通过城市间的合作形态表现出来,它们是"民心相通"的重要实践载体和操作路径。

（一）"一带一路"城市间文化交流的深厚历史积淀

溯本追源，"一带一路"自古以来就有着极为深厚的历史渊源。据资料记载：丝绸之路，简称丝路，是指西汉（公元前 202 年—公元 8 年）时，由张骞出使西域开辟的以长安（今西安）为起点，经甘肃、新疆，到中亚、西亚，并联结地中海各国的陆上通道（这条道路也被称为"西北丝绸之路"以区别日后另外两条冠以"丝绸之路"名称的交通路线），因为由这条路西运的货物中以丝绸制品的影响最大，故得此名。其基本走向定于两汉时期，包括南道、中道、北道三条路线。丝绸只是这条贸易要道上的主要商品之一，此后中原地区先进的生产力不断西传，西域乃至欧洲各国的农产品与商品也源源不断进入中原百姓的生活当中。经过千百年的不断发展，这条道路日益担负起联系欧亚文明的历史重任。

"海上丝绸之路"也并非 21 世纪的产物，它同样诞生于古代中国。中国历史发展到了宋朝时期，航海技术已经有较大的发展，船体的隔舱、司南等对航海有极大促进作用的发明已经出现；同时由于宋朝商业极其繁荣，高层统治者也曾下令鼓励商业活动，使得商业在宋朝的发展近乎达到了极致。再者我国以贵金属为货币，在南宋时期，统治区域内并无较大规模的贵金属矿藏，而贵金属产量较多的日本、南洋等地又必须经过海运方可到达，客观上促进了海上贸易的兴起。在政治上，由于西夏、蒙古帝国、奥斯曼帝国相继隔断了中国与欧洲交往的陆上通道，并对贸易商人征收高额税率，极大的抑制了陆路商贸，商人为将丝绸、瓷器、香料等货物运至欧洲，换取高额利润，只得改走水路，导致了海上丝绸之路的产生和兴盛。表现最为明显的就是当时造船技术和航海技术的不断成熟，中国造的商船和军舰都达到了世界领先水平，泉州和广州成为了中国日益繁华的海港城市。海上丝绸之路的开辟，将我国对外交流的方位和视角进一步丰富起来。东南方向从此成为中国交流开放的前沿阵地。满载着中国的丝绸、瓷器、茶叶等精美物品以及与世界文明对话的美好意愿，一路向南、向西，活跃了沿线各国经济，传播了中华文明，同时也带回了沿线各国的香料、药材、玻璃和思想文化等文明成果。

宋代统治者大力发展海上贸易,在沿海港口城市设立市舶司,市舶收入成为宋朝财政收入的一项重要来源。对外采取一系列优惠措施、对内设立一套激励机制招徕外商,在广州、泉州等外商聚集地设立蕃坊。宋代南至广州,北到吴淞口,沿海众多港口商旅云集,东西方海外交通十分兴盛,促进了地区经济的繁荣,而且带来了多姿多彩的异域风情。宋朝拥有当时世界最先进的航海设备,天文学成就颇高,指南针也被广泛运用于航海。宋代中国海船已能经常远航到红海口的亚丁乃至到东非,往来国家众多,其中大食(唐宋时期对阿拉伯人、阿拉伯帝国的专称和对伊朗语地区穆斯林的泛称)成为宋朝海外贸易最频繁的国家。伴随着海上丝绸之路经济贸易的繁荣,东西方之间的文化交流也日益频繁,极大丰富了沿线各国人民的精神文化生活。以泉州为例,在南朝时,泉州就有与海外友好往来的记录。晚唐成为外贸港。五代时闽王王审知的侄儿王延彬任泉州刺史17年,"每发蛮舶,无失坠者,人称招宝侍郎"。北宋元祐二年(1087年)在此设福建路市舶司。南宋时泉、广常相提并论。其海舶往来东海、南海,非常活跃。宝庆元年(1225年)赵汝适提举福建市舶时,已知通商贸易的国家和地区达50余个。朝廷规定福建沿海的商船都须由泉州市舶司领取"官券"才能出海。泉州城镇南门附近形成蕃商聚居的"蕃人巷"。宋廷允许设立"番学",让"土生蕃客"就读。

而这些交流,往往都是以城市为重要节点,在一次次商品交易中传递着文化的讯息,在一次次的贸易往来中促进着文化的互通,从而使古丝绸之路和海上丝绸之路形成了一定的文化认同,"民心相通"正是构建在这样的认同之上,才使得这种跨国界、跨文化的相互关联延续至今。

（二）城市外交对"一带一路"民心相通具有现实意义

在全球资源重组的历史进程中,城市的地位和角色日益凸显。据经合组织报告估算,目前已经有超过半数以上的世界人口生活在城市,据联合国人居署预测,到2050年城市人口将达到总人口的70%以上,作为全球化网络的节点,城市中聚集着复杂的全球组织指挥系统,日益成为全球政治、经济和社会生活命脉的主宰。环顾世界,全球化程度越高的地方,也是城市化水平越高的地方,更是各种资源和要素最为密集的地方。诸如纽约、伦敦、东京等全球性都市不仅实际上建立起了遍及世界各个角落的关系网络,而且还掌控着全球城市经济和社会生活的规则制定权,聚集了大量的国际组织、跨国公司、全球性媒体、非政府组织等机构的总部,其所构成的"全球公共领域"在几乎所有社会生活领域引领着时代潮流,不断开创新的时尚,对其他国家的经济、社会、文化乃至政治都产生了直接而深刻的影响,城市间经济网络开始主宰全球经济命脉,使若干世界性的节点城市成为在空间上超越国家的实体,并逐渐形成多极、多层次的世界城市网络体系。

世界性的城市在参与国际事务的广度和深度方面都举足轻重,它们是全球治理中不可小觑的主力军。在涉及反恐和防核扩散等国家安全问题、世界经济复苏问题、全球气候变化问题、控制大规模传染病问题以及规范移民问题等众多外交事务中,世界各国城市都日益强调推动加强国际合作和跨国协调,以提升城市竞争力和应对城市治理难题。例如,在巴以冲突问题上,当欧洲国家未能与哈马斯政权实现合作时,一些加拿大城市却能参与到巴勒斯坦地区的市政项目中,帮助地区发展和能力建设,协助缔造和平。在应对全球气候变化的问题上,伦敦市长利文斯通倡议成立了 C40 世界大城市气候领导联盟,发挥大城市在全球气候治理中的关键性领导作用。不难看出,如果没有城市化的高度发展,城市间的互联互通和城市国际化便无从谈起,"一带一路"也便缺乏了物质前提,因此城市化是推动"一带一路"建设的必要条件。

据此,我们可以借用城市外交的优势和特点,在作用于不同区域范围的主要核心城市周围,聚集不同类型、规模、特点的城市,形成与核心城市保持较密切联系的群体,即"城市群"。这种结构不仅可以增强核心城市的影响力,同时也将增强核心城市对外围区域的辐射作用。因此,要充分利用"一带一路"构建的战略资源与机遇,实现新兴市场国家的优势互补、合作共赢,未来我国将探讨建立"一带一路友好城市群""新兴市场友好城市群""金砖国家友好城市群"等,真正实现充分整合资源,优势互补,抱团取暖,互助共赢。通过城市间的文化交流这一载体,以文化为纽带,才能把人们的情感聚拢到一起,形成某种共识,产生某种共鸣,进而使心更近,情更深,真正做到民心相通。

二、文化交流合作是"一带一路" 民心相通的操作路径

"一带一路"是加强合作消弭隔阂的全球性倡议，因此求同存异是实现"一带一路"的遵循原则，"一带一路"必须坚持和谐包容。要尊重各国发展道路和模式的选择，加强不同文明之间的对话，求同存异、兼容并蓄、和平共处、共生共荣。文化差异是"一带一路"沿线国家最大的差异，因此需要通过人文交流实现文化融合和互补共享，以文化为纽带为桥梁，可以更好引领和促进沿线各国各城市各领域各阶层各宗教信仰各文化习俗的交流合作，保护文化多元化和多样性，求同存异，各美其美，最后做到美美与共、民心相通，构建人类共同的精神文明家园。

文化可以看成是一个民族的生命与灵魂，与承载着这种文化的民族不可须臾分离，人类的生存发展其实质即是文化的共生共荣。文化的共生性还表现为它与经济等领域的交融和共进，并在综合国力的竞争中凸显愈来愈重要的地位。然而，文化的差异性与共生性是相反相成的，共生性是弥合差异性的基础，差异性又促进了进一步沟通交流的动力，并在相互碰撞中强化借鉴与补充——不是在碰撞中使一种文化消失，而是在碰撞中共同成长①。人类文明因多样多元多彩才有传播与交流合作的价值，因包容才有交流互鉴的动力。

"一带一路"是我国提出的倡议，既面临着全方位开放机遇、周边外交机遇、地区合作机遇，也面临着地缘风险、安全风险、经济风险、法律风险，既要依托现有的体制性合作以及未来可能发展出的新的机制性合作，同时也要依赖和借助众多非机制性的交流传播。这就不仅需要文化"软实力"，而且需要在文化传播与交流中以"尊重差异、包容多样、互鉴共荣"的原则对待人类文化，通过跨文化传播与交流把文化的差异性当作互鉴共荣的资源，并使之成为政治、经贸、军事、社会等各领域交流与合作的"润滑剂"和"催化剂"。可见，"一

---

① 赵启正：《公共外交与跨文化交流》，中国人民大学出版社2013年版，第126页。

带一路"文化先行,不仅是对古丝绸之路精神的继承与发扬,更重要的是通过文化交流传播可以增强"一带一路"倡议的吸引力,从而促进各领域的合作共赢、互利共荣。

总而言之,"一带一路"是加强合作、消弭隔阂的全球性倡议,而求同存异则是实现"一带一路"所必须遵循的原则。要尊重各国发展道路和模式的选择,加强不同文明之间的对话,真正做到求同存异、兼容并蓄、和平共处、共生共荣,真正做到民心相通。

三、人类命运共同体是"一带一路" 民心相通的终结体现

(一)民心相通是铸造人类命运共同体的阶梯与钥匙

2017 年 1 月 18 日,习近平在联合国日内瓦总部发表《共同构建人类命运共同体》的主旨演讲,提出"构建人类命运共同体,实现共赢共享"的中国方案。党的十九大报告将"推动构建人类命运共同体"作为重要内容,并写入了中国共产党章程,而且 2018 年"两会"修宪又被写入了宪法,同时在政府工作报告中也明确提出,"中国愿与各国一道,为推动构建人类命运共同体不懈努力!"联合国社会发展委员会第五十五届会议协商一致通过"非洲发展新伙伴关系的社会层面"决议,"构建人类命运共同体"理念首次被写入联合国决议中。这一行动表明,"构建人类命运共同体"理念已经得到联合国广大会员国的普遍认同,彰显了中国对全球治理的巨大贡献。

我们的先辈很早就提出"天下大同"的思想,前些年我们又提出"和谐世界"的理念,从"天下大同"到"和谐世界"一直到"人类命运共同体",这既是一脉相承,又是一种巨大突破与巨大飞跃,因为"人类命运共同休"它并不是一种简单的倡导与理想,而是一种体系的构建和重塑。人类命运共同体理念直指阻碍人类社会发展进步的顽疾,主张用对话协商拆解国家间的猜忌与戒备,用共建共享卸下以邻为壑的篱笆,用合作共赢拧开世界经济动力的阀门,用交流互鉴疏通文明之间的分歧与误解,用绿色低碳铲除环境破坏与

污染的源头。① 习主席作为和平发展与负责任的大国领导人,从伙伴关系、安全格局、经济发展、文明交流、生态建设这五方面着手,详细勾勒出"人类命运共同体"的实践路径,并提供了切实可行的行动指南。它超越了"单边主义"和"零和博弈"思维,以新理念实现世界共荣发展。而"一带一路"的倡议和设想就是建立人类命运共同体的具体步骤和伟大实践。通过协商对话、自愿链接,形成你中有我、我中有你,相互包容、相互支持、相互理解的新型合作关系,建立全球共存共享共赢的合作机制,构筑一个开放式的互动互利的合作体系,"一带一路"就是遵循这种基本范式。

"一带一路"提出的所谓"五通"即政治沟通、设施联通、贸易畅通、资金融通、民心相通,其实质就是建立一种合作关系、合作机制、合作体系。它不是一个联盟、一个组织、一个机构,而是通过"丝绸之路"这一金色的纽带,在平等协商、普遍达成共识基础上,自愿签署一系列协议、协定,形成开放式的互利合作体系。各国通过这些协议参与共同治理、互利合作,实现共同发展、共享共赢。各国也自觉以这些共同协议约束自己的行为,承担相应的责任。"一带一路"建设,以双边合作为基础,以双边或多边企业合作为主体,以政府间协议为保障;在文化合作交流上,要尊重世界文明多样性,以文明交流超越文明隔阂、文明互鉴超越文明冲突、文明共存超越文明优越。坚持自愿原则,注重互利合作的实际行动及其切实成果,不追求表面的形式和热闹场面,不谋求建立任何形式的国际组织约束自己的行动。构建人类命运共同体,是"一带一路"建设的奋斗目标和理想追求,是体现中国参与全球治理的历史担当。西方提出的普世价值,相比较我们的人类命运共同体,它只是一个小概念,一个局部概念,我们要将我们这一伟大目标和理想,形成普世共识,成为一个普世追求,这就需要在文化传播上下功夫,在民心相通上花力气。所以民心相通是铸造人类命运共同体的阶梯与钥匙,是"一带一路"建设中的重中之重。

---

① http://theory.people.com.cn/n1/2017/0214/c40531-29078269.html

（二）建设美好的精神乐园才能通达人类命运共同体

WTO 是西方的贸易体系,中国自从加入了 WTO 以后,中国在这套体系里学习游泳,很快我们顺应了这套规则,驾驭了技巧,并赢得了主动,中国借力西方的通行体系与规则这只"鸡",生了许多中国特色的"鸡蛋",某种程度上,"一带一路"也是这样一个巨型鸡蛋。在"一带一路"的框架下,中国已与 86 个国家和组织签署了 101 个合作协议,与 30 多个国家开展了机制化产能合作,在沿线 24 个国家推进建设 75 个境外经贸合作区,中国企业对沿线国家投资超过 500 亿美元,创造近 20 万个就业岗位,明眼人一看即知,中国的"一带一路"比普世价值更具普世价值,按我们中国佛教话语来说,就是普度众生普惠众生。

西方世界特别是美国,原来用 WTO 等他们的游戏规则来拒之你于千里之外,现在猛然发现中国人在这一体系和规则内游刃有余。需求是西方市场经济以及全球化最根本性的元素,现在无论是所谓的中国和美国的巨大贸易顺差也好,"一带一路"的广泛响应也好,都是"需求"的推动与作祟,于是他们沉不住气,按捺不住,甚至祭出与全球化背道而驰的逆全球化和贸易保护主义的举措。对"一带一路"的倡议,他们处于一种质疑和非难的态度,处于一种尴尬和疑虑的境地。

这种时候我们更需要在民心相通上精耕细作,要以构建人类命运共同体的博大胸襟和气派争取民心,使之共襄盛举。在现今世界上,单边主义是行不通的,共存共享共荣共赢才是正道。因此要加强"一带一路"城市间的文化交流与合作,消弭民间的隔阂,用文化来构筑人类共同美好的精神乐园,从这一意义上来说,人类共同精神家园是通向人类命运共同体的必由之路,它为构筑人类命运共同体夯实思想基础、情感土壤和精神纽带,从而使人类命运共同体成为全民和全球的普世共识。

四、"一带一路"城市间文化交流合作的体系设计

经过历史与现实的涤荡,"一带一路"方案正在逐步由宏伟蓝图一点点变

为现实,在实践的过程中,应该找到某些共性或者差异,探讨某些规律或者可推广方案,从体系设计的层面进一步推进"一带一路"城市间文化交流。

(一)"一带一路"城市间文化交流合作体系的设想

全面推进"一带一路"城市间文化交流合作应在具体实践中形成以政府为统筹,以社会各界为参与和推动,以市场为主体和动力的文化交流与合作的运作机制。在主题内容、平台网络、运作机制、产业贸易等方面进行探索性研究,以形成科学合理并可持续发展的文化交流合作体系。

1. 政府主导,开放包容

坚持文化对外开放战略布局,发挥政府引领统筹作用,加强与"一带一路"沿线国家和地区政府间文化交流,着力建立长效合作机制,充分发挥国内各省区市优势,鼓励社会力量积极参与、共同建设。同时,政府应做好组织、资金、人才等一系列保障,做好评估落实。

健全"一带一路"文化交流合作机制,必须以政府为主导。积极与"一带一路"沿线国家和地区签署政府间文件,深化人文合作委员会、文化联委会等合作机制,为"一带一路"文化发展提供有效保障。加强上海合作组织成员国文化部长会晤、中国—中东欧国家文化部长会议、中阿文化部长论坛、中国与东盟"10+1"文化部长会议等高级别文化磋商。推动与沿线国家和地区建立非物质文化遗产交流与合作机制。与沿线国家和地区建立文化遗产保护和世界遗产申报等方面的长效合作机制。支持国家艺术基金与沿线国家和地区的同类机构建立合作机制,加强对优秀艺术项目的支持。

完善"一带一路"国内合作机制建设计划。建立"一带一路"部省对口合作机制,共同研究制定中长期合作规划,在项目审批、资金、人才、技术等方面予以支持,建立对口项目合作机制和目标任务考核机制,研究提出绩效评估办法。完善部省合作机制,鼓励各省区市在文化交流、遗产保护、文艺创作、文化旅游等领域开展区域性合作。发挥海外侨胞以及港澳台地区的独特优势,积极搭建港澳台与"一带一路"沿线国家和地区文化交流平台。充分考虑和包含以妈祖文化为代表的海洋文化,构建21世纪海上丝绸之路文化纽带。引导和扶持社会力量参与"一带一路"文化交流与合作。

2. 社会各界共同参与推动

"一带一路"城市间文化交流合作需要社会各界的共同参与推动,交融互鉴,创新发展。秉承和而不同、互鉴互惠的理念,尊重"一带一路"沿线国家和地区人民的精神创造和文化传统,以创新为动力,充分运用互联网思维和新科技手段,推动"一带一路"多元文化深度融合。

落实"一带一路"国际交流机制建设计划,积极贯彻落实我国与"一带一路"沿线国家和地区签订的文化合作(含文化遗产保护)协定、年度执行计划、谅解备忘录等政府间文件,加强我国与"一带一路"沿线国家和地区文化交流与合作机制化发展,尤其要凸显社会组织社会各界参与合作交流,推动成立并积极支持"丝绸之路国际剧院联盟""丝绸之路国际图书馆联盟""丝绸之路国际博物馆联盟""丝绸之路国际美术馆联盟""丝绸之路国际艺术节联盟""丝绸之路国际艺术院校联盟"等这些社会机构、非营利组织的合作交流,与"一带一路"沿线地区组织和重点国家逐步建立城际文化交流合作机制。

3. 市场引导,互利共赢

"一带一路"城市间文化交流合作需要以市场为主体和动力。在文化交流合作中需要兼顾各方利益和关切,遵循国际规则和市场规律,充分发挥各类企业的主体作用和市场在资源配置中的重要作用,加强各大经济走廊文化产业合作,以点带面、从线到片推进合作进程,调动各方积极性,将文化与外交、经贸密切结合,形成文化交流、文化传播、文化贸易协调发展态势,实现优势互补,联动发展,构建相互依存、互利共赢、平等合作、安全高效的"一带一路"新型文化国际合作关系。

"一带一路"贯穿亚欧非大陆,一头是活跃的东亚经济圈,农业发展历史悠久,一头是发达的欧洲经济圈,特色文化优势明显,中间广大腹地文化资源丰富,发展潜力巨大,各区域在文化资源、合作、市场等方面各具优势,有较强的互补性。中国愿与沿线各国携手努力,共同规划实施一批重点建设项目,创建"一带一路"陆海联动、双向开放的文化国际合作新格局,为"一带一路"利益共同体、责任共同体和命运共同体的形成提供有力支撑。

　　文化贸易是从国际贸易中衍生出来，承载着丰富的文化因素。国际贸易涉及货物贸易、服务贸易和知识产权三大类别，而文化贸易在其中极具特殊性，它既涉及货物贸易，又涉及服务贸易，更涉及知识产权。国际文化贸易包括电影、电视、动漫、网络游戏、创意设计等内容，是推进"一带一路"的重要增长点。文化贸易在"一带一路"中具有先行引领作用，文化的独特作用在于它能消除国家、种族之间的陌生感，增进信任感。因此，推动文化贸易势在必行。"一带一路"倡议提出后，得到了很多国家的积极响应，但文化贸易量还亟待提升，"一带一路"背景下的文化贸易前景非常广阔。

　　我国当前的对外文化贸易还处于初级阶段，与其他对外贸易相比，发展速度是落后于总体增幅的。我国在 2010 年前后就已经成为文化产品贸易大国，但在文化服务贸易方面还有不小的提升空间，所以我国的文化贸易还处在初期发展阶段，其绝对量确实有所增长，但相对量还比较少，能够传达当代中国人思想、生活状态的高质量产品更是稀缺。改革开放以来，我国文化走出去趋势总体向好，但我国文化大多是通过交流而非贸易的方式与外国观众见面的。只有通过商业、市场的手段把文化交流转化为文化贸易，才能使我们的文化传播有实效有后劲。

　　在更深层次上真正打动"一带一路"沿线国家的民众，需要打造具有民族性与艺术性的文化产品。要认清在文化贸易方面，什么是"中国特色"。比如，西方人希望吃的是中餐，但许多文化作品大多是西餐撒上了中国的调料。因此，我们要提供的，是真正具备中国文化内核而非徒有形式的优质文化作品。此外，一定要按照市场规律把我们的文艺作品送进西方主流视野，让中国文化的魅力通过票房体现出来。

　　演艺团体的内生动力可能更多地来自市场，因此，文化产品的创作，一方面要尊重艺术创作的基本规律，另一方面也更应该尊重市场规律。尊重市场规律，体制机制的变革势在必行，而变革体制机制首先要转变思想观念。文化贸易是双向的，我们不能只知道我们自己有什么、能供给什么，还要主动去了解别人需要什么，我们应该创造什么。

　　中国文化产品在"走出去"和"走进去"的过程中，需要通过贸易进入对方的"文化围城"。中国文化产品走出去,首先需要国际化的运营机构,借助互联网、金融和高新科技,整合多方力量,实现与国外顶尖平台的对接。此外,建议围绕"一带一路"设立世界性的艺术高峰论坛,把中国好的理念、好的设想传播出去,同时听听其他国家的意见,通过论坛寻找灵感和机会,让我们生产出来的文艺产品能够更具国际魅力。通过文化贸易的方式进入对方的"文化围城"是最有效的手段,所以我们特别强调通过市场实现文化产品的进出口,有尊严地"走出去",让别的国家尊敬地把我们的艺术产品"请进去"。

"一带一路"背景下的文化贸易需加强顶层设计,开展多方交流。在文化表演方面,首先,表演艺术要加强创造性和设计感;其次,要注重"一带一路"沿线对象国国情,要研究对象国的风土人情和风俗文化,因地制宜地进行一些有针对性的设计。在这些方面,考虑得越细致,受欢迎的程度就越高。当下构建国家文化发展的国际战略正当其时,各方要通力合作,克服条块分割,从全国一盘棋的高度制定文化发展的国际战略,把电影、电视节目、动漫、网游、图书出版等有序合理地构建成体系,踏踏实实地沿着"一带一路"铺就互联互通的文化艺术网络前行。

(二)"一带一路"城市间文化交流合作体系建立和完善的基点

1. 文化交流首先是人的交流

早年的丝绸之路就是由张骞、玄奘、郑和等先辈踏勘出来的。人的交流必定带来观念的交流、情感的交流、价值观和行为方式、生活方式的交流,而这些恰恰都是软实力的范畴,因此必须注重软实力的建设与提升。

中国汉代杰出的外交家、旅行家、探险家张骞,以开拓和冒险精神,于建元二年(前139年),奉汉武帝之命,由甘父做向导,率领一百多人出使西域,打通了汉朝通往西域的南北道路,即赫赫有名的丝绸之路,汉武帝以军功封其为博望侯。张骞是丝绸之路的开拓者,被誉为"第一个睁开眼睛看世界的中国人"。他将中原文明传播至西域,又从西域诸国引进了汗血马、葡萄、苜蓿、石榴、胡麻等物种到中原,促进了东西方文明的交流。

唐代著名高僧玄奘为探究佛教各派学说分歧,于贞观元年一人西行五万里,历经艰辛到达印度佛教中心那烂陀寺取真经。前后十七年学遍了当时的大小乘各种学说,共带回佛舍利150粒、佛像7尊、经论657部,并长期从事翻译佛经的工作。玄奘及其弟子共译出佛典75部、1335卷。《大唐西域记》十二卷,记述他西游亲身经历的110个国家及传闻的28个国家的山川、地邑、物产、习俗等。《西游记》即以其取经事迹为原型。玄奘被世界人民誉为中外文化交流的杰出使者,其爱国及护持佛法的精神和巨大贡献,被鲁迅誉为"中华民族的脊梁",世界和平使者。他以无我无人无众生无寿者相,不畏生死的精神,西行取佛经,体现了大乘佛法菩萨渡化众生的真实事迹。他的足迹遍布印度,影响远至日本、韩国以至全世界。玄奘的思想与精神如今已是中国、亚洲乃至世界人民的共同财富。

郑和下西洋是明朝初年的一场海上远航活动。明成祖命三宝太监郑和率领两百多艘海船、2.7万多人从太仓的刘家港起锚(今江苏太仓市浏河镇),至福州闽江口五虎门内长乐太平港驻泊伺风开洋,远航西太平洋和印度洋,拜访了包括印度洋的国家和地区,曾到达过爪哇、苏门答腊、苏禄、彭亨、真腊、古里、暹罗、榜葛剌、阿丹、天方、左法尔、忽鲁谟斯、木骨都束等三十多个国家,目前已知最远曾达东非、红海。郑和下西洋是中国古代规模最大、船只最多(240多艘)、海员最多、时间最久的海上航行,比欧洲国家航海时间早半个多世纪,是明朝强盛的直接体现。郑和的航行之举远远超过将近一个世纪之后的葡萄牙、西班牙等国的航海家,如麦哲伦、哥伦布、达伽玛等人,堪称是"大航海时代"的先驱,是唯一的东方人,更是比马汉早五百年提出海权论。

从古至今无数先辈穿梭于丝绸之路,有意或无意中编织着中外文化交流的网络,书写着民心相通的篇章,吸纳域外文化的菁华,同时也传播中华的文明。今日我们倡议"一带一路",绵延新时代的丝绸之路,需要更多当今社会的张骞、玄奘、郑和,以及如国外的马可·波罗和利玛窦等。他们用他们的一生来凿通这条通天大道。现在从地理概念上不会有他们这样的艰难险阻,但是除了地理因素以外,横亘在我们面前的困难并不少,因此要有这样一批有识之士有为之士,孜孜不倦、经年累月地去做这样的跨文化跨地域的交流,我们的政策要鼓励和推动这样的仁人志士不断涌现。

2. 文化交流应该注重创新思维的引领和创新成果的转化

创新是文化的灵魂和动能,是文化生生不息的力量源泉。古丝绸之路就是一条创新思维和创新成果引领之路。当年丝绸之路的兴起,就是因为有了丝绸这样焕然一新的物品的出现,它的出现完全更新了传统纺织品的概念,极大提升了传统审美的等级层次,同时还对相关的图案设计、染色工艺、服饰款式等都带来革命性变化。由此这条丝绸之路上新兴的陶瓷工艺、造纸术、乐器歌舞,乃至宗教流派都纷至沓来,各呈异彩,促进了创新思维、创新工艺和创新成果的发展。今天我们推进"一带一路"的建设,要使之成为创新思维的发散地和创新成果的共享带,就是要以创新为动力,充分运用互联网思维和新科技手段,推动多元文化的深度融合。而要做到这一些,就必须要从组织机制和活动机制上扩散这种创新合作与创新成果。

"一带一路"国家和地区旅游合作共同体就是不同城市之间文化创新性深度融合的一个范例。2017 年 9 月 11 日至 9 月 16 日,联合国世界旅游组织第 22 届全体大会在四川省成都市举行。期间,国家旅游局与联合国世界旅游组织共同举办"一带一路"国家旅游部长圆桌会议,倡议成立"一带一路"国家和地区旅游合作共同体。参会国家旅游部长就深化丝绸之路旅游合作深入商讨,希望联合打造丝绸之路旅游品牌,开发一程多站旅游产品,丰富丝路旅游产品供给;加强市场合作,推动市场互换和客源互送;实现信息共享,加大旅游统计领域合作;简化旅游签证政策,提升便利化水平。

另外,在合作机制方面,建立了中国—东盟、中国—中东欧、中俄蒙等一系列双边、多边旅游合作机制,举办首次中国—东盟旅游部门会议、首届中国—南亚旅游部长会议等活动,为深化旅游"一带一路"工作提供机制保障;在市场开发方面,连续 3 年以"美丽中国—丝绸之路旅游年"为主题,在全球开展了一系列富有成效的宣传推广活动,丝绸之路旅游品牌影响力得到大幅提升。成立海上丝绸之路旅游推广联盟、陆上丝绸之路旅游推广联盟等,推动"一带一路"沿线国家、地区、省市在客源互送、线路共建、目的地共推等方面加强横向合作。在互联互通方面,2015 年举办丝绸之路旅游部长会议,通过《丝绸之路国家旅游部长会议西安倡议》。2016 年举办首届世界旅游发展大会,107 个国家旅游部门提出,通过"一带一路"倡议等举措,加强互联互通,提升旅游便利化,推进并支持区域旅游合作。

"一带一路"智库交流合作也是"一带一路"沿线国家文化交流的一大创举。2015年4月,中共中央对外联络部牵头,联合国务院发展研究中心、中国社会科学院、复旦大学等单位共同发起建立"一带一路"智库合作联盟,为国内外涉"一带一路"研究机构搭建信息共享、资源共享、成果共享的交流合作平台,消除知识和信息壁垒,做大"一带一路"智库的关系网络。

整合"一带一路"国家的科技成果,以创新思维举办人民群众喜闻乐见的科普活动,也是促进"一带一路"沿线国家文化深度交流融合的一大途径。以"科技强国 创新圆梦"为主题的2017年全国科技活动周内,"一带一路"国际科普乐园邀请了波兰、荷兰、匈牙利、新加坡、马来西亚、捷克等来自"一带一路"国家的科学家和科普教师,以体验科技产品、开展科学实验、观看科普电影等多种形式与观众进行互动,生动有趣地传播科学知识。参展项目有波兰科学实验互动体验、荷兰生活与生态科普、匈牙利物理趣味科学活动、新加坡风桌互动体验、马来西亚智慧城市生活方式体验、捷克当科学遇上艺术、中国九章格数学活动体验,以及益智乐园活动区等,给观众带来了一场精彩的科普盛宴。

3. 文化交流需尊重个性,实行多元杂糅,促进繁荣共存

古丝绸之路上中华文明、印度文明、阿拉伯文明和欧洲文明,和而不同,交相辉映。现在"一带一路"的文化交流和合作要构筑一个包容性和谐性互补性的发展平台,推动不同文明的互鉴共荣。

我们千百年来形成的传统节日是中华民族文化遗产的重要组成部分,承载着中华民族的思想精华和文化血脉,蕴含着中华民族的人文精神和伦理观念,集中展示着中华民族的生活方式和民俗习性,是标志性的民族文化。由于地缘和历史原因,"一带一路"沿线许多国家不同程度上受到这种文化的辐射,尤其是表现在传统节日文化上,形成了一个以节庆文化为中心的城市间文化交流体系。

如端午节为主的传统节日对"一带一路"的东亚与东南亚国家的影响,就

呈现明显的互相交融,和而不同的特点。

日本的端午节习俗在一些方面有所改变,他们没有继承中国的阴阳变化中的顺气观念,而是盛阳之日,视为男性的节日,将端阳节视为男孩节,室外挂鲤鱼旗,室内摆设武士人偶,期待男孩能跃过龙门,有一个积极向上的人生。但日本对中华端午习俗也有一些保留和传承,日本端午节重视菖蒲,有菖蒲酒、菖蒲浴、菖蒲枕,以菖蒲作为驱除恶魔的节物,称为"五月饰"。粽子与槲叶糕是端午节节日食品。日本也在端午这天采药,称为"药狩"。

古代朝鲜半岛与中国有着紧密的关系,在"一带一路"国家中,韩国节日传统保存最完整。与日本止步于唐宋不同,它持续地对中国传统节俗进行了吸收。他们继承了端午节俗的文化特性,在李朝时期端午与元旦、寒食、秋夕视为四大名节。韩国将端午作为打扮儿童的节日,也称为"女儿节",端午节这天,要打扮女孩子,以菖蒲水洗脸,用菖蒲根作为发簪,称为"端午妆"。端午娱乐活动,中韩有同有异,相同的是都以户外集体性夺标争胜的竞赛活动为主,不同的是娱乐内容各有传统,中国重在水上赛舟,韩国重在摔跤角力。这样的节俗娱乐适应了夏至时节阴阳二气争锋的需要。

东南亚国家越南,因为地缘与历史的关系,中华历法曾经是其国家的历法,越南同样有完整的传统节日体系,春节、清明、端午、中元、中秋、重阳,节俗与中国内地大同小异。端午节同样有粽子,但还注意采药,认为端午药草最灵验。这些节俗与中国内地相同。东南亚还是华人的重要分布区,华人带去了中华节日传统,在马来西亚、新加坡、印度尼西亚与泰国,中华传统节日成为华人文化生存的重要时间制度。端午是华人的重要节日,泰国、马来西亚、新加坡等国,端午粽子种类繁多,龙舟赛隆重热烈。他们坚守着华人节日文化传统,有些方面甚至比中国内地更具有传统意味。

可见,"一带一路"是经济带,更是精神文化与节日文化传播交流互鉴之路,亚洲节日文化的历史时间传统,让亚洲有了团结繁荣的传统基石。

"丝绸之路"是沟通"一带一路"沿线国家的桥梁和纽带,充分利用"丝绸之路"这座文化宝矿,举办相关文化活动能够提升"一带一路"沿线国家的认同度和向心力。近年来,中国艺术市场上含有丝绸之路因素的文艺作品不少,且都在国内外取得不俗的口碑。电影《大唐玄奘》按照玄奘当年取经路线,沿着古丝绸之路实地拍摄,在印度上映时反响强烈,主创人员还受到印度总统接见。此外,陕西省歌舞剧院制作完成大型舞剧《丝绸之路》,哈萨克斯坦和中国工作室联合拍摄关于丝绸之路的3D动画片等,无不将丝绸之路作为故事的贯穿性主题。这些作品契合了"一带一路"的文化维度,在文化内核上紧扣丝路精髓,在艺术的延展和纵深中传递中华文化。艺术作品是构建丝路形象的重要媒介,在国际上也是颇受关注的艺术资源。日本艺术家平山郁夫糅合了丝路与佛教题材,开创出里程碑式的画卷;由井上靖小说改编成的电影《敦煌》更是中国丝路形象域外发展的代表作品。除此之外,舞剧《大敦煌》将敦煌壁画《张议潮出行图》歌舞化,并结合中国京剧元素,也在日本深受欢迎。

通过文艺作品向世界讲述中国故事,便需要从历史中汲取资源,找准文化定位。向世界讲述中国故事应选择合适的题材,在传承中国古老文化遗产的同时,也应考虑到国际化传播路径中的文化藩篱等问题。而丝绸之路本身便具有跨文化传播的强大生命力,丝绸之路文化交流中,接受者不同的文化背景和文化传统对交流信息进行自我选择与改造重建,因此,丝路文化的传播具有鲜明的双向性、互动性特点,其千百年来一脉相承的多元、包容、自信、自强的文化心态,更有利于构建跨文化的亲缘性。跨文化传播中的形象蕴含着不同文化间想象的自我诠释,兼有"自我"和"他者"的双重意蕴。丝绸之路作为中国的文化符号,不仅是一个行政区域与地理方位的概念,更包含了历史、民俗、宗教、艺术等综合形象元素。这种多元包容的丝路文明无疑有利于中华文化的进一步传播,激发海外的"中国想象"。

同时,从"丝绸之路"到"一带一路",我们要注重文化存在的多样性。这是一个繁多民族的集聚带,甚至每个民族都有他们独特的语言、服饰、习俗、伦理。当年丝绸之路就是通过这条通天大道的交流,滋养了每个民族,又焕发了各个民族文化的独特魅力。因此,"一带一路"的建设是跨文化的,包容的,多元共存的交流,而不是封闭的,割裂的,排斥的,一尊独大的。身处全球化的时代,我们应从历史中找到中国定位,从未来发展中找到中国定位。在双向互动和多元杂糅中,讲好中国故事、传递中国价值。

4. 文化交流要培育起沿线国家的命运共同体意识

沿线国家的共同体意识即政治互信、经济融合、文化包容的利益共同体、责任共同体、命运共同体。古丝绸之路就是一条沟通之路、贸易之路、交流之路、和睦之路。今日"一带一路"要共商、共建、共享,就必须编织共同体意识和格局。

在 2017 年 5 月落幕的"一带一路"高峰论坛中,中国政府积极承担民生责任,加强民生投入,深化民心相通。中国政府将加大对沿线发展中国家的援助力度,未来 3 年总体援助规模不少于 600 亿元人民币。中国政府还将向沿线发展中国家提供 20 亿元人民币紧急粮食援助。向南南合作援助基金增资 10 亿美元,用于发起中国—联合国 2030 年可持续发展议程合作倡议,支持在沿线国家实施 100 个"幸福家园"、100 个"爱心助困"、100 个"康复助医"等项目。向有关国际组织提供 10 亿美元,共同推动落实一批惠及沿线国家的国际合作项目,包括向沿线国家提供 100 个食品、帐篷、活动板房等难民援助项目,设立难民奖学金,为 500 名青少年难民提供受教育机会,资助 100 名难民运动员参加国际和区域赛事活动。这样的做法对于建立沿线国家共同体意识将发挥重大作用。

世博会等大型文化会展活动是连接城市的桥梁和纽带,对于构建城市间文化交流体系也发挥着重大作用。积极支持"一带一路"沿线国家举办世博会等也是促进建立"一带一路"共同体意识的一大途径。世博会是全球最高级别的博览会,是展现全球经济、社会、文化、科技等领域成就的重要载体,也是各国展示国家形象、提升软实力、加强对外交流与合作的重要平台。哈萨克斯坦阿斯塔纳世博会于 2017 年 6 月 10 日至 9 月 10 日举行,这是首次由中亚国家举办的世博会,参展的国家有 115 个,国际组织有 20 家。此次世博会以"未来的能源"为主题,聚焦新能源开发利用,倡导最有效、最适宜、最可行的可持续发展行动计划,探寻未来能源发展合作大计。中国政府积极支持哈萨克斯坦举办阿斯塔纳世博会,高度重视中国的参展工作。阿斯塔纳世博会成为在海外举办的历次世博会中中国参展省区市和大型企业最多的一次。中国馆面积为 1 000 平方米,是本届世博会最大的外国馆之一。中国馆围绕"未来能源,绿色丝路"这一主题,通过创意新颖的展陈系统、富有感染力的主题影片、令人流连忘返的互动体验、丰富多彩的交流活动,传承和弘扬以和平合作、开放包容、互学互鉴、互利共赢为核心的丝路精神,推动各国深化各领域互利合作,为加快推进"一带一路"建设提供助力。

"一带一路"倡议自提出以来,以其对人类命运的积极关注受到世界各国的广泛接纳与好评。这是我国在新时代实行全方位对外开放的重大举措,是为破解人类发展难题提供的中国智慧和中国方案。在2017年联合国经社理事会发展筹资论坛一般性辩论上,与会国际组织和会员国代表积极评价"一带一路"倡议及"一带一路"国际合作高峰论坛取得的成果。联合国贸发会议秘书长基图伊表示,"一带一路"国际合作高峰论坛在引领全球发展方面发挥了榜样作用,各国应学习中方经验和做法。会后,智利代表表示,当前世界经济复苏乏力,中方举办"一带一路"国际合作高峰论坛,提出推进经济合作的重大举措,展现了中国对国际事务的领导力。埃及代表表示,"一带一路"倡议对非洲国家发展作用重要,许多非洲国家都在积极研究如何更好对接"一带一路"倡议,加快经济增长。阿尔及利亚代表表示,"一带一路"倡议是重要的国际公共产品,对推进公平、合理的全球经济治理体系十分重要。

"一带一路"倡议利用"丝绸之路"这一古老的历史符号,连接相关国家。在既有平台的基础上,进一步进行时代性的拓展,广泛开展多领域的交流与合作。"一带一路"不仅是国与国直接经贸往来的平台,更是城市之间文化交流合作体系建立和完善的基点。而完善城市之间的交流与合作,必须从注重软实力的建设与提升,注重创新思维与创新能力的转化,构筑包容性和谐性互补性的发展平台,建立起沿线国家的共同体意识等方面着手,构建人类命运共同体要突破封闭的文化壁垒,实现不同文明、不同文化的相互尊重,按照人类命运共同体的要求,求同存异,和合共生,这其中中国应以更加积极的姿态展示中国——这一迅速崛起中的大国的和平、合作、负责任的国家形象,夯实人类命运共同体的社会基础和全球基础,为共同构筑人类命运共同体,建设一个和平美丽包容的世界而做出积极的贡献。

4

上海建设"一带一路"文化领域桥头堡对策研究

金 雷 凤 智 张恒龙等*

摘 要 "一带一路"建设的社会根基是民心相通,随着"一带一路"建设的深入推进,文化交流作为中国深化与世界各国交流与合作的重要内容和方式之一,在促进民心相通过程中发挥着日益重要的作用。在上海市委、市政府的领导下,上海市文广系统把推进"一带一路"文化建设作为重点工作,2016 年发布了《上海市文广局推进"一带一路"文化建设三年行动计划》,①明确了 2016—2018 三年上海"一带一路"文化建设推进工作的基本思路、工作目标、主要任务、重点举措和保障机制等,突破性地建立了"一带一路"沿线国家和地区艺术节、电影节、美术馆、博物馆、音乐创演合作五大合作机制,使上海的"一带一路"文化工作走在了全国前列。

关键词 上海市文广系统 五大合作机制 文化建设桥头堡

为认真贯彻习近平总书记在 2017 年 5 月在"一带一路"国际合作高峰论坛上的重要讲话精神,落实把上海打造成为服务国家"一带一路"文化建设桥头堡的要求,实现上海建设国家文化大都市的战略目标。2017 年 10 月,经上海市人民政府批准发布《上海服务国家"一带一路"建设发挥桥头堡作用行动方案》(以

---

* 本报告是上海市文广局课题组的研究成果。课题组成员包括:金雷,凤智,张宁宁,姜葛殁,张恒龙,张珊珊。
① 以下简称《三年行动计划》。

下简称《桥头堡方案》),上海文广系统在《桥头堡方案》指导下,继续深化和拓展五大合作机制,推动"一带一路"文化建设工作向深层次发展。主要工作包括:成立"丝绸之路国际艺术节联盟";拓展电影节合作机制内涵;筹备展开首届"一带一路"美术馆合作论坛;继续深化博物馆合作机制;推动与"一带一路"国家进行音乐创演合作;运用多种文化交流媒体,全方位加强"一带一路"文化建设。

随着"一带一路"建设的深入推进,文化交流作为中国深化与世界其他国家交流与合作的重要内容和方式之一,将为上海扩大开放、提升国际文化影响力,建设卓越的全球城市提供重要机遇,同时,上海的全球城市建设也将更好服务全面开放新格局。本报告将在总结过去实践经验的基础上,梳理存在问题,针对未来发展目标提出对策建议。

一、上海文化服务"一带一路"的实践与经验

目前,上海市文广系统《三年行动计划》的推进工作总体顺利,已经取得多项成果,《桥头堡方案》的计划正在逐步稳定推进。上海依托国际大都市的人文优势,与"一带一路"国家(地区)在文化、旅游等方面,开展了多领域、深层次的广泛合作,为"一带一路"建设夯实了民意基础。

(一)五大合作机制工作总体进展顺利,取得阶段性成果

上海文广系统通过签署协议、建立合作联盟/网络、推进交流活动、加强文化贸易等方式深化五大合作机制,为推动"一带一路"文化领域的交流与合作打通了新渠道。

1. 积极推进沿线国家(地区)合作网络建设。三年来,五大合作机制在原有工作的基础上,签署战略协议,大力推进合作网络建设。

(1)建立"一带一路"艺术节合作发展网络,成立丝绸之路国际艺术节联盟。2015年,第十七届中国上海国际艺术节期间,举办了"一带一路"艺术节圆桌会议,发布了"一带一路"艺术节的合作倡议,得到18个国家、22个艺术机构的响应,初步建立了"一带一路"艺术节合作发展网络。2016年第十八届

中国上海国际艺术节进一步扩大"一带一路"合作网络,30 个"一带一路"国家、60 家艺术节及重要文化机构的 70 余名代表参加艺术节、演出交易会和论坛。在此基础上,2017 年,十九届中国上海国际艺术节期间,"丝绸之路国际艺术节联盟"正式成立,来自 32 个"一带一路"沿线国家的 124 个艺术节和艺术机构踊跃加入,标志着"一带一路"艺术节合作网络迈上新台阶。该联盟是第一个由"一带一路"沿线国家和地区艺术节和艺术机构联合成立的国际艺术节联盟,致力于通过国际艺术文化的纽带,连接并推动包括"一带一路"沿线国家及更大范围的国际文化艺术交流与合作,也是上海在建设卓越全球城市的进程中,在推动国际文化艺术交流与合作方面所发挥的动力引擎和核心枢纽作用。此外,自 2016 年以来,艺术节中心已陆续与"一带一路"沿线国家与地区艺术机构签署合作备忘录共 10 项,达成了各个层面交流的合作意向。

从表 1 可以看到,随着《三年行动计划》的制定与实施,参加艺术节的国家(地区)与机构数量逐年递增,从 2015 年的 18 个国家(地区)上升到 2018 年的 41 个国家和地区,机构数量更是从 22 个跃升至 157 家,艺术节网络覆盖面越来越广,国际影响力显著提高。

表 1:2015—2018 年参加艺术节的国家(地区)与机构数

年 度	参与倡议的国家/地区数量	参与艺术机构数量
2015	18	22
2016	30	60
2017	32	124
2018	41	157

(2)推进"一带一路"电影节战略合作机制建设,成立"一带一路"电影节联盟。2016 年上海国际电影电视节期间,"一带一路"沿线相关国家电影节代表应邀参加上海国际电影节,并共同签订"一带一路"电影节战略合作协议,各签约电影节将根据协议进一步加强交流,通过互办电影节增进观众对各国民族文化和人文风俗的了解,采取切实措施促进各国电影人之间的合作,以展映等方式推广各自的电影,加强电影制作与发行的合作,共同推进电影教育和电

影评论等。2016 年 12 月,上海国际电影节分别与印度孟买电影节、迪拜国际电影节签订合作协议,就人员定期互访、展台互换、影视产业交流、新闻宣传推广以及在各自电影节期间组织举办对方主题电影影展、推广新人新作等方面建立合作机制。2017 年的上海国际电影节组织"一带一路"沿线 14 个国家的代表共同签订了"一带一路"电影文化交流合作备忘录。2018 年上海国际电影节期间正式成立了"一带一路"电影节联盟,来自世界的 29 个国家的 31 个电影节机构代表共同签署了"关于建议'一带一路电影节'联盟的备忘录",体现了上海国际电影节在国际合作机制建设的实质性进展。

(3) 中华艺术宫与多国美术馆建立合作机制。截止到 2017 年 5 月,中华艺术宫已与"一带一路"沿线 22 个国家政府文化部门、驻华使领馆、艺术机构等沟通了开展交流合作的愿景,基本覆盖"一带一路"沿线中亚、东南亚、南亚、中东欧以及西欧北非地区。与匈牙利国家博物馆、波兰格但斯克国家博物馆、尼泊尔美术学院(美术馆)、新加坡国家美术馆等 19 家艺术机构确认了合作意向,签署合作备忘录。2018 年 6 月,中华艺术宫参加了文化和旅游部发起的丝绸之路美术馆联盟合作机制,将利用中华艺术宫丰富的海派馆藏和已有的与带路国家的合作基础,不断丰富联盟和机制的内涵,扩大交流促进学术研讨、公共教育等多种形式的带路国家间美术文化交流与合作。

(4) 以展览带合作,推动博物馆联盟建设。上海博物馆已与埃及、伊朗、希腊等多个国家的国家博物馆签署合作备忘录,定期互派专业人员交流,预期 3 年内形成 30 家左右沿线国家文博机构组成的博物馆联盟,为展览、人才交流培训、学术研究、考古、公众教育、数字化等方面的业务合作打下基础。

(5) 创建"一带一路音乐创演联盟"。2016 年 9 月 8 日,在"2016 天地世界音乐节(上海世界音乐季)"新闻发布会上举行了"一带一路音乐创演联盟"签约仪式,以色列、哈萨克斯坦、波兰、土耳其、马里、印度等国家和地区的艺术家共同签署了合作协议书。"一带一路音乐创演联盟"的成立,将为"一带一路"沿线音乐文化的引进、推广提供学术、演艺资源、演出场地等多方位的支持。

2. 突出"一带一路"主题,促进文化领域的交流和发展。

(1) 艺术节在合作倡议发出后,将"一带一路"主题呈现于每一个板块。

在论坛板块,继 2015 年的"一带一路"圆桌会议,2016 年艺术节主旨论坛围绕"多元共享的文化艺术新活力"主题,讨论了"一带一路"丰富文化艺术资源的开发、交流与合作。2017 年以"有效连接、创新驱动"为主体,举办"一带一路"国际艺术节发展论坛,实质性探讨了"丝绸之路国际艺术节联盟"的机遇、挑战和运作机制。2018 年以"新格局、新作为、新世代——艺术文化的活力与贡献"为主题探讨了艺术在新的时代格局下发挥作用、创造价值和赋予意义的各项议题,共享各国文化艺术发展的最新成果。在演出板块,2016 年艺术节的舞台演出汇聚了俄罗斯、捷克、以色列、卡塔尔等沿线国家的 10 多部作品,举办了丝路国家画展。2017 年邀请了捷克、奥地利、以色列、南非等 13 个"一带一路"沿线国家的艺术作品。此外,艺术节在主题展览、"扶持青年艺术家计划"、"艺术天空"、艺术教育等板块全方位呈现了"一带一路"国家的人文风貌。艺术节每年举办的文化周活动也成为标志性项目,积极促进了文化间交流:2015 年举办印度文化周,2016 年举办匈牙利文化周与福建文化周,2017 年举办贵州文化周和以色列文化周。同时,艺术节通过平台资源网络积极推动中华文化艺术"走出去",实现了多项海外演出项目。仅过去一年间,中国原创优秀节目"走出去"演出 15 场,达成 100 多个相关合作意向。2018 年 11 月举行的第 20 届艺术节将继续凸显"一带一路"特色,立陶宛室内乐团、华沙交响乐团、罗马尼亚锡比乌国家剧院、奥地利萨尔茨堡室内乐团等将为观众展现"一带一路"不同国家文化,促进民心相通、文化互建。

　　(2)上海国际电影电视节"丝绸之路"展映单元交流规模不断扩大。2016 年,第 19 届上海国际电影节期间,来自伊朗、波兰、捷克、以色列等沿线国家的影片入围了金爵奖评选,来自印度、泰国、以色列等沿线国家的影片入围亚洲新人奖,展映板块特别推出"一带一路"单元,集中展示沿线国家的电影特色,国际影视市场的电影板块首次设立"一带一路"主题馆,为国内拍摄的"一带一路"影片与沿线国家的电影项目提供展示交易。2018 年推出"一带一路"电影周,以"一个国家、一位电影人、一家电影公司、一部电影、一家媒体"为基础,举办多项主题活动,包括邀请"一带一路"沿线国家的 26 部影片举行电影展映、"一带一路"高层圆桌峰会、"一带一路"电影周、"一带一路"电影之夜等主题活动,逐步建立促进"一带一路"国家间影视文化交流的平台。2018 年,国际影视市场的电视市场首次设立"一带一路"主题馆,通过国家电视节目推介和国际买家交流会等多种当时,发挥促进交流和交易的功能。

(3)中华艺术宫举办了系列"一带一路"主题展览。中华艺术宫与"一带一路"国家美术馆合作举办系列展览,呈现多元艺术成就。2014 至 2015 年,中华艺术宫与匈牙利国家美术馆合作展出《蒙卡奇和他的时代:世纪之交的匈牙利艺术》展;与印度国家美术馆合作展出《眼睛与思想——印度艺术新的介入》展,引进《眼睛与思想——印度艺术新的介入》展览。2016 年,中华艺术宫引进"一带一路"世界艺术巡礼系列展,并与新加坡国家美术馆进行藏品交流合作,在新加坡展出《吴冠中:大美无垠》展。2017 年,中华艺术宫举办了"一带一路"国际艺术联合展,呈现了澳大利亚、蒙古、越南、塞尔维亚四个国家的艺术与文化精品,使中国观众更多了解世界文化多样性。

(4)上海博物馆大力开展了一系列与"一带一路"沿线知名博物馆间的合作,推动"走出去"和"引进来"。上海博物馆积极推动中国博物展览"走出去",2016 年 6 月至 2017 年 2 月在意大利罗马威尼斯宫博物馆举办"上海博物馆藏中国古代瓷器珍品:10—19 世纪"展。2016 年以来,上海博物馆派出 5 批次共 11 名专业人员赴"一带一路"沿线国家文博机构进行交流,包括埃及、俄罗斯、匈牙利、拉脱维亚、伊朗、印度、越南,涉及文物修复与保护、合作出版书籍、博物馆高层及学术会议、数字化建设、考古等,使"一带一路"沿线国家的文博机构互通有无。上博举办了"交通中西""一带一路"两个系列讲座,邀请国内一流学者和丝路沿线国家知名文博机构专家,向公众介绍"一带一路"的历史、艺术、考古知识。2016 年共举办相关讲座 30 场,邀请了越南、塔吉克斯坦、巴基斯坦、俄罗斯、乌兹别克斯坦等国专家来沪。2017 年讲座总数达到 50 场,邀请的境外专家涉及越南、蒙古、斯里兰卡、哈萨克斯坦、土库曼斯坦、吉尔吉斯斯坦、法国等,力争打造国内最具影响力的"一带一路"公众教育品牌。

(5)上海世界音乐季集中体现"丝路之音"主题。在 2016 年活动中,共邀请来自 18 个国家及地区的 24 组/位世界音乐家,演出共计 64 场,其中 72%是"一带一路"沿线国家。在长宁区新虹桥中心花园和浦东新区长泰广场两地专设了"丝绸之路"主题舞台,让世界音乐走近普通市民。

3. 打造活跃的文化贸易平台,大力推动对外文化贸易合作

除了推进"一带一路"主题的合作网络建设、人文交流活动,五大合作机制的一项突出经验是打造活跃的文化产业交易平台,提供创意、人才、资金、项目等高层次集聚交流渠道,助力培育新内容、新人才、新市场,带动产业发展。

（1）上海艺术节专题推广"一带一路"倡议。2015 年起,上海艺术节演出交易会专设"一带一路"展区,并在此期间举办中欧艺术节圆桌会议、走出去视频选拔推介会等,沿线国家艺术节或文化机构共达成项目意向 21 个。2017 年第 19 届艺术节共有来自 60 个国家和地区的 500 余家机构参加艺术节交易会,参会国际机构数量较 2016 年增长了 39%。交易会期间各"一带一路"国家艺术节或文化机构共达成项目意向达 40 余项。2018 年艺术节交易会除传统演艺机构外,还邀请法律、广告、翻译等演艺产业链相关服务机构参加,促进全产业链的解决方案。

（2）上海国际电影电视节着重发展交易功能。上海国际电影电视节持续推进影视市场的交易服务功能,已成为亚洲非常具有特色和影响力的影视节目交易市场平台之一。电影节设立了"一带一路"国别推介论坛,促进来自不同国家的电影企业彼此了解、进行合作。电影节还启动了全球范围"一带一路"电影之旅,推介中国以及签约国家影片、电影人、电影企业参加各类知名国际电影节、影展、电影市场活动。在提升上海国际电影节的国际影响力同时,电影节主导并助推"一带一路"签约各国电影文化交流。

（二）打造"一带一路"重点文化项目,凸显上海文化特色

上海文广系统主动参与重要文化外交活动,加强与沿线国家的文化交流,助力提升国家软实力,凸显上海文化特色和品牌。

1. 参与"欢乐春节""中国周"等对外文化交流活动,展现江南文化特色。

上海连续多年派出高水平的专业演出团组赴"一带一路"沿线国家和地区开展节庆文化活动,不断提升"欢乐春节"和"中国周"等品牌活动的海外知名度,塑造"上海文化"品牌的国际影响力。2016 年春节期间,上海文广组织赴泰国曼谷中国文化中心成功举办"江南风情——上海金山农民画特展",以富

有江南乡土风情的上海现代民间绘画艺术,为泰国民众迎接中国传统新年增添节日氛围,传播了中华优秀传统文化中崇尚人与自然相融、追求人与人和谐相处的价值理念。2017年春节期间,上海刘海粟美术馆赴匈牙利布达佩斯举办"戏墨·墨戏"中国水墨戏画展等,借助春节契机推动中华传统文化在"一带一路"沿线国家的传播。2018年在俄罗斯举办的"欢乐春节"活动,首次将海派民乐带到波罗的海地区,在欢乐的乐曲中拉开了中俄地方合作交流年的序幕。2018年1月,上海文广局、外事办和新闻办共同主办的"欢乐春节·上海文化周"系列活动在纽约举行,包括上海电影周、上海电视展映周、"上海印象"非遗展、"魅力上海"图片展等多个活动,促进海外人士了解中国、感知上海。2018年10月,上海文广局与协同机构共同在波兰主办了"中国周"文化活动,近80位来自上海的艺术家通过昆曲、话剧等多种艺术形式和展览集中展示了中华文化的魅力和江南艺术风格。

2. 配合高访活动做好文化外交,彰显海派文化特色。

上海积极配合国家外交战略和高层外交活动开展相关文化交流活动。2016年5月,配合韩正同志率中共中央代表团出访,上海文广组织上海文化艺术团一行52人赴泰国曼谷、越南河内,在两地分别举办"上海之夜"中泰、中越友好文艺晚会。演出精彩纷呈,彰显海派特色,扩大了中华文化的影响,为中泰、中越两国人民在近距离的文化交流中深化友谊提供了良好契机。2016年9月,应摩洛哥文化部及中国驻匈牙利大使馆邀请,上海文广组派上海文化艺术团赴两国巡演,在摩洛哥的三个城市,以及匈牙利首都布达佩斯举办了五场演出,纪念中摩两国建交58周年和庆贺新中国67华诞,展示了上海文艺团体的极高水准以及海派艺术的动人魅力,受到两国政要、驻地使馆及中外观众的一致肯定,在各地均取得良好的社会反响。

3. 借助影视手段,加强国际传播,突显上海文化品牌。

国家新闻出版广电总局委托,由上海广播电视台(SMG)、广东广播电视台和泉州广播电视台三台合作拍摄《海上丝绸之路》纪录片于2015年底完成拍摄,2017年2月制作完成。该片已落地新加坡、澳大利亚广播公司(ABC)、美国中文电视台等国家播出,受到好评。上海广播电视台还与中国国际广播电台合作,着手将该片编译成 10 个语种,向土耳其影响力最大的 NTV 电视台、缅甸最大的私营电视台 Skynet TV、巴基斯坦国家电视台等"一带一路"沿线国家推广播出。《海上丝绸之路》作为宣传丝绸之路沿线国家和地区的历史、风俗以及人民友好交往的纪录片,今后将作为"一带一路"重要外宣项目进行推广。

SMG 旗下五岸传播公司与俄罗斯 SPBTV 加强合作。将合作内容从 SMG 精品节目拓展到更多优质华语版权内容。受国家新闻出版广电总局委托,将提供影视桥节目译制工程中的俄语译制节目至 SPB TV。2016 年 8 月,五岸传播与俄罗斯主流媒体第一频道签署协议,双方在纪录片领域达成战略合作。2017 年,五岸传播促成第一财经频道的节目内容在 SPBTV 新媒体平台上落地,第一财经出品的财经资讯等内容将触达全俄观众。俄罗斯是"一带一路"的重要国家,五岸与俄罗斯的合作成为广播电视领域"一带一路"工作的重要突破。

(三)大力推动对外文化贸易合作

上海积极开展与"一带一路"沿线国家文化贸易合作。国家对外文化贸易基地(上海)(以下简称"基地")全面贯彻落实党中央文化发展、走出去战略,继续围绕基地建设与发展既定的目标,依托上海自贸区制度创新与政策开放,结合对外文化贸易拓展特点和发展实际,进一步探索与实践。

1. 扎实推进产业集聚

截止 2017 年底,基地累计已聚集了超过 500 家的各类文化企业入驻,累计吸引注册资本已达到 343 亿人民币,当年新增注册资本超过 24 亿元;当年贸易规模突破 350 亿,文化产品进出口值占上海市接近 40%,成为建设"上海文化"品牌的重要载体,也成为上海自贸区一个新的增长点。基地逐步引进了文化各业态的新入驻企业,包括文化产业投资类、重点出版类、民营文创、高科技新媒体等,积极对接著名传媒集团,充分利用"允许外商独资在区内设立演出娱乐场所""自用设备免征关税"等一些自贸区、保税区的特殊政策与功能优势,引进筹建影院、影视特技数码制作等开拓性的项目与企业,到 2017 年底,基地入驻的企业已达 670 余家。

2016 年以来,基地与中国国家博物馆、中国国家画院、中国国家图书馆等多家国家级文化资源达成战略合作,形成国家顶级资源在上海自贸区的进一步集聚,逐渐发挥规模效应。

2. 积极拓展国际文化贸易市场

2017 年由上海基地组织、承办和参与的国际国内文化贸易与重点展会、交流活动达 21 项。2017 年春节期间,组织中国新文化传媒集团有限公司等中国文化企业在新加坡中国文化中心成功举办以"中新文化产业交流会"等中新文化贸易促进系列活动,四天的活动实现文创产品交易与意向合作贸易额超过人民币 1 000 万元。连续六年坚持组展参加洛杉矶艺术展,成功建立起了长效文化贸易拓展与合作渠道的双向桥梁,帮助国内外的文化艺术机构、企业及艺术家进一步探寻中外艺术贸易与合作的市场、规律和途径,洛杉矶艺博会正逐渐成为体现中国画廊及艺术家整体形象的一个国际性的窗口,也是中国现当代艺术走进北美文化艺术市场的窗口与平台。2017 年 9 月,主办了 2017 文化授权交易会,汇聚了来自美国、阿根廷、厄瓜多尔等 16 个国家,以及来自台湾、香港地区和北京、山西、内蒙古等 16 个省、市、自治区的逾 130 家文化企业参展。另外,自 2015 年以来,基地与义乌文交会持续建立战略合作关系,2017 年基地组织了 20 余家文创企业参加第 12 届中国(义乌)文化产品交易会,为文创企业及其产品的外向发展和渠道拓展提供了专业化、针对性的服务,让文创企业普遍取得了事半功倍且超出预期的成效。2018 年,基地与中国驻蒙古国大使馆乌兰巴托中国文化中心联合主办了数字媒体艺术特展《遇见中国》,这是上海第一次利用前沿的数字成像等多种数字媒体手段,多方位立体化地向"一带一路"沿线国家人民展示中国传统文化,也是上海推动文化装备建设的成果之一。特展使体验者通过数字化手段了解中国的历史文明,体验中国民众的当代生活,感受蓬勃发展的新中国力量,进一步切实了解中国人文精神以及中国"一带一路"国家的合作模式的诚意和决心。

2018 年 11 月在中国进口博览会上,基地作为首批进博会服务贸易"6 天+365 天"一站式交易服务平台,将为展商提供综合性的产品技术常年展示交易服务,进一步促进文化贸易。

3. 建设文化产业平台,推动产业发展

基地依托上海自贸区制度创新和政策开放,结合文化贸易的特点和实际,多方位探索建设各类文化产业平台。如发展便捷的艺术品进出境通道,搭建国内外艺术品交流交易的桥梁;建设了上海自贸区国际艺术品交易中心,提供展览展示、交易洽购、金融保险等服务;积极构建艺术品评估鉴定和版权中心,并将于 2018 年底投入运营,以适应产业发展的需求。

4. 充分发挥设立专项扶持资金的优势,助力文化"走出去"。

为了有效推动文化产品和服务走出去这一国家战略实施,基地依托上海设立文化"走出去"专项扶持资金的优势,继续加强对外向型文化企业、项目和产品的扶持和推动,对文化产品、市场的开发以及国际市场的开拓,提升优秀文化产品和服务的国际影响力和竞争力的项目给予资金政策上的支持,2017年扶持资金补贴总额达为 2 300 万元以上,扶持的企业超过 39 个,扶持的项目超过 30 个,近几年来基地的走出去项目和文化企业累计得到政府专项扶持资金的规模已超过 1.5 亿人民币。

二、未来进一步发展的挑战与困难

《三年行动计划》实施以来,上海文广系统在推进"一带一路"桥头堡建设中取得了显著的成绩,不过受制于主客观因素,仍有改进的空间,主要体现在以下几方面:

(一)国别与区域的辐射覆盖面不平衡,与"一带一路"沿线国别布局还不匹配,与全面开放新格局的要求尚有差距。

根据 2015—2018 年参加上海国际艺术节的国家(地区)的分布,我们可以看到,目前上海在开展"一带一路"文化合作的国家(地区)分布与"一带一路"沿线国家的布局并不匹配,区域分布存在不均衡的现象。

从表 2 可以看出,在 40 个国家(地区)中,欧洲最多,数量上居于首位,其中中东欧占了 16 个。亚洲是 15 个,其中西亚就占了 12 个。非洲只有 5 个国家,其中北非占了4个,撒哈拉以南非洲地区只有1个国家。

表2：2015—2018年艺术节参加国别（地区）分布

序号	亚洲（15）			非洲（5）		欧洲（17）		北美洲（1）	大洋洲（1）
	东、南亚（2）	中亚（1）	西亚（12）	北非（4）	撒哈拉以南非洲（1）	中东欧（16）	西欧（1）		
1	印度	乌兹别克斯坦	约旦	阿尔及利亚	毛里塔尼亚	阿尔巴尼亚	意大利	加拿大	新西兰
2	新加坡		科威特	埃及		波黑			
3			黎巴嫩	摩洛哥		保加利亚			
4			沙特阿拉伯	突尼斯		克罗地亚			
5			巴林			捷克			
6			伊拉克			爱沙尼亚			
7			阿曼			匈牙利			
8			巴勒斯坦			拉脱维亚			
9			阿联酋			立陶宛			
10			土耳其			马其顿			
11			以色列			波兰			
12			格鲁吉亚			罗马尼亚			
13						塞尔维亚			
14						斯洛文尼亚			
15						黑山			
16						斯洛伐克			

2015年3月,经国务院授权,国家发展改革委、外交部、商务部发布《推动共建丝绸之路经济带和21世纪海上丝绸之路的愿景与行动》中开宗明义指出"'一带一路'贯穿亚欧非大陆,一头是活跃的东亚经济圈,一头是发达的欧洲经济圈,中间广大腹地国家经济发展潜力巨大。"显然,上海艺术节合作网络现有的国别区域分布是与这种布局要求不完全匹配的。

传统上,上海的开放更多的是与美欧日等发达国家的合作,这一点在上海友好城市的分布上就可以看出。在目前71个市级友好城市中,欧洲30个,其中西欧22个;美国和加拿大共5个,日本4个,韩国4个,澳大利亚和新西兰各1个,来自发达地区的友好城市达到37个,而非洲一共只有5个,其中撒哈拉以南非洲只有2个城市。然而,随着国际政治经济形势的发展,我国正在构建全面开放新格局,需要与更加广泛的国家建立紧密合作关系,上海作为"一带一路"建设的桥头堡,今后需要要加强与亚洲、非洲(尤其是撒哈拉以南非洲地区)的文化合作。

(二)文化创意产业的领先地位不突出,与上海建设科创中心和建设卓越的全球城市的内在文化动力要求有差距。

经过多年发展,上海文化创意企业取得了长足发展,根据2017年国家对外文化贸易基地(上海)的统计数据,截止到2015年,上海核心文化产品和服务的进口额达45.7亿美元,上海核心文化产品和服务的出口额达45.3美元。2017—2018年度国家文化出口重点项目数,上海的重点项目仅次于北京,详见图1。

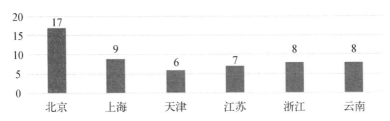

图1:2017—2018年度相关省份国家文化出口重点项目数

这些数据都显示了上海文化创意产业领域发展的成就,但上海文化创意产业的发展也存在一些不足。

一方面,文化领域龙头企业的全国领先优势不明显,具有国际影响力的龙头企业数量不多,而且民营企业优势不明显。从图2我们可以比较2017—2018年度相关省份国家文化出口重点企业数。上海的重点企业数次于北京,与江苏数量接近,如果合计广东和深圳的重点企业数量,则已超过上海。

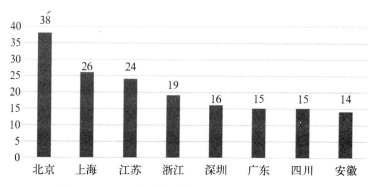

图 2：2017—2018 年度相关省份国家文化出口重点企业数

（数据来源：根据商务部 2017—2018 年度国家文化出口重点企业和重点项目目录）

其中，北京的 38 家重点文化出口企业里有 7 家国有企业，占比 18.4%；上海 26 家重点文化出口企业里有 10 家国有企业，占比 38.5%，显示上海国有龙头文化企业竞争力较强，未来民营文化企业提升的空间较大，民营企业活力需进一步激发。

一方面，从文化产业企业的科技创新能力看，上海与北京、深圳相比较，上海在技术创新要素、人才创新要素和制度创新要素方面均低于北京和深圳。在集群创新要素方面为三个城市中最高，显示了上海产业集聚创新的优势。而前三个方面则成为制约上海文化产业科技创新能力的重要因素。[1] 从产业领域来看，上海文化产业上市公司更多集中在传统文化产业行业，国有企业具有明显优势。北京和深圳在"互联网+文化创意"已经形成了民营企业的高度集聚和龙头企业的发展。科技创新能力是"互联网+"时代推动文化创意产业发展的重要引擎，是提升产业国际竞争力的重要因素。在建设全球领先的科创中心的良好契机下，上海在激发民营企业活力、鼓励文化企业提升科技创新能力方面具有很大的发展空间。

（三）上海作为全球城市的文化影响力有待提高。

在全球化与世界级城市研究机构 GaWC 的 2016 年全球城市排名中，上海位

---

① 解学芳、韩晓芳：《"互联网+"时代的城市文化产业科技创新能力提升》，《上海文化产业报告 2018》，上海书店出版社 2018 年版，第 30—53 页。

列第 9 位,北京列第 7 位。伦敦和纽约分别位列第 1 和第 2 名,Alpha++级别,属于第 1 梯队。北京与上海是 Alpha+级别,属于第二梯队。在该排名中,全球城市的文化指数主要包括：国际知名的艺术机构或组织(博物馆、艺术馆、剧场、舞蹈团等);文化气息浓厚(电影节、艺术中心、艺术表演、首映等);具有国际影响力的世界级媒体;强大的体育硬件、竞技社群(大型体育设施、举办体育赛事等);著名教育机构(大学、研究机构等);旅游发达(有世界文化遗产);媒介建构(在艺术作品、网络、电视、电影、音乐、文学等描绘较多);多元文化(外来人口的文化融合)。

在另一项著名的全球城市指数 MMF 的 2017 年排名中,上海位列第 15 位。但在 2018 年的排名中,上海下降到第 26 位,其中经济指数排名第 16 位,研发排名第 16 位,文化交流排名第 18 位,宜居排名第 30 位,环境排名第 43 位,交通排名第 4 位。① 详见图 3。

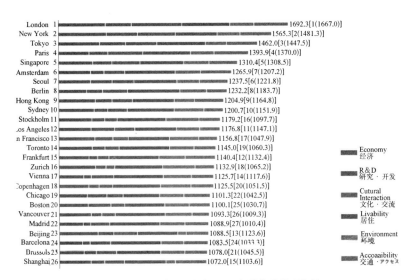

图 3：MMF 全球城市指数 2018 年排名及分项指数

(数据来源: Global Power Index 2017, 2018)

该指数的文化交流指数主要考察文化引导能力(国际会议数量、世界级文化活动数量、影视作品的贸易价值)、文化资源(创意环境、世界遗产数量、文

---

① http://www.mori-m-foundation.or.jp/pdf/GPCI2018_summary.pdf

化、历史和传统的交流机会）、游客设施（剧场和音乐厅数量、博物馆数量、体育馆数量）、对游客的吸引力（星级酒店容纳能力、酒店数量、购物选择）、国际交流（外国居民数量、国际游客数量、国际学生数量）。可见上海在这些要素上的全球竞争力都有待提高。

（四）文化交流合作机制已建立，未来应由更多元化的主体参与"一带一路"文化建设，进一步彰显上海文化特色，强化文化与城市发展的联动效应。

在上海市政府的主导和支持下，上海率先建立了"一带一路"文化交流的五大合作机制，开展了丰富的文化交流活动，成为国内对外文化贸易重镇。但社会各界参与"一带一路"文化建设的热情和潜能还未充分激发，政府、企业、社会组织和个体公众共同参与的局面还有待进一步形成。因此还应进一步推出激励政策，建设社会各界的沟通机制，建构不同主体间的对话渠道和咨询途径，盘活资源和活力，发展多元主体共同参与的文化建设格局。

其中值得关注的是，全球性文化机构总部或地区性机构数量不多，不利于提升上海文化的国际影响力。上海国际电视节、上海国际艺术节等国际性节展经过多年发展，已经积累了较好的知名度，但国际影响力仍待继续提升。

此外，上海近年来在非遗保护方面采取了多项举措，但非遗的保护、开发和品牌建设与传播仍有待提高，非遗中的文化传统和文化精神与上海城市发展的核心驱动力之间的关联还需强化。

三、构建服务国家战略的大文化发展支撑体系，打造"一带一路"文化建设桥头堡

"一带一路"建设是我国今后相当长时期的一个管总规划，也是各领域对外开放、合作的顶层设计。把上海建设成为服务国家"一带一路"建设、推动市场主体走出去的桥头堡，也是习近平总书记在全局高度对上海提出的新要求。

上海"一带一路"文化建设工作始终以"体现国家需求、服务长三角地区、

强化中外联动、扩大交流合作"为整体思路,在"健全机制、完善平台、打造品牌、推动产业"等方面重点发力。

在前期经验和对未来规划的基础上,未来上海要充分发挥上海自贸区制度优势,继续深化和拓展五大合作机制,从创作与培育、产业与贸易、合作与传播、保护与传承、政策与保障等五个方面,构建大文化发展支撑体系,推动"一带一路"文化建设工作向更高和更深层次发展。

(一)创作与培育

1. 加大对创作的鼓励和支持

坚持文化自信、振奋民族精神的创作导向,挖掘上海红色文化、海派文化和江南文化特色资源,传承上海文化基因,创作更多具有上海文化特色、体现上海城市发展精神的文化和艺术作品,鼓励打造具有深远影响力的文艺精品。上海可通过文化发展基金等多种方式强化原创内容创作,鼓励影视、图书、动漫游戏、艺术作品等多类内容的创作,继续中华创世神话和中国经典民间故事的创作和开发;鼓励发展统筹全产业链条的 IP,充分实现文化产品价值的最大化。

2. 加大市场主体培育力度,完善文创产业链

(1)做强做优各类市场主体,培育市场龙头企业,提升企业创新能力。文创品牌企业是城市的重要文化标志和软实力的重要依托。上海拥有多家优质文创企业,如东方汇文、阅文集团、哔哩哔哩、河马动画、喜马拉雅等,形成了原创内容生产链、内容运营链、底层技术提供链、终端设备链和配套支持产业链,在全国城市中处于领先地位。

同时,我们要看到,上海仍然缺少品牌龙头企业。2018 年,全国 30 强文化企业中,上海有三家国有企业(上海世纪出版集团公司、上海电影集团有限公司、东方明珠新媒体股份有限公司)上榜。但主要集中在传统文化产业,在新媒体文化产业领域缺乏领军企业。

(2)吸引国内外优质文创企业入驻上海,加强对中小微企业的培育力度,提升民营文创企业的竞争力。上海文创产业发展应具有全球化视野,依托上海自贸区的制度创新大力吸引国内外优秀文创企业入驻上海,参与上海文创产业

发展。同时,由于文化创意产业的企业规模一般较小,需要政府制定特殊政策对小微企业针对性加以扶持,尤其在税收等方面予以倾斜。通过举办创新创业大赛等方式整合资源孵化小微文创企业,打造体量小、潜力大的民营文创企业。

活跃的文创企业是实现"一带一路"文化交流的重要实体。如截至2018年9月,腾讯游戏开发的《王者荣耀》海外版(Arena of Valor)在海外市场已获得共1.4亿美元的收入,在腾讯第二季度财报中,该海外版的日活用户达到1 300万。《王者荣耀》海外版已入选2018雅加达亚运会,成为六大电竞表演赛项目之一。华强方特的《熊出没》系列动画片,其系列大电影也陆续在多国上映,并多获好评。其中,三部《熊出没》动画电影在土耳其上映,票房屡创新高。《熊出没》原创IP品牌影响力现已覆盖60个国家和地区。2018年9月,国内小型游戏工作室出品的《太吾绘卷》和《中国式家长》成为爆款,雄踞国际游戏网络STEAM前列。国内的新兴短视频平台抖音也积极出海,其海外版TikTok和Mucal. ly已覆盖全球超过150个国家和地区,在40多个国家应用商店曾排名第一。2018年9月,TikTok在美国应用商店新下载量超过Facebook、Instagram和Twitter,详见图4。在移动互联网时代,抖音等新形态传播平台的

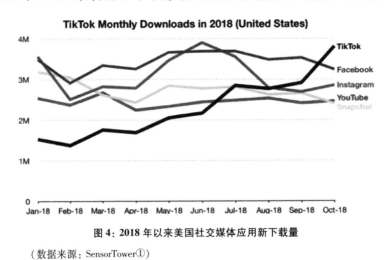

图4:2018年以来美国社交媒体应用新下载量

(数据来源:SensorTower①)

---

① https: //techcrunch. com/2018/11/02/tiktok-surpassed-facebook-instagram-snapchat-youtube-in-downloads-last-month/

国际化发展为对外传播中国文化提供了新通道。

(二)产业与贸易

1. 继续大力推动文化创意产业集群发展

近年来,各国相继制定了发展文化产业的政策,旨在通过发展文化产业带动经济发展,同时促进文化产品输出,促进文化的国际传播,实现文化的精神和经济双重价值。[①] 全球主要城市也相继制定文化创意产业发展政策,有规划地推动文化创意产业发展。

根据上海"文创 50 条",上海将推动影视、演艺、动漫游戏、网络文化、创意设计等重点文创领域的发展,实现出版、艺术品交易、文化装备制造等骨干领域跨越式发展,加快文化旅游和文化体育等延伸领域融合发展,优化文创产业布局。建设业态凝聚、功能提升的文创园区,为文创企业提供孵化和发展空间。近年来,上海动漫游戏出口正成为文化贸易的重要产品之一。图 5 显示了 2011—2017 年间上海网络游戏海外销售收入的增长情况。

图 5:2011—2017 年上海网络游戏海外销售收入的增长

据《2017 上海游戏出版产业数据调查报告》显示,移动游戏是上海网络游

---

① 刘容:《联合国教科文组织创意城市网络研究:文化多样性与文化产业的双赢》,中国社会科学出版社 2016 年版。

戏"出海"主力。2017 年,上海网络游戏海外销售收入约为 13.457 亿美元,同比增长率约为 73.6%,达历史最高点。其中,移动游戏出口收入占比达 63.1%。据《2017 年中国游戏产业报告》显示,2017 年中国自主研发网络游戏海外市场实际销售收入达 82.8 亿美元,同比增长 14.5%。可见,上海网络游戏海外销售收入占全国比重为 16.3%,且增速远高于全国平均水平。① 随着国内网络游戏市场竞争更加激烈,上海多家游戏企业已经开始布局游戏出口的全球战略。上海逐步成为国内游戏企业"出海"和国外游戏进入国内市场的重要窗口。

在出版方面,网络文学已成为中国文化出海的新名片,作为中国网文出海重要策源地的阅文集团的原创作品已经向美国、英国、土耳其等多国授权数字出版和实体出版,涉及 7 种语言,20 余家合作方,涉及作品 300 余版,引起全球出版业广泛关注,进一步实现内容和文化软实力共振输出。

从美国、日本和韩国经验来看,影视产品、动漫、游戏产业是文化对外传播、提升国际文化影响力的核心产业之一。今后上海应进一步支持文创企业创作高质量文创产品并走出去,使文创产品变成可贸易、可消费的商品,成为中国文化对外传播、提升国际文化影响力的重要载体。

2. 进一步健全文化贸易体系,促进"一带一路"文化贸易发展

文化贸易是"一带一路"贸易畅通的重要内容,也是推动中国与沿线国家民心相通的重要形式。2017 年 10 月,上海市政府发布《上海服务国家"一带一路"建设发挥桥头堡作用行动方案》,明确了上海服务国家"一带一路"建设的功能定位、主要路径和主要原则。其中,专项行动第五条明确提出要提升上海自贸试验区文化服务贸易基地功能:依托国家对外文化贸易基地(上海),加强与沿线国家(地区)开展文化服务贸易,推动文化创意产业交流。自 2011 年成立以来,国家对外文化贸易基地(上海)正在成为中国文化"引进来、走出去"的前沿平台,具有"服务企业、降低成本、吸引人才、促进合作、推动发展"等功能,探索中国文化产业走出去、推进文化贸易的有效途径,助力国内文化

---

① http://game.people.com.cn/n1/2018/0417/c40130-29931095.html

企业走出去,成为全国文化贸易的桥头堡。

未来,国家对外文化贸易基地(上海)应发挥上海文化出口重点企业、重点项目优势,建设“一带一路”文化贸易海外促进中心。结合上海自贸区的文化市场开放政策,吸引更多影视制作机构、演艺经济机构、动漫游戏公司等文创企业入驻,积极探索文化产业领域的制度创新,促进上海重点文创产业集群的发展。上海自贸区的数年发展探索积累了丰富经验,应及时总结经验、形成更多可复制可推广的制度创新成果,加强与其他省市的对外文化贸易基地发展的交流,发挥基地的全国引领作用,促进全国各省对外文化贸易基地的发展。依托国家对外文化贸易基地(上海),推动建设“丝绸之路文化产业带”。进一步提升中国国际动漫游戏博览会、上海艺术博览会、上海旅游节、上海书展等国际节展平台的文化贸易促进功能,邀请“一带一路”沿线国家来沪参加交易会,鼓励和支持上海的文化企业到沿线国家参展、办展,做强做实文化产品交流贸易的平台,拓展文化贸易空间。

(三)合作与传播

1. 深化发展五大合作机制,促进文化交流和交易,提升机制的国际影响力

上海国际艺术节、上海国际电影电视节、上海博物馆、上海美术馆、音乐创演五大合作机制已经取得了良好成果,应继续提升五大合作机制的内涵建设。具体而言,(1)国际艺术节重点推进“丝绸之路国际艺术节联盟”的机制建设,整合现有平台资源,以“提高度、拓广度、促成果”为主要目标,着重就演艺、文化贸易、人才孵化、人员培训等全方位开展各项合作交流;(2)拓展电影节合作机制内涵,努力推动“一带一路”国家的电影与各国电影的交流交易;加快上海国际电影节奖项的影响力建设,着力培育华语电影专业奖项和新锐导演创投项目,打造电影领域的话语平台;推进“一带一路”电影巡展机制,继续推动电视剧出口,加强国际营销与推广;(3)中华艺术宫在现有合作成果的基础上,继续邀请沿线国家和地区重要美术机构、艺术家参加国际艺术联合展,共同签署美术馆合作机制倡议书,进一步落实美术馆之间的长效合作机制,以推

动沿线国家美术馆在项目策划、教育培训、人员往来、馆藏研究等方面进行资源共享和交流。论坛同期举行系列展览，展出"一带一路"国家的艺术作品；(4) 继续深化博物馆合作机制，加强上海博物馆的海外巡展，还将建设"一带一路"区域文博机构数字平台，集信息报道、数字展示、研究与征集、市民参与于一体，带动"一带一路"区域文博机构间的合作发展；(5) 音乐创演合作方面，上海世界音乐季将进一步整合上海及全国的多元音乐资源，推动"一带一路"相关主题创作与演出，开展为期四年的"寻找古道上的世界音乐"主题系列活动，赴沿线国家采风、创作、演出，制作音乐专辑、拍摄纪录片等。通过五大合作机制深化上海与其他国际城市的文化交流，丰富上海公共文化生活，不断提升上海国际艺术节、电影节、上海博物馆、国际艺术联盟的国际影响力。

2. 提升上海传媒的国际传播能力

打造主流媒体集团，提升国际传播能力。积极推动上海主流媒体集团深度发展媒介融合，守正创新。上海传媒在国际传播能力建设上进行了深度探索，不但建设发展了《上海日报》和上海外语频道的主流外宣媒体，还独辟蹊径推出了系列具有特色的新型融合国际传播媒体，初步形成了 Shine（上海日报客户端）、Shanghai Eye、Sixth Tone（第六声）、Yicai Global（一财全球）等面向国际的英语新媒体矩阵。2016 年 8 月 Yicai Global 正式启航，致力于发展成为领航中国财经资讯的英语内容，随着中国经济发展获得全球的日益关注，应持续推动 Yicai Global 向 Bloomberg（彭博社）一类的全球性专业财经媒体发展，提升中国财经资讯专业报道能力，加强 Yicai Global 海外平台建设（Yicai Global 在主要国际社交媒体均官方运营，促进内容的社会化分析，应继续加强这些平台的运营），打造财经领域的全球领先新媒体平台。澎湃新闻于 2016 年推出的全英文产品 Sixth Tone，植根中国内容，借力社交媒体驱动传播，旨在面向海外受众讲述中国故事。上线 2 年，Sixth Tone 已经引起了国际新闻机构的关注，不断拓展国际受众群体，致力于成为海外了解中国社会和文化的第一入口。上海应持续发展 Sixth Tone，Yicai Global 等特色新媒体国际传播矩阵，在细分市场精耕细作，积聚影响力。

此外，积极培育互联网领域新传播业态的新兴民营企业，善于与新媒体形态积极融合,发展移动互联网时代的多元化传播通道。

(四)保护与传承

1. 加强对上海文化的保护和传承

不断完善资金支持、人才培育、政策引导等系列机制推进各类文化形式的保护和发展,从优秀历史建筑、非物质文化遗产,到传统艺术和工艺、"老字号"等,支持物质文化遗产和非物质文化遗产的申报工作;通过教育、宣传、竞赛、娱乐等多种方式使上海传统文化的保护和传承融入市民生活,构建对上海文化的认同。

2. 推动文化遗产的文创产品开发和合作机制建设

建立文创产品开发的引导激励政策,加大对上海文化特色工艺品和老字号产品的扶持力度,促进上海传统文化的传承和发展,促进非遗的开发和品牌建设与传播,组织非遗文创创意设计大赛等活动汇聚社会多元力量,激发非遗文创开发创造力。

在此基础上,发挥上海具有广泛的友好城市网络的优势,加强友城之间非遗领域的合作,推进"一带一路"友城非遗合作机制建设。

3. 加强发展文化旅游

整合文化和旅游资源,推动文化事业、文化产业和旅游业的深度融合发展,并通过旅游提升城市文化软实力和文化影响力。旅游的发展离不开对文化的深入理解和诠释,旅游本身往往也是一种文化体验,通过旅游实现感知、了解和体验文化的具体内容。加强文化作为旅游业发展的核心动能、发挥旅游业作为文化载体的积极功能,实现二者的统筹发展对于整合资源提升上海国际城市品牌形象、打造上海旅游 IP,进而推动"一带一路"国家的文化交流和了解具有重大推动力。

(五)政策与保障

1. 加大政策供给

政府制定文化发展政策对城市文化发展至关重要。从国际经验上看,全球著名文化中心城市在经济转型或规划城市发展战略时,均把文化战略作为整体发展战略的重要部分,整合资源推动文创产业发展。政府在政策、资金、服务等方面的支持和引导对促进文化发展具有至关重要的作用。如 2004 年,伦敦市首次发布市长文化战略报告《伦敦文化之都:发掘世界一流城市的潜力》,2010 年在伦敦文化战略小组①的监督下进行了修订并发布了的第二份文化战略报告,规划伦敦的文化发展。伦敦还先后制定了《伦敦文化发展战略规划》,实施《伦敦新战略与行动计划》,设立"伦敦文化战略委员会"等机构,积极发挥文化、艺术、创新对经济和社会发展的推动作用。伦敦政府、银行、行业基金、创意产业间建立了系统的融资体系,推动成立众多资金资助项目,为文创产业的发展提供了重要融资支持,同时通过大力宣传创意产业的发展前景,鼓励私人资本包括海外资本投资英国的创意产业。②

　　自 2001 年以来,巴黎市政府每年发布《文化政策》作为文化行动纲领,有规划地推动巴黎的"全球文化与创意之都"建设,并于 2011 年确立了"活力、民主和空间"三大战略。③

加强巴黎的文化活力	• 支持一切形式的艺术活动 • 帮助公众阅读/参与文化活动 • 影视艺术之都 • 公立博物馆和文化机构改革
让所有人能够进入文化资源	• 青年人的文化培训计划;资助残疾人计划 • 价格/门票改革 • 数字化与文化民主 • 支持业余艺术家计划
艺术与文化活动更好地嵌入城市空间	• 文化遗产的保护与再利用(价值提升) • 文化作为城市核心功能 • 地区间平等分配文化资源 • 巴黎文化创意空间的培育 • 将公共空间还给艺术

(资料来源:《巴黎全球城市战略中的文化维度》,第 26 页)

---

① 小组由伦敦市长组建,成员来自各个重要的文化机构和部门,主要在战略制定过程中开展广泛的调研和咨询工作,提供政策建议。
② http://www.cbs.shisu.edu.cn/02/ec/c3025a66284/page.htm
③ 杨辰、周俭、弗朗索丝瓦·兰德:《巴黎全球城市战略中的文化维度》,《国际城市规划》2015 年第 30 卷第 4 期,第 24—28 页。

近年来,上海发布了一系列促进文化创意产业发展的政策文件,为上海文化建设提供了有力政策保障。2017 年 12 月,出台《关于加快本市文化创意产业创新发展的若干意见》(简称"上海文创 50 条"),通过 50 条具体措施,为上海的文化建设提供强有力的体制和机制保障。"上海文创 50 条"明确了上海文创产业发展的目标,未来 5 年,上海文化创意产业增加值占全市生产总值比重达到 15% 左右;到 2030 年,占比达到 18% 左右,基本建成具有国际影响力的文化创意产业中心;到 2035 年,全面建成具有国际影响力的文化创意产业中心。"上海文创 50 条"首次提出,未来上海将主要聚焦影视、演艺、动漫游戏、网络文化、艺术品交易、出版、创意设计、文化装备等八大产业板块,提出建设全球影视创制中心,打造亚洲演艺之都,建设全球动漫游戏原创中心,巩固国内网络文化龙头地位,深化国际创意设计高地建设,构建出版产业新格局,构建国际重要艺术品交易中心,加快实施文化装备产业链布局等,并提出"加快全球电竞之都建设"。

2018 年 5 月,上海市委办公厅、市政府办公厅正式印发了《全力打响"上海文化"品牌加快建成国际文化大都市三年行动计划(2018—2020 年)》,明确了"上海文化"品牌建设的总目标、时间表、路线图和任务书。为上海文化建设提供了有力政策保障。

今后应进一步强化政策支持,逐步落实文创 50 条的引导激励等政策,探索在财政、金融、办公场地、人才等方面的创新扶持措施,切实减轻文化创意企业负担。鼓励文化创意企业借助电子商务等新型交易模式开拓国际业务,培育发展文化创意、跨境电子商务。

2. 加强人才保障

加强"一带一路"人才队伍建设,为五大合作机制的建立与运作储备人才。与沿线国家建立文化管理人才与艺术家定期交换、互访、联合创作等合作机制。

加强文化创意产业人才培养,发展完善上海高校相关专业布局,深化产学研结合的培养模式,为产业发展输送优秀人才。加大文化创意优秀人才引进力度,制定针对性支持政策。吸引人才集聚,才能实现产业集聚和发展。

加强与"一带一路"相关小语种的人才储备和人才合作机制探索。利用上海的高校与文教资源,开展与"一带一路"相关的小语种教学;在文学与影视翻译领域加强相关小语种翻译机制的探索。

加强与上海高校相关研究中心和智库合作,加强对"一带一路"国家文化和相关产业的研究,支持建立智库和企业之间的沟通机制,使智库为中国企业走出去提供有力的智力支持。

四、在打造上海"一带一路"文化建设桥头堡 进程中,增强上海国际文化影响力, 更好服务全面开放新格局

2016 年,国家发改委公布的《长江三角洲城市群发展规划》首次提出要"提升上海全球城市功能",这一目标定位,既是国家战略需求,也是上海发展的需求。2018 年 1 月,上海市正式公布《上海市城市总体规划(2017—2035年)》(以下简称"规划")全文,将上海明确定位为国际经济、金融、贸易、航运、科技创新中心和文化大都市,引领上海成为卓越全球城市,创新之城、人文之城、生态之城,具有世界影响力的社会主义现代化国际大都市,并明确上海的城市性质为长江三角洲世界级城市群的核心城市。

(一)加强文化建设,提升上海全球城市功能

1. 世界全球城市发展经验表明,文化建设方面的差距,制约了上海全球城市功能的提升

20 世纪 90 年代末期以来,越来越多的全球城市充分认识到文化发展在建设全球城市中至关重要的作用。各城市相继制定文化政策,包括建立备受瞩目的城市旗舰项目,实施通过城市形象建设和场所营销引导更多资源来培育文化产业和文化消费的战略等。文化既是城市形象的核心成分,也是提升城市对资本和专业人才吸引力的要素之一,文化创意产业也是城市发展的重要经济驱动力。当前,全球城市的竞争围绕文化艺术的生产和消费而加剧,通常

采取大型项目和标志性活动的建设、文化产业的发展和城市形象塑造和品牌建设活动。

正如第二部分中所指出的,在全球化与世界级城市研究机构 GaWC 的 2016 年全球城市排名中,上海位列第 9 名。而在 MMF2018 年全球城市指数排名中,上海位列第 26 位。另外一个全球城市排名的重要指数 AT Kearny 发布的 2018 年报告中,也可以看到,上海的文化指数与商业指数之间存在一定差距。① 通过权威的全球城市排名,可以看到上海在文化建设方面与领先的全球城市伦敦、纽约等还存在较大差距。

世界城市文化论坛 2015 年的报告显示了上海在公共文化设施、国际游客等文化指标上均有提升空间。② 公共文化设施如图书馆、博物馆、剧院等对提升城市文化活力、建设良好的文化氛围具有重要作用。

2. 推进重大文化项目建设、规划公共文化新布局,进一步发展上海城市文化地标

文化地标是一个城市的"文化名片",对塑造城市品牌形象具有重要意义,对区域发展和相关产业发展具有重要辐射和带动作用。文化需要物质空间承载。大型博物馆、艺术馆、展览馆、剧场、图书馆等是发展公共文化服务和文化创意产业的必要空间和基础保障,有助于城市的文化地标建设。改革开放以来,东方明珠电视塔、上海博物馆、上海大剧院等地标拔地而起,成为上海独具特色的品牌文化设施,也成为旅游热点目的地。2016 年以来,随着上海市在《"十三五"文化改革发展规划》中首次提出以"两轴一廊"建设文化集聚带和以"双核多点"建设文化功能区,上海加快了打造文化新地标的步伐,包括建设世博大舞台义化新地标,计划打造"上海千古情"、《上海一秀》《我回上海滩》三场大型演出,融入上海旅游、文化、历史、历史等元素,作为发展亚洲演艺之都的重要举措。到 2020 年,上海将建成上海图书馆东馆、上海博物馆东馆、上海大歌剧院等地标性重大文化设施,辐射更多市民群体和区域发展。

---

① https://www.atkearney.com/documents/10192/12610750/Global+Cities+2017+-+Leaders+in+a+World+of+Disruptive+Innovation.pdf/c00b71dd-18ab-4d6b-8ae6-526e380d6cc4

② http://www.worldcitiesculture forum.com/assets/others/WCCF_Report_D2.pdf

此外,在发展标志性公共文化空间的同时应积极投入发展社区公共文化空间和活动,完善基础性公共文化设施网络,提升城市文化氛围,满足市民日益增长的精神和文化需求,激活民间文化创造活力。2017年,为加强社区居民的文化参与,伦敦以"欧洲文化之都"的项目为参考设立了针对发展繁荣社区文化的伦敦市文化奖,为获奖部门提供资金支持发展文化项目,旨在推动将文化建设融入区域长期发展。新的《伦敦规划》草案提出在地区规划中鼓励建立小型创意企业园区空间,支持创意企业和艺术家发展。[①]

3. 积极挖掘和发展遗产空间和存量建筑,为文创产业发展提供孵化和发展空间

国际经验表明,空间再造为城市发展提供了众创空间,作为一种服务大众创新创业的城市公共服务设施,有助于激发全社会的创新创业活力,促进城市科创与文创产业发展。纽约市的众创空间发展起步于2008年金融危机前后,在政府的大力支持和推动下,经历了一波爆发式的快速增长。据纽约市经济发展局(NYCEDC)公布的数据显示,到2016年底,全市范围内的众创空间数量已多达数百家,并体现出了多样性、低门槛与全球化的特征。初期的众创机构大多都是由政府推动建立的,之后吸引了越来越多私人部门的市场化众创空间。比如,纽约市经济发展局联合纽约大学POLY理工学院,在布鲁克林的历史文化艺术街区DUMBO区联合建立了"DUMBO孵化器"项目(DUMBO Incubator),2011年启动以来,该项目吸引了高科技公司、App开发、数字媒体、广告等科技和文创行业进驻,已成为纽约新兴科技和文化创意的新枢纽,同时也带动了这一古老街区的复兴。

上海具有东西交融的历史底蕴,具有大量工业历史建筑的优势,保留了大批具有历史价值的老厂房等空间。田子坊、1933老场坊等均是上海旧工业遗产空间改造成功的案例,改造后不仅成为文化新地标,促进了旧空间的重生,带动了旅游、艺术发展,而且成为文创产业发展不可缺少的空间,促进了文创

---

① 参见《2018世界文化城市报告》,具体信息如下: http://www.worldcitiesculture.com/assets/others/181108_WCCR_2018_Low_Res.pdf

企业孵化和集聚。未来应继续积极挖掘和发展上海遗产空间和存量建筑,配合支持政策,为文创产业发展提供孵化和发展空间,带动相关产业发展。

4. 进一步融入高量的长三角一体化战略,集聚全国文化优势

全球化时代城市不再是世界范围内竞争单元的主体,取而代之的是城市的集合体——城市群。全球城市的建设大多以区域为竞争单位,全球城市与周边城市形成全球城市群,有明确的功能分工,共同发挥超级城市群的影响力。如纽约城市群、伦敦城市群、巴黎城市群、东京城市群等。长三角城市群地缘相亲、文化渊源紧密,都属于江南文化。长三角地区不仅是全国的经济发达地区,也是国内文化产业发展繁荣的区域,具有世界级城市群的巨大潜力。根据中央关于推动长三角更高质量一体化发展的精神,2018 年以来沪苏浙皖四省市协力在规划对接、战略协同和市场统一等方面迈向更高质量的一体化发展,长三角地区组建了长三角区域合作办公室,区域之间相继签订战略合作框架协议。这些合作框架为进一步完善"一带一路"文化领域的一体化发展提供了条件。上海应发挥高端要素市场相对齐全发达的优势,加强长三角城市群的文化合作机制建设,通过长三角文化产业博览会等行业组织,推动长三角文化产业一体化发展,加强在文化旅游、遗产保护、文化创意等领域加强区域性合作,服务长三角经济带的文化产业发展,促进长三角城市群国际竞争力的提升,并服务于"一带一路"国家战略。

(二)进一步对上海提升文化影响力赋能,增强上海代表国家参与国际文化竞争与合作的能级

1. 赋予上海国家级功能、增设文化领域的国际机构

截至 2018 年 8 月底,上海及相关地区已与世界上 59 个国家的 89 个市或区建立了友好城市(区)关系或友好交流关系。应继续推动发展友好城市关系,并借友好城市网络加强文化交流。然而,与领先的全球城市相比,上海在国际组织总部、对外影响力、世界知名的文化机构和文化活动等方面存在显著差距。加强与"一带一路"沿线国家间的文化合作,是上海提升国际影响力的重要机遇。支持上海申请、增设文化领域具有影响力的国际机构,提升上海国

际性文化组织的数量和能级,举办或承办大型国际会议。推动上海在遗产保护开发国际合作领域中的作用,通过国际电竞之都、国际设计之都、国际时尚之都、国际会展之都等中心的建设,推动上海举办或承办国际性赛事或活动,提升国际文化影响力。

2. 赋能多元化主体,全方位提升上海城市国际形象

中国对外传播主体日益呈现出去中心化、多元化、全民化、个性化等新特征。从国家主导的对外传播到由跨国企业、中国民众、外国游客等多元主体参与城市形象的传播。在不断提升主流媒体的国际传播能力的同时,上海应注重提升越来越多"走出去"的上海跨国企业、中国网民、外国游客等多元化传播主体的能动性,鼓励公众参与上海城市形象的建构、体验和认同,共塑上海的国际城市形象。对上海国际城市形象的塑造和传播应跳出传统的宣传概念,更多从城市品牌形象和场所营销的概念和理论出发,进行顶层战略规划、中层策略引导和微观措施执行。

（1）强化城市文化符号的建设。文化符号是城市形象中最易辨识的层面。如纽约有百老汇,巴黎有时尚设计,伦敦有摇滚和哈利·波特,洛杉矶有好莱坞,东京有动漫和二次元。与领先的全球城市相比,在文化方面,上海需要加强打造属于上海的、具有国际影响力的标志性文化符号。可以通过鼓励全民大讨论或者专业调查研究,加强对上海的文化符号战略的研究。

（2）提升大型活动的国际影响力。上海国际电影节、国际艺术节、ChinaJoy 等节展和各类国际赛事、国际会议和国际展览会已经成为打造上海的重要文化活动,不仅活跃了上海的文化氛围,丰富公共生活,其国际性质也成为建设上海城市品牌的重要平台,成为塑造城市形象的重要窗口。应继续提升这些大型活动的国际影响力。注重提升非文化领域国家级战略平台的文化溢出效应,如以进博会为例,应充分发挥举办进博会的窗口和平台机遇,提升"上海文化"的国际影响力。

（3）提升上海旅游的城市形象塑造和传播作用,重视社交媒体的营销推广,鼓励公众参与。旅游是城市品牌形象的重要组成部分。来自国内外的旅游者是文化交流的使者。2017 年全年上海共接待入境游客 873.01 万人次,同

比增长 2.18%。自 1996 年起每年举办上海国际旅游节也成为城市品牌活动。加强上海的国际旅游推广,把旅游推广作为城市形象品牌战略之一。

一方面应保护与发展文化旅游遗产,挖掘上海各区红色旅游、海派旅游、江南旅游等多元旅游资源,建设旅游品牌,加强与长三角城市群在旅游领域的一体化发展。一方面应加强推动上海社交媒体的营销推广,激发公众能动性,共同塑造上海的旅游品牌形象。公众参与式是社交媒体时代的重要文化特征,城市形象传播的特点随着媒体变革不断产生新的变化。前移动互联网阶段的传播者以政府为主导,移动端图文阶段以政府和媒体为主,移动端短视频阶段则是政府、媒体和公众(以公众参与为主)共同参与。

2017 年 11 月,纽约市投入 1 500 万美元向全美和 16 个国家推出纽约旅游推广活动"真实的纽约市",向全球推广纽约市的地标、独特城市体验和当地特色社区及商业。此次营销活动主要运用户外媒体、广告、Instagram 及其他社交媒体,鼓励游客不仅在景点拍照,更要深入了解纽约生活。2018 年 9 月,清华大学与抖音联合发布《短视频与城市形象研究白皮书》,指出短视频在带动城市旅游、传播城市文化方面具有巨大潜力和优势,更符合目前的媒介环境。

(4)推进各类文化资源的融合,促进上海文化和城市形象的传播。近年来,影视+旅游,影视+文博的跨界融合频频擦出火花。大众媒介作品对塑造和传播国际城市的品牌形象具有重要作用,在纽约、伦敦、巴黎等全球城市取景的影视作品数不胜数,甚至有机构专门出了跟着电影游纽约(伦敦、巴黎等)等旅行指南。《曼哈顿》中的昆斯博罗桥(Queensboro Bridge)、《金刚》(King Kong)中的帝国大厦等随着美国影视作品的全球传播,纽约的城市符号深入人心。巴黎也出现在了百余部好莱坞电影中,城市风貌和文化符号通过这些电影传播到世界各地,令人们感到神往。上海应更加注重吸引和鼓励影视作品在上海进行拍摄、创作,借助影视手段,向世界推广上海城市形象。

(5)积极推动文创产品"走出去",提升中国文化影响力。具有国际竞争力的文化创意产品是提升文化软实力的重要渠道之一。日本动漫吸引了全球粉丝,成为了解日本文化的窗口;韩国影视剧和音乐形成"韩流",推动韩国流行文化走向世界。近年来,中国影视、动漫游戏、网络文学等文化创意产品开启了"走出去"的新阶段。上海应积极通过文创产业的发展和贸易继续推动文创产品出海,实现海外市场拓展的同时提升中国文化影响力。

综上所述,上海在过去经验总结的基础上,需继续深化和拓展五大合作机制,从创作与培育、产业与贸易、合作与传播、保护与传承、政策与保障五个方面构建大文化发展支撑体系,推动"一带一路"文化建设工作向更深和更高层次发展,这一发展过程将与上海建设国际文化大都市的战略目标紧密结合,相互促进,提升上海的国际文化影响力,发挥我国"一带一路"文化领域的桥头堡作用。

5

"一带一路": 经贸发展
基础上的民心相通

王海冬*

摘　要　文章从"元代一带一路为长三角的整体兴起提供了动力"、"清代东
　　　　北整体纳入一带一路文化圈的内在成因和历史贡献"、"妈祖文化为
　　　　上海和港澳台地区一带一路未来发展带来的历史启示"三个方面,论
　　　　述了一个中心思想:"一带一路"的本质是在经贸发展基础上的民心
　　　　相通。"一带一路"的内涵可以概括为五通:政策沟通、道路联通、贸
　　　　易畅通、货币流通和民心相通。民心相通是前四通的精神基石,只有
　　　　做到民心相通,这个世界才能为人类命运共同体不断扩大制定有效
　　　　而长久的政策措施。

关键词　"一带一路"　经贸发展　民心相通

　　2013 年 9 月 7 日,中国国家主席习近平在出访中亚国家期间,首次提出共
建"丝绸之路经济带"倡议。同年 10 月,他又提出共同建设 21 世纪"海上丝绸
之路",二者共同构成了"一带一路"重大倡议。这个倡议的内涵被概括为五
通:政策沟通、道路联通、贸易畅通、货币流通和民心相通。五年的实践有了
突破预想的发展,证明了一个颠扑不破的真理:民心相通是前四通的精神基

*　王海冬,上海社会科学院文学研究所副研究员,研究领域为地域文化、民俗文化、文化产业等。
　　近年主要相关研究成果有《上海世博会人文地图丛书之青浦卷——回眸青龙翔翔》《海派文化
　　与上海特色文化产业振兴之道》等著作,《上海城市建设与文化定位》《法国的文化政策及对中
　　国的历史启示》等论文。

石,只有做到民心相通,这个世界才能为人类命运共同体不断扩大而制定出有效而长久的政策措施。

两千年丝绸之路发展的历史证明:"一带一路"源自中国,但属于全世界。古丝绸之路值得传承的根本原因是它跨越了东西方文明,将不同文明、宗教、种族联系在一起,创造了共同繁荣。而经济、文化是其一飞冲天的双翼——把不同区域人民的实际经济发展的需要和持久的精神需要结合起来了。本文从长三角和东北因"一带一路"而整体兴起的历史原因分析和上海与港澳台地区"一带一路"的目前存在的问题与未来发展的前景展望及实现这个前景的具体建议,来论述"一带一路"的本质是在经贸发展基础上的民心相通。

一、元代"一带一路"为长三角的
整体兴起提供了动力

13 世纪中期,忽必烈称帝建立起元朝,疆域辽阔,北到西伯利亚,南到南海,西南包括今西藏、云南,西北至今新疆,东北至鄂霍次克海,总体面积达 1 400 余万平方公里。当时北方因为经历过长达 500 年的争战,社会经济破坏严重,为了稳固初建的大元政局,需要从南方调运大批粮食。原先江浙一带的漕粮是从扬州沿古运河北运的,途中要装卸好几次,遇到天气变化、河道淤塞就更耽误时间了,所以从内河运输粮食有较大的不把握性,这对新生的元朝是个生命攸关的问题。

至元十九年(1282)春天,预期该到的粮食迟迟不到大都,元廷的大臣们感到河运漕粮的弊病,但一时又无良计可施。这时有两个当过海盗的上海人向朝廷献策进言:从海上运粮。这两个人就是朱清与张瑄。据《新元史》①等史料记载,他俩在南宋时受生活所迫当了海盗,曾在海上活动过十五六年,熟悉南北海路,善于行船,被元军收服后就为元朝廷服务。元世祖忽必烈采用了他们的海运之策。朱清、张瑄和总管罗璧等人在今上海崇明、江苏太仓一带督造

---

① 李学勤:《二十六史:第五册》,海南出版社 1999 年版,第 76 页。

出 60 艘平底船，①装运 4.6 万石漕粮，②从刘家港出发，海运到今天的天津海河口，再陆运至大都。路上经历了 3 个月，虽然海运中损失了 0.4 万石粮食，不过，这是一次大胆的尝试，开辟了海上漕运的新路。

至元二十八年（1291），朱清和张瑄再次奉命出海运粮。这次海运粮食增加到了 150 余万石。至元二十九年（1292）夏季再次出海，粮船自刘家港出发，过了长江口以北的万里长滩后，就转向东北往大海深处驶去，乘着夏季的东南风，到青水洋后三昼夜过黑水洋，顺着西太平洋黑潮暖流北上，继续前行一昼夜到成山角，最后到达海河出海口——直沽港。这条新航路航行约半个月时间就够用了，时间有所缩短，海难损失的粮食降到了约 3%。

在上海及周边的长江三角洲沿海各地的众多官员、商人、渔民、农民、水手等努力下，仅十几年时间就使元朝积储了丰盈的粮食，稳定了当时的经济政治大局，同时为北半球航海线的勃兴奠定了基础，从而为进一步发展通往世界的海上丝绸之路开了先路。

海上漕运要经历极大的自然与社会风险，这给长期离乡背井的运输者造成很多困难，妈祖信仰就成了他们克服困难的精神力量。元朝皇帝晋封妈祖为护国庇民的"天妃"，把她与国家的安全联系了起来，使妈祖信仰顺着漕运之路迅速传播开去。总之，刘家港始于南宋，兴于元代。在疆域广大的元朝，为实现南粮北运的经济需要，元朝政府在短短几十年间，重修大运河，新辟海运，不断扩大海外贸易，使刘家港成为当时江南漕运和海运的集结地和出发地——刘家港的天妃宫，祭祀活动搞得非常隆重，据郑元祐《重建天妃宫碑》记载：

若夫澛漕灵济宫，则尤典礼尊崇者也。盖海舟岁当春夏运，毕集刘家港，而澛漕实当港之冲，故天妃宫之在澛漕者，显敞华丽，实甲它祠。国家致重漕饟，既开漕府于吴，岁每分江浙省宰臣一人督运。当转漕之际，宰臣必躬率漕

---

① 即"沙船"，今上海地铁人民广场站有沙船模型。
② 大船装载 1 000 石，小船装载 300 石。

臣、守臣，咸集祠下，卜吉于妃，既得吉卜，然后敢于港次发舟。仍即妃之宫刑马椎牛，致大享礼，饩脂牲肥，醇酬瓮大[左奭右斗]，庶羞毕陈，丝声在弦，金石间奏，咽轧箫管，繁吹入云，舞既歌阕，冷风肃然填境。虎臣卒徒，擢舟扬舣，挝鼓鏦金，响振川陆。文严武齐，群拜听命而后举。

按"元之五礼，皆以国俗行之，唯祭礼稍稽诸古"，① "古"指汉地传统祭礼，"国俗"指蒙古旧俗。"其祖宗祭享之礼，割牲、奠马湩，以蒙古巫祝致辞，盖国俗也。"② 元代的妈祖祭礼同样融入了一些蒙古礼制。如汉礼祭牲一般用太牢（牛、羊、豕各一，此为三牲）或少牢（羊一、豕一），而马则是蒙古礼中用于"割奠"的物品，与果脯、醢酱等汉式祭品并列陈设，碑记中所称"刑马椎牛"即此。蒙古权贵还特别崇尚金制品与金饰物，因此祭器好用金器，柳贯《敕赐天妃庙新祭器记》就记有御赐平江天妃庙交趾所贡黄金饮盏、承舟，金三百两，平江天妃宫于至顺二年就新制"祭器品十二，香彝、香奁各一件，其可名者合四十有九，瘗而藏之平江府库，祭则出而陈之"。③ 此外，祭祀音乐在古制雅乐的基础上也融入了蒙古乐因素。④ 整个祭祀规程致以大享仪（孙星衍《疏》："大享，即《礼记》大飨也。"），斋戒、省牲、晨裸等程序一丝不苟地进行，乐舞配奏，庄严而隆重。

元代对海运漕粮的依赖造就了妈祖在元代国家祭祀体系中的特殊地位，并至迟在皇庆以后将其纳入朝廷祀典，虽然没有达到天下通祀的程度，但漕运沿线重要地方均置有妈祖庙，国家每年于漕运初发时都有遣使致祭，或在漕粮顺达后遣使代祀，并在漕府重地平江路⑤的三个重要庙宇都享有与中祀"岳渎"同等的祭祀规格，祭祀规格为历代之首。

随着海上漕运的发展，元代刘家港由不满百人的海滨僻壤一跃成为琉球、

---

① 《元史·祭祀志·郊礼》，文渊阁《四库全书》本。
② 《元史·祭祀志·宗庙上》，文渊阁《四库全书》本。
③ 《元史·祭祀志·宗庙上》，文渊阁《四库全书》本。
④ 高荣盛：《元代祭礼三题》，《南京大学学报》（哲社版）2000年第37卷第6期，第73—81页。
⑤ 北宋政和三年（1113年）升苏州为平江府，辖境相当今江苏苏州及张家港、太仓、吴县、常熟、昆山、吴江等市和上海市的嘉定、宝山等区地。元改为路。

日本、高丽诸国商舶咸集的天下第一都会——获得了"六国码头"的雅号，长三角地区也随之整体兴旺了起来。

13世纪之后，随着中国和平海权的建立，有更多西方人来到中国，将他们的见闻带回欧洲，尤其是《马可·波罗游记》震动了欧洲，使欧洲人知道遥远的东方有个富庶的大国。15世纪以后，欧洲探险家、传教士、商人们纷纷热衷于寻找这个大国，才有了美洲的发现。其中把当时的船只称为"马尼拉大帆船"——即"中国船"的概念，是海上丝绸之路延伸至美洲的一种全球化表达。而在文明史学家的眼里，丝绸之路因其文明交流融合的高远境界，成为"诗意的栖居地"。以上海为核心的长三角地区就是在元代整体兴起。妈祖信俗成为东方"诗意的栖居地"的文化象征。

这里也充分看出："一带一路"的本质是在经贸发展基础上的民心相通，它为长三角地区的整体兴起提供了源源不断的经济发展和与此相适应的精神动力。

二、清代东北整体纳入"一带一路"文化圈的内在成因和历史贡献

东北地区在元代、明代就开始融入了中国的"一带一路"文化圈，妈祖文化传播是这种经济文化一体化的象征。据《瓦房店县志》记载，兴建于明朝万历年间（1573年至1619年）的复州娘娘宫，占地40亩，宫内妈祖"神像是用檀香木雕成，造型优美，栩栩如生；并带有机关，触动木纽，神像立即舞动，两侧是侍女塑像，航海路过这里的官吏、学者、商人和船夫等，都来祈求保佑"。天后宫就这样开始传到了北方。

但整体的全面融入是在清代，当时辽宁天后宫像雨后春笋一样建立和发展起来。仅《奉天通志》记载的清代兴建的天后宫就将近20座，如沈阳天后宫、锦州天后宫、葫芦岛市兴城海口天后宫、凌海市（原锦县）天后祠、营口市天后宫、营口牛庄天妃庙、营口盖平天后祠、大连金州天后宫、大连庄河城内天后宫、大连庄河青堆子天后宫、大连庄河大孤山天后宫、大连复县天后宫、丹东大

孤山天后宫、丹东元宝山天后宫、丹东北甸子天后宫、鞍山岫岩县天后宫、鞍山海城天后宫等。① 据马玉全先生统计,大连地区从元代开始,先后兴建妈祖庙50 余座,现存近 30 座,多称妈祖为"海神娘娘"或"天后""天妃"。这些天后宫的建造者分为闽浙系和山东系,这与当时东北与内地沿海航海通商所形成的南洋航线与北洋航线是契合的。

清代沈阳的两座天后宫分别为山东系商人和闽浙系商人所建,为中国南北经济贸易的繁荣发展发挥了积极作用。南北共同命运体建设的经济基础是南北经济的互补性。那时盛京城商贾行市兴起,关内南方各省的买卖人纷纷奔赴东北经商,把南方的丝绸、水果、海鲜与东北的人参、鹿茸、皮毛、蘑菇通过海陆渠道交易。这种经济上的互补使当时一些福建、江浙籍的旅沈客商经常往来此地。其中有一个叫陈应龙的福建人多次经商失败,遂发愿斥巨资在沈阳捐建一座天后宫礼事,祈求过海往来平安、生意发达。果然,天后宫建成后,陈应龙一直生意兴隆,财运亨通,祈愿果然灵验。现在我们听陈应龙建妈祖庙的故事感到有些神奇,但南北经济的互补性是符合经济发展规律的,所以我们说陈应龙建妈祖庙符合了当时文化的客观需求。这种大趋势决定了妈祖信仰在东北的广为传播,南北贸易的成功是南北共同命运体建设的第一步。

这种贸易往来和南北经济的互补,最主要的表现是辽宁地区的粮谷与南方纺织品、手工业品等双向对流以海上运输为主。自康熙中叶解除海禁起,东北与内地沿海的海上贸易逐渐恢复,至乾、嘉、道年间,东北地区的海上贸易有了空前的大发展。内地流民进入东北,使这里的人口迅速增加,为内地沿海地区手工业品和纺织品的销售开辟了广阔的市场。加之康熙年间东北的土地得到大规模开垦,农业生产发展迅速,商品粮产量大幅提高,成为当时中国为数不多的粮食有余的地区之一。而北起直隶南至闽广的沿海地区,人口密集,虽然手工业发达,但粮食普遍短缺。这就要求东北地区与内地沿海在经济上进行互补。这是妈祖文化在东北能够迅速传播的经济原因。

为了适应东北整体融入"一带一路"文化圈,辽东半岛沿海先后开辟了 7

---

① 金毓黻主编:《奉天通志》卷 92,沈阳刻印 1934 年版。

处港口——锦州、牛庄、营口、盖县、金州、宁远、岫岩。各个港口有一定的分工,如:锦州是辽西粮谷的主要输出港,也是盛京地区诸港中兴起较早的港口。锦州港有两处港口,一为南锦州,主要接纳天津、山东来的商船;一为西锦州,进口船只来自福建、广东、宁波、安徽、上海、直隶、山东等处,主要出口大豆、高粱、粟米等,输入南方各省物产、药类等。锦州港极盛时期,"每岁进口商船千余艘"。① 牛庄处于辽河下游,是清政府开辟辽东海运时首开之港。后因辽河近海口淤浅,港口移至营口,南方各省仍将牛庄和营口总称之牛庄。据文献记载,道光年间,停泊于牛庄港的商船每年达900多只。"辽左海禁既弛,百货云集,海艘自闽中开洋十余日即抵牛庄,一切海货有更贱于江浙者。"②连台湾的横洋船也远达牛庄。③ 盖县港与锦州、牛庄齐名,合称为辽东半岛的"三大港口","南北货物咸萃于此,故盖城虽系蕞尔偏邑,而名闻八闽,声达三江。(南方商界)无不知有盖州者。"④离庄河青堆子天后宫不远的普化寺院里的一通石碑阳面上写道:"自前清乾隆八年而海运无阻商业发达,多蒙圣母默护之力,因之食德思报,各商户合力捐资。"石碑阴面刻写着上百个捐资商家的名字,首倡者及捐资大户的名字刻写在石碑正面。⑤ 这上百个捐资商家都信仰妈祖,生动体现了妈祖文化为东北整体融入"一带一路"文化圈提供了精神动力。

随着妈祖庙在东北的普遍建立,和莆田类似又有一定地域特色的新民俗产生了。如大连地区的渔民认为正月十三是海神娘娘的生日,并在那一天为海神娘娘放海灯。⑥ 天后忌日为农历九月初九,大连与我国其他地区一致。据说,大连地区正月十三放海灯的习俗至少有二三百年的历史。今天大连小平岛地区仍然流行着带有大连特色的"四人海"祭祀方式。"四大海"据说始于清朝咸丰年间,那个时候,渔民对"海神娘娘"非常虔诚,传说每逢海神娘娘的

① 金毓黻主编:《奉天通志》卷163,沈阳刻印1934年版。
② 王一元:《辽左见闻录》,点校本,沈阳出版社2015年版。
③ 连横:《台湾通史》卷19,商务印书馆1983年版,第373页。
④ 《盖平县志》"海口"。
⑤ 目前,唯有庄河青堆子、长海县、大连湾拉树房村,尚有几处娘娘庙、天后宫可以观瞻,尤其是青堆子的天后宫,被政府列为市级文物保护单位。
⑥ 山东烟台等地放海灯习俗在农历七月十五日。

生辰,人们都跳秧歌祭祀娘娘。渔民将鱼龟虾蟹等扎成模型,然后穿着模型模拟水族动物姿态舞蹈,祈求一个风调雨顺的丰收年。可见在南方传统妈祖信仰的基础上,大连地区诞生了自己独有的妈祖信仰文化。此类民俗在东北有许多,生动地反映了"多元一体"的中华民族文化形成的历史过程。

这里妈祖文化传播所承担的历史使命,就是使整个东北融入了中国"一带一路"文化圈,为中国南北经济贸易的历史繁荣发展发挥了积极作用,其文化与经济意义还深刻影响着整体东北的发展。如以东北为中心区域的东北亚丝绸之路使中国江南的丝织品于明清两代传到日本,尤其是清代传播到整个日本。

清代东北覆盖地区包括了松花江流域、乌苏里江流域、黑龙江流域①以及萨哈林岛②等地区。东北地区各民族一直和满族有着紧密地交往联系,通过"朝贡体系"和商贸往来,逐渐形成了一条商贸往来的"丝绸之路",主要包括"乌绫"③赏和贸易交易两种方式,范围包括了松花江、乌苏里江和黑龙江流域及萨哈林岛的满、达斡尔、赫哲、费雅喀、鄂伦春、鄂罗克、鄂温克等各个民族,贸易物品包括了各类"乌绫"类的旗袍、④缎袍、缎衣、棉线、棉缝线、棉花、帽子、带子、包头以及各类皮毛、东珠等种类。"东北亚陆海丝绸之路"到达萨哈林岛之后继续横跨宗谷海峡,南下至北海道地区,首先产生的贸易对象是阿伊努人。阿伊努人是主要居住在北海道、桦太和千岛地区的先住民族,主要以狩猎采集为生,深受萨满文化影响,19世纪,在日本领土开拓过程中北海道被编入日本国。阿伊努人把黑龙江流域和萨哈林岛地区的满洲、赫哲(那乃)、鄂伦春、鄂罗克、尼夫赫等民族统称为"シャンタ"(阿伊努语,汉语音译为山丹或者山靼)。阿伊努人把狩猎的皮毛,以及与大和人商贸交易的大米、酒等和"山丹人"的衣袍、绿松石及东珠等物品进行商贸往来,这样就形成了以阿伊努人为"中介"的商贸,被称为"山丹贸易"。江户时代,阿伊努人在松前藩的支配下进行贸易往来,这些商贸物品被阿伊努人通过松前藩,经由津轻海峡到达日本

---

① 包括外兴安岭地区。
② 满语,黑龙江嘴顶,汉语称库页岛。
③ 满语,财帛。
④ 蟒纹或者龙纹。

的本州地区。由于北海道地区被大和人称为虾夷地区，故把这种带有蟒纹或者龙纹等的丝绸物统称为"虾夷锦"。其中，以清朝的带有龙纹或者蟒纹的旗袍以及相关纹样的织锦最为出名，特别是松前藩主穿着"满洲风"的锦袍去拜见幕府将军时，得到了将军的大加赞赏，之后松前藩每年都把"虾夷锦"作为礼品奉给幕府将军。

即使在江户幕府的闭关锁国时期，"山丹贸易"也从未间断，直到1860年中俄《北京条约》签订，远东地区归属俄罗斯领土之后，"山丹贸易"才逐渐间断。据相关日本史料记载，1867年记录了山丹人在白主会所的最后一次交易，1868年明治政府成立，山丹贸易正式废止。目前从考古出土以及流传至今的文物中的"虾夷锦"种类、样式、颜色很全面，主要包括了"满洲风"的蟒袍、龙褂、牡丹纹、菊花纹等纹样，同时也有通古斯民族喜爱的绿松石、东珠等首饰。

"东北亚陆海丝绸之路"，即从北京—辽河流域—松花江流域（牡丹江、嫩江流域）—乌苏里江流域—黑龙江流域，在通过达到鞑靼海峡（1689年签订《尼布楚条约》时为清朝的内海）到达萨哈林岛，再通过宗谷海峡到达北海道地区，再通过津轻海峡到达日本的本州地区。不管是南北长距离的海陆丝绸之路，还是东北亚水陆丝绸之路，这种长途运输都需要远离家乡，那么妈祖崇拜就是商人们必须的精神慰藉。从南方来到东北，意味着远离故土，作为有浓郁家乡情结的中国人，如何慰藉游子的思乡之心；长途跋涉需要非凡的勇气、智慧与团队精神，用什么形态的文化精神来铸造远途而行的精神力量；到了远离故土的异地，如何与当地原住民友好交往；以至于融为一体共同开发，需要何种文化的凝聚力，等等，这些都是妈祖信仰提供给他们的精神支柱，也是清代妈祖信仰勃兴的文化原因之一。当下，日本的十余个"虾夷锦"博物馆，就是妈祖文化精神通过东北亚海上丝绸之路跨国传播的物证。今天日本人仍然津津乐道的"虾夷锦"[①]，是妈祖文化对东北融入"一带一路"文化圈推动的结果，

[①]　虾夷锦，又名山丹服，是江户时代俄罗斯远东地区阿伊努人向清朝入贡时得来的绢织品以及以这种织物制成的清代朝服。也是江户时代输入日本的中国物产。江户时代，北海道置于松前藩控制，他们独占了东西伯利亚少数民族与日本的贸易，在这种交易中虾夷锦是交易中心，而在参勤交代时虾夷锦也是松前藩主献上的物产。

是我们今天落实"一带一路"中民心相通工程的宝贵文化遗产。

三、妈祖文化为上海和港澳台地区"一带一路"未来发展带来的历史启示

上海位于中国 18 000 公里海岸线的中点位置,自古至今该地域的经济、文化发展就和海洋紧密相关。上海有丰富的海洋文化资源,如上海(此处指当时的上海县,现在大部分属于闵行区)、松江、川沙、宝山、金山、崇明、青浦、南汇等地先后建有三十多座妈祖庙,农民和渔民家中的小庙就不计其数了。崇明、宝山、嘉定、金山等地的民间对妈祖的尊奉、祭拜一直没有间断过。如今,这份重要的历史文化资源基本被闲置了。

上海与港澳台地区都是未来"一带一路"的重要港口,需要做到在经贸发展基础上的民心相通,妈祖文化是一个重要的资源,如台湾就是一个典型案例。南宋时,台湾所属的澎湖隶属福建路晋江县。元朝在澎湖设巡检司,隶属福建省泉州同安县。① 当时汉人渡海到澎湖、台湾定居的不少。据传承至今的《林氏大宗谱》记载:"北宋初,北方流民涌入莆田湄洲沿岸,林默造木排渡难民往澎湖定居谋生。"引文中的"林默",就是后来的"妈祖"。如此妈祖信仰在台湾已经传承了几百年,如今台湾 2 300 万人口中仍然有 1 600 万以上人口信仰妈祖,供奉妈祖的家庭有 300 多万户,"三月疯妈祖"是今天台湾妈祖信仰的一大特色,几乎每个市、县、乡、村都有妈祖庙,正如台湾人民推动中国和平统一促进会会长郭俊次先生所言:台湾岛即是妈祖岛。当下,仅台湾一地就有妈祖庙 510 座②。妈祖文化今天仍然是上海、台湾文化交流的重要内容。2017年 12 月台湾大甲镇澜宫董事长颜清标在上海表示:拥有 600 多年历史的上海城隍庙已赴台交流过 3 次;向大甲妈祖请求一尊分灵到上海。妈祖对两岸民众信仰都占了相当重要的位置。上海城隍庙吉宏忠道长回应道:妈祖文化是

---

① 今厦门。
② 其中有庙史可考者 40 座,建于明代的 3 座,建于清代 37 座。

两岸道教信仰沟通交流的重要纽带。上海作为海滨城市，妈祖信仰有着悠久的历史，上海城隍庙内供奉的妈祖每天都有信众虔诚朝拜。① 澳门、香港也是重要的妈祖文化传播地。

因此，上海应该和港澳台地区一起来建设妈祖文化基地和拍摄妈祖素材的影视、舞台剧、游戏等。这里可以借鉴福建的成功经验：莆田通过妈祖文化产业园区建设来推动与台湾的文化共识。广大台胞视妈祖庙矗立的湄洲岛是他们心中朝拜妈祖的圣地，莆田发挥了妈祖文化为台湾民间第一信仰的优势，规划建设了妈祖文化产业园，构建了以妈祖文化为主题的滨海旅游胜地——妈祖城、妈祖文化展览馆、妈祖碑林、天后祖祠、妈祖阁、世界妈祖庙微景公园等，构建了游客便于互动的妈祖文化大观园；将妈祖文化旅游节升格为国家级重大节庆活动；组织湄洲妈祖金身巡游台湾；借鉴"博鳌论坛"模式，将湄洲岛作为两岸事务重要协商地；形成了体现妈祖文化素材的莆田木雕、工艺油画、旅游等文化产业品牌。② 上海可以借鉴福建的经验，与港澳台地区共同通过妈祖的文化产业——包括妈祖旅游景区、拍摄妈祖影视等方式，来创造增强文化共识的机遇。上海、港澳台地区与青岛、天津、沈阳、大连等妈祖信仰的重要传播地可以共同来完成妈祖文化建设，使妈祖所体现的中国文化精神继续为未来的"一带一路"发展提供源源不断的精神动力。

四、结　语

我们要重视上海与港澳台地区的海洋文化资源，而妈祖文化是这个海洋文化资源的重要形态。2017 年 12 月 1 日，习近平总书记在中国共产党与世界政党高层对话会开幕式《携手建设更加美好的世界》的主旨讲话指出：在这个

---

① 李凤森：《台湾大甲镇澜宫董事长颜清标一行参访上海城隍庙》，中国网，http：//guoqing. china. com. cn/2017 - 07/19/content_41244848. htm 2017 年 7 月 19 日

② 林玲：《探索莆田文化改革发展成功经验系列报道》，中新网福建新闻，2017 年 12 月 8 日。http：//www. fj. chinanews. com/news/fj_ttgz/2017/2017 - 12 - 08/397101. html 2017 年 12 月 8 日

历史过程中,不同区域、不同国家、不同民族的人们以经济文化交流为基石,随着经济文化交流的全方面展开逐渐达成一定的文化共识,最后促使各类人群形成新的命运共同体。妈祖文化是历史上人类命运共同体的生动表达形态,应该成为"一带一路"民心相通的主要纽带。使"一带一路"人类命运共同体的历史形态,在经贸发展基础上的民心相通不断扩大范围和提升质量。

主要参考资料

1. 倪玉平著:《清代漕粮海运与社会变迁》,上海书店出版社 2005 年版。
2. 张元济撰:《二十四史·元史》,北京出版社 2013 年版。
3. 赵尔巽主编:《清史稿》卷一百二十二志九十七食货三漕运,中华书局 1977 年版。

（二）"一带一路"文化交流品牌建设

6

以国际视野讲述上海故事

——"上海写作计划"十一年历程回顾

胡佩华[*]

摘　要　作家是世界的公民，上海要成为国际化的文化大都市，就需要有更多的世界眼光，包括世界作家的眼光关注上海。2008年，上海市作家协会创办"上海写作计划"，每年邀请世界各地的作家来沪小住两月，体验上海日常的生活，迄今已有遍布全球五大洲36个国家共89位作家驻市。上海写作计划让不同国度、不同成长背景的作家们相聚一起，在一个特定的时间和空间，互相交流。尽管驻市作家们无需在项目结束之时提交任何有关上海的作品，但事实上一篇篇具有国际视野的上海故事在这些作家笔下铺展。上海写作计划已不仅仅是作家间的一个国际交流平台，它的举办对传播上海文学、提升上海的国际形象也有着不可小觑的贡献。

---

* 胡佩华：上海市作家协会对外联络室副主任，"上海写作计划"总协调人。

关键词　上海写作计划　驻市　生活

一、2018 年"上海写作计划"概况

"这些文字的工作者，虚构的制造者，发出的声音实在太微弱，太纤细，一根针落地似的。但就是这针落地的一声轻响，屏气去听，大约可听见一丝清冷的余音，穿透而来，安抚蒙塞之下的感官，使其保持柔软的娇嫩的天然质地，在众声喧哗中辟出静谧世界。"这是上海作协主席王安忆特地为 2018 年"上海写作计划"主题《众声喧哗》写的主题词。

经过半年的申请和遴选，9 个国家的 13 位作家幸运地成为 2018 上海写作计划驻市作家，在最美的金秋时节来到上海驻市两月，在喧哗的大都市感受别样的风情。

这 13 位驻市作家分别是：

已有多部侦探小说被改编成影视剧的印度小说家安库什·赛迦（Ankush Saikia）；瑞典埃温特·约翰逊奖的获得者，小说家、剧作家本特·奥尔森（Bengt Ohlsson）；能说一口流利中文，曾获雅典文学奖的希腊作家迪米特罗斯·索塔克斯（Dimitris Sotakis）；2017 年法国地中海文学奖获得者希腊作家艾瑞菲丽·索蒂珀罗（Ersi Sotiropoulos）；曾获国际儿童读物联盟希腊语分类奖的希腊儿童文学作家卡特琳娜·穆里基（Katerina Mouriki）；匈牙利最畅销书作家之一伊娃·佩泰尔斐·诺娃（Peterfy-Novak Eva）和匈牙利多项重要文学奖项获得者佩泰尔斐·盖尔盖伊夫妇（Peterfy Gergely）；2017 年澳大利亚迈尔斯·弗兰克林文学奖获得者约瑟芬·威尔逊（Josephine Wilson）和曾获昆士兰文学奖的米兰迪·里沃（Mirandi Riwoe）；在驻市期间作品入选阿拉伯布克奖长名单，曾入选贝鲁特 39 位 40 岁以下最佳阿拉伯作家之一的埃及作家曼苏拉·埃尔丁（Mansura Eseddin）；德国旅行作家、诗人马蒂亚斯·波利蒂基（Matthias Politycki）；首部长篇小说就获得德国—乌克兰文学奖的乌克兰作家特里蒂娜·特里斯卡亚（Tetina Bieliaieva）和新西兰剧作家、自由撰稿人弗朗

西斯·爱德蒙(Frances Edmond)。

9月4日,作协"爱神花园"内欢声笑语,50多位上海作家、驻市作家所在国的驻沪总领事馆总领事或文化领事和上海各大媒体的记者们齐聚在作协这栋具有欧洲风情的小院内,欢迎这些远方的客人,由此也拉开了2018上海写作计划的帷幕。

为使驻市作家们能对这座即将要朝夕相处两个月的城市历史有个直观了解,主办方上海市作家协会在会场精心布置了一个名为"上海记忆"的展览,展出了民国时期、解放初期和改革开放时期代表着上海不同时代风貌的藏品,让绝大多数初次来到上海的作家们对即将开始短暂生活的城市变迁有个初步印象。欢迎仪式上,驻市作家们向中国的同行们分享了他们已经或即将开始的与中国,与上海的故事,作协王安忆主席也向大家讲述了爱神花园的前世今生,中外作家都不约而同地以故事的形式介绍了自己和上海,期待着在这座城市写下一个属于自己的故事。作协党组书记、副主席王伟向驻市作家们赠送了由作协组织翻译出版的英文版的上海会员散文、小说、诗歌选集。

每年的"上海写作计划"都设定了一个主题论坛,邀请驻市作家就这个主题发表自己的观点。2018年的主题是"众声喧哗"。三位希腊作家分别撰写了《与噪音的战争》《雅典雅典》和《远离众声喧哗》,两位匈牙利作家的题目是《喧嚣即安宁》和《城市·秘密·陌生人》,澳大利亚作家的《十九世纪的淘金者们》和《像一辆火车缓缓进站》,新西兰作家《上海·游戏·传说》,德国作家与大家分享了他1985年、2001年和2018年来到上海的《城市之音》,乌克兰作家向大家讲述了一个《夜色漆黑》的故事,瑞典作家叙述了在斯德哥尔摩《买房》的故事,埃及作家带来了她的《声之混沌》,印度作家则是《我的体验,我们的矛盾》。在9月每周五晚上的作家书店,驻市作家们用英语或用母语朗读了这些角度各异、观点鲜明的文章后,与上海本地作家就"众声喧哗"举行了四场主题交流会,各自阐述了城市生活经验,坦诚了自己的文学观点以及人生的思索等。每场交流会后,主办方还设置了半小时的与读者的互动交流时间。交流环节,作家和读者互动频繁。广东人民广播电台上海站实况转播了其中的一场交流会,点击率达6万多,列电台所有实况节目的前两位。

9月25日，在复旦大学中文系会议室，十三位驻市作家向复旦中文系、创意写作系的学生介绍了自己的创作情况及文学观点并解答了学生的许多提问。与复旦学生的交流已成为写作计划的一项固定内容。复旦学生的才情与努力给每届驻市作家们都留下了深刻的印象，有的作家还邀请学生帮助翻译自己的中文诗作。

10月9日—11日，驻市作家们到浙江安吉采风。每年主办方都会选择上海周边一个城市，带着驻市作家们体会与繁华大上海不一样的中国城市或田野面貌，享受来自大自然的宁静与悠远。

10月18日，"上海写作计划"的驻市作家们与6位来自北京的驻市作家和11位上海本地作家就《传媒时代的文字想象》举行了研讨会。此次研讨会历时五个小时，整场讨论气氛热烈，发言踊跃，中外作家不时地碰撞出思维的火花。作家们就"逼真生活即时可见，虚构还有存在的必要吗？""现实与想象""虚构与非虚构写作""在传媒时代下，文学的想象力"等一系列文学创作问题进行了专业的交流。①

为使驻市作家们对上海的历史、上海的城市人文及中国的文化有更进一步的了解，主办方举行了一系列丰富多样的活动，帮助驻市作家们快速地融入上海、全方位地理解这座城市：

9月5日，主办方邀请对本地文化颇有研究的作家马尚龙为13位驻市作家和读者们做了一场讲解上海风土人情与历史变迁的《上海的小与大》；

9月19日，拜访作家殷慧芬和楼耀福夫妇，这也是这对夫妇第六年在嘉定的家中接待到访的驻市作家。两位作家家里众多的中国元素——明清家具，刺绣，中国书画、线装珍藏书等都深深吸引着这些驻市作家，大家边品着香茗，边谈论着中国文化。

10月8日，主办方邀请园林专家与驻市作家们共游豫园，同时向他们介绍了中国的园林艺术。

---

① 虞婧：传媒时代席卷而来，文字想象何枝可依？载中国作家网 http://www.chinawriter.com.cn/n1/2018/1022/c403994 - 30353976.html

10月16日,两位来自沪上著名老外街上的老外业主向驻市作家们介绍了在上海创业的故事。

10月25日,主办方安排驻市作家们来到中澳国际高中参观,作家们走进不同的班级,有的给同学上语文名著欣赏课,有的请同学为自己作品的主人公名字出谋划策,也有与同学交流诗与远方。与学生们的交流也让驻市作家们了解了脱离中国高考束缚的上海国际高中生们的学习生活。

在两个月的驻市生活里,除了安排的集体活动,主办方也会根据驻市作家的个别请求,提供一些个性化的帮助。澳大利亚作家约瑟芬曾收养了一位中国小朋友,因而对国际领养课题产生极大兴趣。驻市期间,主办方帮助她实地参观了上海福利院,解除了她很多相关方面的疑惑,也为她的这一研究课题提供了很多的素材积累;另一位澳大利亚作家米兰迪正在着手写一部关于十九世纪一对中国兄弟在澳大利亚背井离乡的淘金故事,需要了解一些当时中国社会的背景,主办方请教有关人士为她的写作提供了专业的历史考据;帮助埃及作家曼苏拉访问了上外阿语系等。

二、"上海写作计划"的缘起与实施

在上海写作计划十周年的纪念文集《母语在他乡——上海写作计划十周年记》一书里,墨西哥剧作家阿尔贝托·维拉里尔(Alberto Villarreal)写道:"在其头十个年头催生出一个小群体的'上海写作计划',在天空下犹如书本般向四面八方展开。无限即唯一,无法感知,但可在其中做短暂旅行。在这个世界上,不同地区孕育不同意识。作家只存在于某一个地理位置,离开了那里,作家本人便是一场旅行,这场旅行,是协助作为独立个体的作家寻获各种群体的过程。"

阿尔贝托的这段驻市感言与上海写作计划的发起人及倡导者、上海作协王安忆主席不谋而合。王安忆至今都念念不忘其1983年应邀参加美国爱荷华写作计划的经历。成立于1967年的爱荷华写作计划,是由著名作家聂华苓及她的丈夫、美国诗人保罗·安格尔创办,自成立以来,已有超过120个国家的千余作家参加。因其国际写作计划影响的日益扩大，联合国教科文组织于2008年授予爱荷华"文学之城"的称号，至此这座美国中部不起眼的小城因为文学的巨大能量声名鹊起，成为世界上所有作家都向往的地方。当时王安忆和作家母亲茹志鹃共赴爱荷华，在那儿度过她难忘的4个月驻市生活，这段时间里，王安忆和很多来自不同国度、不同文化背景的作家们共同生活，他们互相交流文学和艺术，感受不同的生活情态。她直言这是人生中"潜移默化影响未来"的一段经历，"仿佛人生的一场预演"。在美期间的种种震荡、不解、暗下决心，如同水面被击中后泛起的层层涟漪，让王安忆在此后的岁月中萌生了创办中国的"爱荷华写作计划"，邀请国外作家来上海驻市生活写作的愿望。①王安忆的这一想法，得到了时任作协党组书记、副主席、作家孙颙的支持。

在解决了资金这个后顾之忧后，2008年，"上海写作计划"应运而生。当年，三位来自澳大利亚、加拿大和日本的作家作为首批受邀作家驻市，正式开启上海写作计划的旅程。第二年驻市作家增加到了5位，2018年则邀请了来自9个国家的13位作家驻市，这也是项目举办以来参加人数最多的一届。从2008年到2018年的这十一年里，上海写作计划已经邀请了五大洲来自36个国家的89位作家来上海驻市。虽然作家们彼此的成长背景各不相同，人生轨迹各异，但因为文学，大家相聚在上海。

世界上通行的有两种写作计划，一种是驻校，作家生活在高等学府；一种是驻市，作家生活在民间。初办上海写作计划，上海作协就制定了几个原则，第一，是要办成一个符合国际惯例的写作计划，不带任何功利性，不干涉来沪作家的创作自由，提倡让文学自然生长。第二，非常注重驻市的理念，也即是要求所有的驻市作家区别于普通的旅游者，必须和上海市民生活在一起，出门就能感受到市井气息，这样才能生活到城市的芯子里。第三，遵循"勤俭"的原则，以计划的内容吸引驻市作家，不摆排场，不讲奢华。基于此，上海作协将邀请来的驻市作家都安排在市中心一家具备基本生活条件的商住两用公寓里居

---

① 许旸：《对话王安忆：35年前的美国行，仿佛"我人生的一场预演"》，《文汇报》2018年11月15日。

住,在这儿从窗口就可听见市井喧闹声,探出头去,底下就是商铺和地铁,既感受到都市的喧闹,也能体会声音背后的那份活力。来自不同文化背景的驻市作家们可在这两个月里根据自己的爱好和需求,过着与上海普通市民一样的生活,感受真实的上海,做一回真正的上海人。也正是由于这样的原则,写作计划拒绝了希望驻市期间入住五星级酒店的世界大牌作家,放弃了可以使计划"名声大振"的良机。①

对于驻市作家的遴选一直是主办方举办写作计划以来最为慎重的一个环节之一。人选主要来自各文学机构、领馆、出版社及往届驻市作家回国后的宣传及推荐。一般经过半年的申请和遴选,才确认最终的入选名单。谈及挑选驻市作家的标准,王安忆表示:"与其他计划不同,我们的计划更加希望能听到世界各地的作家声音,不仅有欧美主流文学国家的,我们也希望能听到来自东欧的、非洲的、亚洲等不同国家的文学声音。"坦桑尼亚的夏洛特·奥尼尔(Charlotte O'Neal)和法属新喀里多尼亚作家尼古拉斯·克托维奇(Nicolas kurtovitch)的入选是对这一标准的最好注释。

上海写作计划比较强调作家间的相互启发,探讨对文学的不同理解,关注作者和读者的关系。作为一个国际性的作家交流平台,上海写作计划一方面邀请已在国内有中文译本出版的知名作家参加,以吸引更多的中国读者参与,比如法国作家奥利维埃·罗兰(Olivier Rolin);另一方面则更多的把名额留给了在本国拥有不少读者群,但他们的名字对中国读者来说还相当陌生的作家,如匈牙利作家阿提拉·巴提斯(Attila Bartis)以及尚处于成长中的新锐作家,如阿根廷作家萨曼塔·施维柏林(Samanta Schweblin),其日后作品登上了布克奖的短名单。

每年的9月1日至10月31日是写作计划的驻市时间。除去主办方每周安排的一次集体活动外,其余时间都由作家们自由支配。有人喜欢走街串巷,也有人选择在房间内完成自己的写作规划,还有人喜欢到公园、到酒吧结识新朋友,以一个居民的心态感受当地的人和事,上海百姓的生活就是这样自自然

---

① 王安忆:《十年计划 一朝回首》,载《母语在他乡——上海写作计划十周年记》序,第6页。

然的呈现在作家们的面前。丹麦作家福劳德·欧尔森（Frode Z. Olsen）在驻市期间还层层剥茧，如侦探般的不仅为他的丹麦同胞探寻到了昔日的居住地，也给今日的上海住户解开了一段尘封的历史；澳大利亚作家琳达·内尔（Linda Neil）一段与卖花女的交往，在她心底留下一抹温暖。

在谈及驻市的感受时，驻市作家们不约而同地会提到"行走"和"迷路"。乌克兰作家特里蒂娜·特里斯卡亚说"熟悉上海的方法就是四处走走，即使迷路，也是一个很好的与人交流的机会。"有时一段问路，一次文学交流活动，就让驻市作家与上海普通百姓间迅速建立起了友谊。

表 1：历届"上海写作计划"主题

年　份	主　题
2018	众声喧哗
2017	写作与写作计划
2016	母语在他乡
2015	城市之光
2014	时时刻刻
2013	和我们一起呼吸
2012	生逢 2012
2011	东西方的未来
2010	城市与写作
2009	你从哪里来
2008	他乡与故乡

三、世界眼光讲述上海的故事

2017 年，为庆祝写作计划十周年，主办方出版了一本由往届驻市作家执笔的记载上海驻市生活的纪念文集《母语在他乡——上海写作计划十周年记》。在这本厚达 400 页的文集中，小部分收录了历届驻市作家的主题演绎讲稿，更多的则是这些来自世界各地作家讲述的一个又一个上海故事，一幅幅上海日常生活的场景画面悄然跃入纸上。这里有与上海市民的交往、有对上海这座城市发自内心的欢喜，有对中国文化的崇敬，也有他们的思考。以色列作家尤迪特·卡兹迩（Judith Katzir）在《和谐上海》一篇中写道：

在上海参加写作项目的最后几天，我受邀在上外与希伯来语系的学生进行交流。该次互动使用的语言是希伯来语和英语，同时，老师也会同步将语言翻译成为中文。我发现中国学生真的要比以色列学生羞涩得多，因为大多数同学都不好意思向我提问。后来，有一个学生向我抛出了这样一个问题："在我所阅读过的来自西方，特别是来自以色列的文学作品中，其重点都放在了描绘冲突，如社会、家庭、政治等等各种关系中的紧张与张力。然而，我们的文化熏染里，作品强调的却往往是和谐。如此看来，您个人认为，描写冲突为什么要比追寻和谐更为有趣呢？"

我顿时无言以对。我这一生理所当然地认为，是冲突创造了戏剧，而戏剧——社会不同群体之间、人与其他事物之间、人与人之间的戏剧——引发了创作的兴趣。此外，艺术——文学、戏剧、电影、音乐——都基于紧张与冲突。所以，我离开前，对这位提问的学生表示了感谢，并许诺今后将会继续思考我们今天所讨论的问题。

这次不期而遇后，结合自己在上海生活过的两个月光景的回眸与观感，我逐渐意识到，追求和谐是中国人的一种价值观念。这里并不存在"弑父情结"这一西方文化和心理学中的代表性现象。根据现代心理学创始人弗洛伊德的理论，每个男孩都有一种弑父娶母的想法。这也称为恋母情结（俄狄浦斯情结），以占希腊神话里索福克勒斯的悲剧中的国王俄狄浦斯的名字命名。在当代的西方人看来，这种情结是一个男人一生所要面临的首个冲突。然而在中国，从古至今，人们都对父亲怀着深深的崇敬之情，而非想着去毁灭、取代自己的父亲或是同他一较高下。

在上海，古城中的宝塔、外滩20世纪二三十年代的建筑、钢筋玻璃筑成的摩天大厦完全可以和谐共存。上海大剧院和当代艺术博物馆这些主要的公共建筑也深受传统建筑风格的影响。在艺术展上，我看到无数作品都体现了传统思想和新兴技法的融合,或是将古老的技法重新应用在新生的内容并进行全新的演绎。其中尤为令我印象深刻的是浦东现代艺术博物馆所展出的动画形式的《清明上河图》。该作品运用了先进的数字动画技术,将中国古代最为著名的艺术作品栩栩如生地展现在观众眼前。它向人们展示了北宋人一天的生活风貌,以及古代的服饰、地貌、房屋、船只和动物,令我惊叹不已。

同样,我在这里所欣赏的舞蹈和音乐中,使用的都是与西方全然不同的、我从未听过的乐器。和谐无处不在。

在我们住所附近的中山公园,也能看到一派和谐的景象——倒映着花草树木岩石的池塘、古朴的小径、雕塑和亭台,伴着打太极、练声练琴、跳舞、打麻将、沾水在地上练书法的人,以及放风筝、吹泡泡的儿童,如此宁静祥和。

上海于19世纪成为向西方开放的通商口岸,一直不断努力实现东西方的融合,学习西方的众多优势,并通过自己的方式加以发展,不失本真。我所去过的西方国家没有哪一个具有上海这样高效、快速而舒适的地铁系统,每天输送城市中数百万的人口。世界最优质的音乐、戏剧和舞蹈演出都汇聚在此。商场中有国际奢侈品品牌店,饭店和酒吧生意兴隆。同时,这里的经济福利并未影响当地居民热忱而谦逊的秉性。西方人交谈中常会说"我",而中国人却常说"我们"。在这里集体总是优先于个人。读了一些儒家哲学后,我发现这种思想深深根植于教育、文化、人文精神和人际关系之中。

那么,上海的生活是否全然而然地简单舒适,令人无忧无虑呢?非也。通过与生活在这里的朋友们的闲聊,我也了解到,这里生活成本和房屋居住成本很高(和特拉维夫的情况相类似),且人们有一些避而不谈的禁忌(宗教、性和政治)。此外,说教和思索常被认作是严肃而刻板的。在去大学开会的后一天,一位学生给了我一封(用希伯来语写的!)信,信中写道"您对以色列青年的描述让我感到他们非常自由,能去思考并有勇气表达自己的观点。我认为这是中国青年需要向他们学习的地方"。

我在上海认识了几个新朋友,从小生长于独生子女家庭,他们很好奇和几个兄弟姐妹一同长大会是怎样的情景。我猜这些家庭的父母一定对独生子女给予很高的期望,有时期望过高难以实现,同时父母年老时这些孩子将承担更

重的家庭负担。我们在上海的最后几天,独生子女政策取消了,参加写作活动
的所有人,外国作家和中国朋友都为此感到振奋。

表2:纪念文集《母语在他乡——上海写作计划十周年记》

序列号	篇　名	作　者
序	十年计划　一朝回首	王安忆
1	上海如归	丽萨·提斯利(美国)
2	生命的火花	克里斯蒂娜·瑞斯康·卡斯特罗(墨西哥)
3	在上海被"拐带"了	扎克·欧耶(瑞典)
4	辣斐德路上的克莱门公寓74号房间	福劳德·欧尔森(丹麦)
5	上海小笼包	乔·邓索恩(英国)
6	追寻旗袍	茅野裕城子(日本)
7	萦绕不散的茶香	海蒂·诺斯·贝利(新西兰)
8	上海—曼谷	布拉查空·卢纳猜(泰国)
9	写作的栖所	科尔姆·布雷斯纳克(爱尔兰)
10	在上海街道上的非洲人的尊严	夏洛特·奥尼尔(坦桑尼亚)
11	鲁迅的四个梦	盖尔·琼斯(澳大利亚)
12	上海的欧洲风情	亚历克斯·斯坦麦提斯(希腊)
13	合格市民养成记	维多利亚·凯萨雷斯(阿根廷)
14	上海探戈	蒂娜·余贝尔(德国)
15	心归何处	菲利普·瑞麦(瑞士)
16	功夫喜剧	伊穆雷·库雷兹(匈牙利)
17	中山公园卖花女	琳达·内尔(澳大利亚)
18	迷失上海	艾莉森·王(新西兰)
19	打包	安加丽·约瑟夫(英国)
20	通向伟大中国文化的一扇窗	格奥尔基·格罗兹戴夫(保加利亚)
21	未被听取的音乐——残骸之礼——献给菲利普&欧莫勒	舒迪普·森(印度)
22	洞庭、古诗和我	埃德娜·史密什(以色列)

续表

序列号	篇 名	作 者
23	爱尔兰在上海	德妮丝·伍兹(爱尔兰)
24	激发创造力的城市	努里亚·阿诺(西班牙)
25	从上海看危机中的美国	詹妮弗·黑格(美国)
26	精神上的阅读障碍症患者	培德·理德贝克(瑞典)
27	我在世界上的位置	恩里克·索利纳斯(阿根廷)
28	分享	苏纳什(斯里兰卡)
29	和谐上海	尤迪特·卡兹迩(以色列)
30	我在中国的日子	沙高·米勒尼克(波黑)
31	另一个国度	卡费瑞·南比山(印度)
32	写作——在挣扎中获取自由	兹德拉夫科·伊蒂莫娃(保加利亚)
33	唯一性迷失的多样性	阿尔贝托·维拉里尔(墨西哥)
34	上海:想象的生活	欧莫勒·查特吉(英国)
35	我从何而来又去向何处	拉格纳·霍夫兰德(挪威)
36	梦城絮语	安娜·卢比奥·范多斯(西班牙)
37	大都市 VS 精品城市	杰维·特瓦伦(美国)
38	一些出乎意料的发现和一只苹果	史维特拉·格奥尔基耶娃(保加利亚)
39	上帝在上海	阿曼达·米查罗保罗(希腊)
40	从中文到西语,一段直达的旅程	杰米·潘奎维(哥伦比亚)
41	上海界限	阿兰·卡特(澳大利亚)
42	信	科纳·克里顿(爱尔兰)
43	回眸	比吉塔·林克韦斯特(瑞典)
44	上海日记	米尔科·邦内(德国)
45	诗三首	杰曼·卓根布鲁特(比利时)
46	写在中国的诗	安吉拉·普拉德利(阿根廷)
47	上海姑娘们	维贾伊·南比山(印度)
48	母亲的裙子	邓敏灵(加拿大)
49	你来自哪里	欧大旭(英国)

序列号	篇　名	作　者
50	城市日记	阿提拉·巴提斯(匈牙利)
51	重逢	本尼·巴尔巴什(以色列)
52	来自西方的小故事	阿尔玛·布拉米(法国)
53	生逢 2012	赵京兰(韩国)
54	紧张与呼吸	萨曼塔·施维柏林(阿根廷)
55	城市之光	奥利维埃·罗兰(法国)
56	母语在他乡	叶卡捷琳娜·雅科夫列娃(俄国)

四、打造上海文化名片

随着城市现代化建设的发展,除了经济发展的水平,城市软实力的竞争也非常关键,如何提升文化竞争力,拓宽上海文化资源的传播方式和传播范围,上海写作计划的这一文化创新项目为城市的文化发展和扩大对外宣传都提供了一个很好的范本。

上海写作计划在举办之初,就公开表示除去要求驻市作家对每年设计的主题写个主题发言,以作为与本地作家及读者交流之用外,作家们无需在驻市结束之时提交任何有关上海的作品。主办方非常自信地认为,上海这座飞速发展、充满活力的城市一定会给予作家们丰富的灵感和创作源泉,这段驻市生活也一定会在作家的生活中产生重要的影响。"和同行相处、与读者分享,都是全新的创作源泉,滋养着我的想象力,我们的上海故事将长久地保留在照片、记忆和书中,很久。"①正如 2017 年西班牙驻市作家凡妮莎·蒙特福特(Vanesssa Montfort)所说的,一个个关于上海的故事已经在驻市作家们的笔下生成。曾入围布克奖长名单和短名单的 2010 年驻市作家英国马来西亚裔作家欧大旭(Tash Aw)的《五星富豪》和 2008 年参加第一届写作计划的加拿大华

---

① 徐颖:《上海故事将长久留在记忆和书中》,《新闻晨报》2017 年 10 月 24 日。

裔作家邓敏灵(Madeleine Thein)的《不要说我们一无所有》都是讲述了一个发生在上海的故事。瑞士作家瑞麦·菲利普(Rahmy Philippe)驻市结束后写的随笔《钢筋水泥》一书进入了2013年法国Wepler奖候选名单,他说这是他献给上海的礼物,希望这本书能成为法语读者来上海前的必读书目,此书最近也正在被翻译成德语。瑞士作家安妮特·胡克(Annette Hug)和保加利亚作家格奥尔基·格罗兹戴夫(Georgi Grozdev)都出版了随笔集《上海》;斯里兰卡作家苏纳什(Sunethra Rajakarunanayake)、阿根廷作家安吉拉·普拉德里(Angela Pradelli)都创作了以中国为背景的作品。更多的作家则是以不同的表现形式将上海的真实信息传播了出去,泰国作家布拉查空·卢纳猜(Prachakom Lunachai)回国后举办了一个有关上海的摄影展;日本作家茅野裕城子(Yukiko Chino)和保加利亚作家史维特拉·格奥尔基耶娃(Svetla Georgieva)则走上当地大学和图书馆的讲台将一个细微的真实的上海介绍给当地的学生和民众;还有的作家在当地报纸、电台开设专栏介绍他们的驻市生活和上海的作家及作品,等等。正是由于这些驻市作家的主动创作,一个自然、生动的都市形象被广泛传播。

上海写作计划不仅打开了驻市作家的视野,丰富了他们的阅历,增加了他们的知识储备及经验,也为上海的青年作家们创造了赴海外驻市的机会。上海写作计划与新西兰迈克·金写作中心签订了互派驻市作家的协议,今年已进入了第三轮的互换;之前与爱尔兰科克市进行了三轮的互派驻市作家的访问,还派驻作家赴澳大利亚西悉尼大学驻校一个月。

因为有了与中国作家面对面地交流,进而也激发了看中国同行作品的欲望,他们主动提出要将中国作家的作品翻译成本国语言介绍给他们的读者。王安忆、赵丽宏、孙未等人的作品通过驻市作家兹德拉夫科·伊蒂莫娃(Zdravka Evtimova)的翻译,已经在保加利亚主流文学杂志和文学网站上刊登发表,赵丽宏的诗集《天上的船》《疼痛》《鹭鸶》和散文集《赵丽宏散文集》以及路内的《慈悲》都已被译成保加利亚语出版发行,陈村的中篇小说《象》在波黑出版了塞尔维亚语译本,墨西哥全国发行的文化类杂志《单一多样性》制作了一期中国文学特刊,赵丽宏的诗集《疼痛》出版了西语版,秦文君的《小香草》

保加利亚版译本也正在翻译中。

十年的坚守让上海写作计划成为全国同类型驻市、驻校项目的先行者。经年累月,上海写作计划的影响力也愈发扩大。《文汇报》笔会每年登载驻市作家的发言稿,《上海日报》每年都设专版采访这些驻市作家;《文汇报》《解放日报》《新民晚报》上海电视台人文频道、新华社等沪上主要媒体都长篇报道了"上海写作计划",中央电视台为配合今年的上海国际进口博览会,更是专门制作专题片介绍上海写作计划。

作家是世界的公民,国际文化大都市需要作家的参与,上海城市的魅力应当根植于它的生活气息和文化气息上。如今上海写作计划已经成为世界了解上海的一个窗口,上海城市文化发展的一张名片,但它还是一个年轻的计划,如何将其列入世界的写作计划范围内,如何吸引更多优秀的作家来上海,都是值得主办方再思量。本着"坚持出新,持之以恒"的初衷,我们有理由期待上海写作计划会越办越好,爱神花园也会以海纳百川的胸怀成为世界作家喜爱的百花园。

表 3:"上海写作计划"驻市作家国别和人数

序　号	国　　家	人　　数
1	澳大利亚	6
2	希　腊	5
3	匈牙利	5
4	以色列	5
5	印　度	5
6	阿根廷	5
7	爱尔兰	4
8	英　国	4
9	瑞　典	4
10	墨西哥	4
11	美　国	4

序　号	国　　家	人　　数
12	保加利亚	4
13	新西兰	3
14	西班牙	3
15	德　国	3
16	古　巴	2
17	法　国	2
18	瑞　士	2
19	丹　麦	2
20	加拿大	1
21	挪　威	1
22	比利时	1
23	葡萄牙	1
24	韩　国	1
25	波　黑	1
26	哥伦比亚	1
27	坦桑尼亚	1
28	土耳其	1
29	泰　国	1
30	斯里兰卡	1
31	俄罗斯	1
32	波　兰	1
33	埃　及	1
34	乌克兰	1
35	日　本	1
36	法属新喀里多尼亚	1

主要参考资料

1. 上海写作计划纪念文集《母语在他乡——上海写作计划十周年记》,上海市作家协会编译,2017 年 9 月。

2. 上海写作计划十周年纪录短片《十年计划 一朝回首》,上海市作家协会制作,2017 年 8 月。

3. 陈丽丽:《近距离的文学交流——"上海写作计划"五年回顾》。

7

打响上海对外文化交流品牌

——以中国上海国际艺术节对外文化交流品牌建设为中心

常方舟*

摘 要 在全球城市品牌活动白热化的背景下,艺术节在塑造城市文化、促进
艺术交流、开展对话沟通等方面的作用不断扩大。经过二十年的发
展探索,中国上海国际艺术节已经成为上海文化建设的特色节庆品
牌。艺术节文化交流策略重点虽历经调整,始终与上海城市的文化
规划相协调,与改革开放以来的艺术文化政策相联动,与全球艺术文
化发展趋势相呼应。通过梳理二十年来艺术节在文化交流方面的经
验成绩,尤其是近年来"一带一路"文化交流品牌建设的实践,不仅能
够为文化艺术的发展带来更广阔的视野和更多元的契机,而且也将
为下一阶段艺术节文化交流策略的形塑和落地提供积极的借鉴
意义。

关键词 艺术节 文化交流 "一带一路"节庆品牌

2018 年 1 月,上海城市总体规划(2017—2035 年)正式发布,明确上海城
市建设目标为卓越的全球城市,令人向往的创新之城、人文之城、生态之城,具
有世界影响力的社会主义现代化国际大都市。为贯彻落实规划目标,《全力打
响"上海文化"品牌加快建成国际文化大都市三年行动计划(2018—2020 年)》

---

* 常方舟,上海社会科学院文学研究所助理研究员。本文为上海市哲学社会科学规划课题"中
国上海国际艺术节品牌战略研究"(2018JG001 – ECK084)的阶段性成果。

提出要围绕全面打响红色文化品牌、海派文化品牌、江南文化品牌三大任务，提升上海城市整体形象和文化软实力。上海城市规划的新目标和相关的决策部署为城市的发展带来全新的机遇和挑战。改革开放四十年以来，上海在文化建设方面取得了巨大成就，以多次举办重大国际活动为依托，同时通过对城市精神的反复提炼探讨，以实际行动诠释和深化了海派文化的时代内涵，立足于开放性和多样性等特征的海派文化成为增强上海城市文化辨识度的重要维度。今后如何持续不断地将改革创新的精神落实到上海城市文化建设之中，最大限度发挥文化对经济社会发展的引领和支撑作用，打造更符合群众精神文化需求的艺术文化产品和服务，始终是摆放在时代前沿的现实问题。

与此同时，伴随全球城市空间形态的演化，文化规划的概念在城市和地方品牌构建中的作用日益凸显。与过往一般的城市规划有所不同的是，文化规划通过提供具有指导性的先期规划和评估，与城市战略相协调，同时也反映和折射了城市文化身份的个性表达。"文化规划的定位方式往往与社会、经济、创意及城市主题相关，而且其实际运作的领域，绝大多数是那些艺术、文化产业和遗产。"[1]综合性的文化规划不仅是城市文化建设的焦点所在，也是全球城市展开竞争的重要场域。其中，艺术文化节庆活动因其可见度、政治中立性和可接受性能够为地方增添价值和全球认知度，而往往被选中为地方品牌化活动的组成部分[2]。重大节展活动向来是体现城市文化要素的窗口，以重大国际性节庆活动为载体，打响城市文化品牌，协同城市文化规划，促进国内外艺术文化交流、展示和互鉴，从而将城市品牌成功置于全球版图之中，成为当今全球城市谋求新一轮发展的主流模式。以中国上海国际艺术节多年来的文化交流品牌活动为切入点，梳理总结相关历史经验，阐述和分析艺术节以文化交流品牌建设为抓手，凸显海派文化特色内涵，提升文化平台服务能级，有助于促进上海打响文化品牌和早日实现建成国际文化大都市目标。

---

[1] 黛博拉·史蒂文森著，董亚平、何立民译：《文化城市——全球视野的探究与未来》，上海财经大学出版社 2018 年版，第 82 页。

[2] Marinda Scaramanga. 2015. Place Branding and Culture: The Reciprocal Relationship between Culture and Place Branding.

一、中国上海国际艺术节品牌化概况

创办于1999年的中国上海国际艺术节（以下或简称"上海艺术节"）是中国首个国家级国际艺术节，经过二十年探索发展，已经成为上海的重要节庆文化品牌。自创办伊始，上海艺术节即将艺术节本身作为一项带有文化产业性质的无形资产加以开发，以市场化运作达到"以节养节"的目标，并以实现品牌化作为内在的发展驱动力①。从第二届艺术节开始，即成立艺术节中心的常设机构，开创了全国在此类重大文化活动领域的先例。

艺术节创办的初衷是"办成对外集中展示中国文化艺术的舞台、借鉴世界高雅文化艺术的窗口，办成向国际推销中国文化艺术产品的市场，若干年后办成有世界影响的、著名的国际文化艺术活动"，为落实创办宗旨，逐步确立整体框架，初创期间分为六大板块，一为主体演出，二为展览博览，三为群众文化，四为交易会，五为讲座论坛，六为系列活动。以政府推动、社会支持、群众参与、市场运作为导向，每年一届的艺术节活动不断深化这一节庆品牌的思想性、理论性、导向性、探索性和辐射性，旨在促进世界文化的交流融合。

19年来，上海艺术节从初创节庆活动跻身世界知名艺术节行列：总计有五大洲70多个国家和地区的4万余名艺术家、700余个中外艺术团体先后造访艺术节，主板演出共上演中外剧（节）目1 034台，其中，境外剧（节）目508台，境内剧（节）目526台，观众数量超过465万，100多个国家160多个城市和地区的1 000多家中外著名艺术节、演出经纪机构、演出团体参加了演出交易会，共举办近60项200余场论坛会议，节中节共举办220多项中外展览和博览会，参观人次900多万；1999—2013年艺术节举办了5 000多项群文活动，观众数3 000多万人次；2014年起，"艺术天空"系列演出共举办172台302场，观众数160多万人次；2002年起，举办了15个嘉宾国文化周，2005年起，举办了13个嘉宾省（市、自治区、特别行政区）文化周；2012年首创"扶持青年艺术家

---

① 方军：《城市节日：走进中国上海国际艺术节》，上海交通大学出版社2016年版，第67页。

计划",6 年来共委约 71 位年轻艺术家的 59 部原创作品;2013 年起,举办"青年创想周"活动,共推出 500 多场演出、110 多项讲座和工作坊。超过 60 个国家和地区的艺术家和艺术机构参与第 20 届中国上海国际艺术节,共遴选 42 台节(剧)目参演,其中原创首演为 23 台,遴选 16 台项目参展。从酝酿创生到发展壮大,艺术节不仅在促进中外艺术文化交流方面成就斐然,而且对上海城市文化的形塑贡献良多,未来也将持续参与上海文化城市的建构。

在所有活动模块中,中国上海国际艺术节演出交易会和讲座论坛板块在文化交流方面发挥的作用颇具有典型性和代表性。艺术节演出交易会设有国内演艺节目"走出去"项目视频推介选拔会、境外节目"引进来"项目视频推介选拔会等环节,帮助一批国内优秀的演艺团体、经济公司等机构了解国外演出承办人的需求,更好地进入国际演艺市场,让国外买家充分了解国内前沿演出信息,并实现与国内演艺团体、经济公司面对面的直接交流。交易会期间,主办方还通过提供各类供需信息对接会、网上预约洽谈、观摩后信息交流会等专业服务,帮助交易双方以多种形式达成合作或签约意向。推介选拔会同时也会邀请国内外知名制作人、艺术家、投资人担任甄选评委,为顶尖演艺剧目原创和制作经验交流创造优厚条件。每年,演出交易会平均达成交易意向数百项,国际国内机构平均达成创投意向数十项。2012 年艺术节委约谭盾音乐作品《女书》和 2014 年委约杨丽萍作品《十面埋伏》都是通过演出交易会平台成功走向国际市场。而包括高峰论坛、系列论坛群以及合作论坛和培训班等在内的艺术节论坛模块与演出交易会相辅相成,艺术节论坛议题设置的主题话语忠实反映了全球艺术文化市场的变迁。通过邀请全球演艺行业顶尖文艺人士、专家学者和业界实践者,从理论高度对产业运作、政策发展、原创力提升等问题进行广泛而热烈的讨论,为艺术节的成长壮大提供坚实有力的思想保障和智力支持。此外,由于大多数艺术节策划都是遵循从上而下的路径,与艺术家、当地艺术节以及整个基层社区保持定向联系尤为重要,论坛活动也是维系合作网络、扩大对话沟通的高效途径,并为未来的合作发展奠定重要基础和机遇。总体而言,艺术节各大模块的实践内容各具特色、互为补充,已经成为引领艺术文化领域国际交流和务实合作的一面旗帜,充分践行了对艺术节活动的预期诉求和交流需求。

近日，《关于加快本市文化创意产业创新发展的若干意见》（"上海文创50条"）从打造亚洲演艺之都、提升文化创意节展活动影响力、扩大对外文化贸易等方面，明确要求上海艺术节鼓励新人新作评选活动、巩固重大节展活动国际领先地位、提升区域性重点节展汇聚能力、提升贸易服务能级和平台功能等。《全力打响"上海文化"品牌加快建成国际文化大都市三年行动计划（2018—2020年）》也明确提出了对上海艺术节在扩大重大节展国际影响、提升重大节展国际排名等方面的具体规划。作为中外文化交流的头部平台，艺术节理应对时代赋予的新命题做出更强有力的回应，在东西方文化交流进程中承担更为重要的职能。从酝酿创生到发展壮大，艺术节文化交流品牌的发展不仅贴近艺术节自身的发展逻辑，又与国家城市文化政策形成联动，同时也受到国际艺术文化总体趋势的影响和波及。经过多年努力，艺术节对外交流工作已经形成进出并重、交流贸易辐射面广的良性循环，未来将继续秉持"艺术的盛会，人民大众的节日"的办节宗旨，以夯实文化"码头"、做强文化"源头"为出发点和落脚点，做好做深国际文化交流、中华文化走出去以及"一带一路"沿线国家文化交流等各项工作。

二、中国上海国际艺术节文化交流品牌阶段重点

艺术类节庆活动的兴起本就是全球化带来的影响和结果之一。作为在亚太地区乃至全球享有品牌知名度的国家级艺术节，中国上海国际艺术节在推进各领域、各层次和各主体文化交流方面进行了积极的探索，取得了卓富成效的实绩。二十年中，艺术节文化交流品牌经历了从无到有、从有到精、从精到名的过程。按照艺术节开展文化交流实践活动的阶段性特征，大致可以划分为以下几个时期，体现了艺术节文化交流品牌构建过程与品牌重点的转移。

前四届艺术节（1999—2002）。早期艺术节文化交流重点在于突出国际性、民族性和经典性，将引进国外艺术和弘扬民族艺术相结合，把引进西方高雅艺术和介绍世界各国文化相结合。20世纪90年代初，上海城市规划提出要

初步建成国际经济、金融、贸易、航运中心的国际大都市目标,"四个中心"的发展目标以经济驱动功能为立足点。艺术节的创办恰逢世纪之交,以文化服务经济的目的较为突出,"文化搭台,经济唱戏",以期实现文化和经济的协调发展。在文化交流策略方面,由于是发展中国家相对"后发"的艺术节,上海艺术节广泛吸收和借鉴国外艺术节运作方式和经验,比如组建文化传媒集团参与艺术节运作、推动文化院团和机构管办分离和政企分开等,理顺政府推动、社会支持、市场运作三者的关系,探索适应社会主义市场经济体制的办节模式。在这一阶段中,艺术节初步奠定艺术节高规格中外文化交流活动的基调,致力于借鉴英国爱丁堡、法国亚维农等先进国际艺术节经验,探索节庆的常态化组织运营机制以及中外演出的初级合作模式和发展方向,旨在以艺术节文化交流活动增强上海城市在全球的影响力,自上而下的行政推动作用较为明显,节庆活动在城市文化建设中的功能得到初步认知,对国家文化产业创新体系构建也起到了推波助澜的作用。

第五届至第十届艺术节(2003—2008)。艺术节开始采用双边定点模式推介传统经典艺术产品,与世界分享崭新的艺术形式和艺术语言。各国普遍开展文化外交,中国文化产业和文化市场从世界边缘地带成为世界文化秩序的组成部分。中国上海国际艺术节进入上升期,号召以亚洲新兴文化市场身份抵制节庆文化的全球性娱乐倾向,与新加坡以及中国香港艺术节等的亚洲国家和地区艺术节联盟意识有所加强。通过演艺节目"引进来"和"走出去"的互通有无,使得中国成为世界上成长发展最为迅速的演出市场之一,发掘能以某种方式被西方观众理解并具有独特魅力的中国作品,成为演艺机构和组织策划和运营的重点方向。本土艺术专业和管理人才培养问题得到重视,并创办中国青年艺术节协会,提升了对于演出理论层次的探讨。随着长江三角洲文化联动新概念的首次提出,艺术节创建了长三角文化发展论坛,探讨地域文化资源和成果共享新模式,促进长三角地区构建起统一、高效的文化生产要素市场,为区域文化交流注入强心剂。中国上海国际艺术节真正成为全球商业巡演的重要一站,明确只有通过本土文化的国际化才能保持文化活力,以高峰论坛为切入口,有效促进文化交流的智力支持对演出项目运作的实质性指导意义,并迈向建成展示中华文化艺术精品的窗口和引进世界优秀文化成果的舞台。

第十一届至第十三届艺术节（2009—2011）。这一阶段文化交流重点着眼于艺术节在本土区域特色营造、文化品牌塑造、公共权益保障方面承担的功能，显现出加速融入国际艺术文化市场秩序的强烈意愿。在2010年前后，以世博会筹办和举办为契机，上海明确提出并履行建成文化大都市目标，节事活动与城市发展的关系得到深入探讨，艺术节也开始为充分融入国际艺术文化市场秩序进行预演。在中国准备加入世贸组织之际，为应对西方强势文化产业"市场准入"，聚焦文化领域开放对接国际市场的风险与应对举措，缓解国家文化安全焦虑。当时，全球次贷危机导致各国政府文化津贴和企业赞助经历大幅削减，对各地艺术节和艺术项目的资金募集和观众培育策略都提出了更高要求，艺术节能够有效充当不同利益关联者之间的衔接桥梁，为创造正外部性经济效益不断调试。逆全球化潮流初步涌现，受到全球范围内反思艺术节程式化、同质化思潮的影响，艺术节尝试以地区差异和文化多样性来化解文化身份认同危机。立足新兴文化社区，重视保障文化权益和社会公平，通过开发和激活本土文化资源，激发作为生活方式的城市文化在社区基层发挥作用的可能性。在这一阶段中，文化交流的全球意识催化了艺术节品牌内容拓展，助力城市公共文化体系建构。

第十四届至第十六届艺术节（2012—2014）。由于经济全球化和全球城市化进程带来的文化同质化和去地方化等问题，联合国陆续发表《世界文化多样性宣言》《保护和促进文化表现形式多样性公约》，作为公约的缔约方之一，中国致力于促进不同文明间的对话与交流。在这一背景下，艺术节将文化自省和批判意识融入文化交流，主张在全球化进程中加强对城市文化资源的挖掘和展现，同时反思艺术节在全球城市差异化竞争和创造力营销方面的可能性，并积极寻求应对全球文化挑战和异域文化冲击的解决方案。这一阶段文化交流的核心主张是不同文化间应当尊重彼此差异，追求"和而不同"，才能开展有效沟通、对话与合作。响应和落实建设具有全球影响力的科技创新中心和全球城市新目标，上海文化体制改革不断深化，文化创意产业布局得到优化，以项目推介和洽谈会为抓手，文化投资成为演艺行业的新热点。同时，单靠市场的作用并不能保证保护和促进文化多样性的发展,因此艺术节在文化、商务、外交和新闻出版广播电视等诸多领域对文化多样性的现状进行梳理和总结,规划文化交流与发展的可持续道路,推进世界眼光、亚洲经验、中国特色、上海作用理念在艺术节的落地。

第十七届艺术节至今(2015至今)。艺术节积极响应国家"一带一路"倡议,以新媒体信息技术为助力,探索艺术文化产业的国际化经营道路。"一带一路"倡议作为中国版的全球化方案,需要在政策沟通、设施联通、贸易畅通、资金融通和民心相通的前提下实现落地。与此同时,全球艺术文化联系和依存更为紧密,艺术节文化交流的重点在于用世界语言述说中国故事,深挖中国文化符号内涵,在国际文化层面予以差异化表达,提升中华艺术文化海外传播的核心竞争力,在释放文化体制改革创新红利的基础上,发挥文化资源与技术融合的后发优势,推广以互鉴共荣为内涵的文化共识,向世界发出中国声音。在产业形态方面,从"文化搭台,经济唱戏"的初步构想转向产业搭载"文化+"策略,在艺术取向方面,由弘扬高雅艺术、民族艺术向雅俗共赏的当代艺术和现实文化转化,在交流策略方面,从介绍引进世界优秀文化向共享人类文明成果转移。通过实践创建"一带一路"艺术节联盟的构想,中国上海国际艺术节已经成为"一带一路"沿线国家城市开展艺术文化交流的主要平台和载体,在长三角区域内为建成世界一流超大城市群和"一带一路"门户枢纽添砖加瓦,从而在协同国家及城市文化规划层面做出更大贡献。

三、"一带一路"艺术节文化交流品牌建设

自"一带一路"倡议提出以来,艺术节积极贯彻落实服务国家战略与大国外交方针,旨在促进文化交流互鉴、交融共存,为实现文明复兴、文化进步、文艺繁荣提供持久助力,为国家和地区间的多边合作提供更深厚的精神滋养,开辟具有战略意义的艺术文化舞台,推广建立更多的人文交流机制,放大这一倡议对艺术文化交流发展产生的正向溢出效应。为此,艺术节在"一带一路"文化交流品牌建设方面采取了一系列举措,向各国和各地区艺术节传递了携手

并进的强烈信号，"一带一路"艺术节文化交流品牌建设初现成果。

2015 年年初，中国上海国际艺术节即发起建立"丝绸之路"国际艺术节合作网络，总计获得来自 18 个国家 22 个艺术节和文化机构的热烈响应，并初步提出"丝绸之路"国际艺术节合作创意。2016 年，这一合作网络进一步扩大，共有 30 个带路国家 60 多家艺术节和重要的文化机构参加了艺术节联盟。在此基础上，经过两年多的不懈努力，"丝绸之路国际艺术节联盟"在 2017 年第十九届中国上海国际艺术节期间正式成立，成为"一带一路"沿线国家艺术节互联互通、共创共享的合作实体、联系网络与服务平台，共有来自 32 个国家和地区的124 个艺术节和机构加盟。"丝绸之路国际艺术节联盟"的成立标志着"一带一路"文化交流合作机制的创新，这一组织将致力于通过国际艺术文化的纽带，连接并推动包括"一带一路"沿线国家及更大范围的国际文化交流与合作，探索艺术文化的创新动力，实现沿线各国在艺术领域多元、自主、平衡、可持续的发展。

2017 年 10 月，在"一带一路"国际艺术节发展论坛上，中国上海国际艺术节还就"丝绸之路国际艺术节联盟"的具体运作提出了初步规划和设想。一是通过签署双边、多边的合作协议、备忘录等形式，在联盟成员国家和地区举办不同的艺术节、文化周活动来辐射更广泛区域，吸引更多艺术节和文化机构加入联盟。二是在基于自愿的相对松散型合作网络的基础之上，建立高效、规范的联合工作机制，有效搭建起信息的集聚中心、传播中心和交流中心。三是开展务实多样的创新服务工作，以艺术节和上海艺术舞台的交流平台为窗口，展示、推介、遴选和表彰优秀作品，逐步形成各个艺术节之间相互推荐、相互评审和相互巡回演出的长效机制。四是建立"丝绸之路国际艺术节联盟"艺术家和艺术项目数据库，并辅以多种形式的论坛、培训班、艺术教育等活动推进艺术文化的传播，深化人力资源、市场信息、理论架构、实践操作等诸多维度的交流，为实现文化贸易、推动创新发展的建立获取更为广泛的共识。五是以节目交易会和项目洽谈会为依托，广泛拓展对外艺术文化贸易，切实让更多本土优秀剧目走向海外商业演出市场和艺术节表演舞台，实现在剧目交流和人员交流方面更深度的融合。

2017 年至 2018 年，丝绸之路国际艺术节联盟新增中国香港新视野艺术节等成员 33 家,截止到目前共有 41 个国家和地区的 157 家艺术机构加入联盟。除了持续的合作网络规模扩大,2016 年以来艺术节与其他艺术节和文化机构签订的"'一带一路'双边合作协定"也在不断践行之中:三年来,国内多家演艺机构和院团从艺术节平台进入到"一带一路"沿线国家和国际演出市场,受邀参加了包括印度德里国际艺术节、匈牙利布达佩斯之秋艺术节、英国南岸艺术中心、中国变奏艺术节、澳大利亚阿德莱德艺术节、罗马尼亚锡比乌国际戏剧节、格鲁吉亚第比利斯国际戏剧节等节庆活动在内的演出和城市活动。此外,借助艺术节原有平台特别推出的"一带一路"版块,每年从演出展览到合作洽谈签约,从论坛研讨到演出项目专门推介,全方位推进双边和多边合作交流,落实了众多合作意向。联盟成立至今,达成双边文化合作协议 4 个,中国原创优秀节目"走出去"演出 15 场,达成相关合作意向 100 多个。充分运用艺术节平台资源网络积极推动中华文化"走出去",推动落实多项海外演出项目,如艺术节委约作品谭盾微电影交响诗《女书》、张军当代昆曲《我,哈姆雷特》、艺术节"扶持青年艺术家计划"委约作品王亚彬现代舞剧《青衣》、音乐电影《斩·断》等分别赴匈牙利布达佩斯之春艺术节、匈牙利布达佩斯之秋艺术节、印度德里国际艺术节、乌兹别克斯坦东方旋律音乐节、捷克布拉格之春音乐节等知名"一带一路"沿线国家艺术节演出。

2018 年,第二十届艺术节论坛召开了题为"新格局、新作为、新世代"的主旨论坛暨丝绸之路国际艺术节联盟第一次年会,共同探讨"丝绸之路国际艺术节联盟"成立一年来取得的成果和实绩,并基于现有平台资源和共同繁荣的愿景,落实在节目展演、合作制作、共同委约、人才培训等方面的具体合作意向以及扩大合作、深化交流的行动指南。年会首倡丝绸之路国际艺术节联盟合作计划,提出五项具体的工作设想:一是形成多元共享的文化合作网络,建立全球参与、合作共赢、普惠民众的文化合作网络,促进文化多样性;二是基于合作网络,建立高效、互动、规范的联合工作机制,为联盟成员提供优质服务;三是开展务实多样的创新服务工作,以各联盟成员机构为窗口,展示、推介、遴选、表彰优秀作品,逐步形成成员间相互推荐、相互咨询、相互巡演的体系;四是建立新作孵化和人才培养新平台,通过跨地区、跨界合作,进一步推动艺术创新和技术革新,鼓励联合委约和联合制作;五是通过务实的剧目演出和人员交流活动,推动更大范围内的文化贸易。在贯彻落实上述举措的基础上,使联盟真正成为各成员国家和地区艺术作品生产创作的基地与首演平台。

除以上各平台活动以外,2018 年,中国上海国际艺术节与斯洛文尼亚卢布尔雅那艺术节、波兰格但斯科莎士比亚戏剧节、格鲁吉亚第比利斯国际戏剧节、意大利斯波莱托两个世界艺术节、立陶宛爱乐协会签订合作协议,就互邀演出、艺术节总监互访交流、培训、论坛嘉宾邀请、专业创作交流、青少年艺术教育项目交流合作、互办文化周等各专业活动达成明确的合作意向。在主板演出环节,第 20 届中国上海国际艺术节延续与"一带一路"沿线国家开展文化交流的传统,罗马尼亚锡比乌国家剧院《俄狄浦斯》、格鲁吉亚科捷·马加尼什维里国立戏剧院《皆大欢喜》、立陶宛室内乐团、华沙交响乐团等都将在艺术节举办期间在沪亮相。在联盟合作框架的主导下,沉浸式越剧《再生缘》赴罗马尼亚演出,赵梁现代舞《舞术》赴格鲁吉亚演出,中波合作舞蹈夏令营圆满举行,中国大学生赴罗马尼亚锡比乌国际戏剧节"学生观剧团"成为长效化交流活动。未来三年,艺术节计划每年形成 1 至 2 项合作演艺项目,在联盟内艺术节平台交流互演。

今后艺术节将在丝绸之路国际艺术节联盟基础上,不断扩大"朋友圈",深度挖掘双边多边合作交流机会,运用"一带一路"合作机制以及爱丁堡艺穗节"聚焦中国"活动,讲好中国故事,促进"一带一路"沿线国家艺术节交往与交易,形成文化交流、文化传播、文化贸易协调发展态势,开展更深入的多领域合作,实现互利共赢,助力打造人类命运共同体,提升中国当代艺术文化在全球的整体性话语权和影响力。

四、中国上海国际艺术节对外
文化交流品牌提质对策

艺术节已经成为全球文化城市的标配活动性质的存在,并以其丰富多元的表现形式,成为展示和丈量人文情怀和精神价值的文化尺度。从一个国家或者地区的艺术节之中,能够探寻出一个城市居民的生活逻辑、情感脉络、价值取向和城市精神①。中国改革开放已经进入到攻坚阶段,为保障人民群众的基本文化权益和更高层次的精神文化需求,需要加强文化建设的探索和实践。国内各地节庆活动层出不穷,充分展示了处于大繁荣大发展时期中国当代文化艺术开放、自信的面貌,势必对文化交流事业产生巨大的推动作用。中国上海国际艺术节作为国内节庆活动的先行者,在拓展对外文化交流渠道、巩固与加深演艺行业内部沟通与合作以及提高文化交流层次和水准等方面积累了大量的丰富经验,为将来光明的合作前景打下了坚实的基础。

中国上海国际艺术节在贯彻落实"一带一路"倡议、构建对外文化交流品牌方面的主要实践做法可以归结为:召开"一带一路"国际艺术节发展论坛并达成务实共识;扩大丝绸之路艺术节联盟规模,积极推动和落实与"一带一路"沿线国家艺术机构双边合作;依托联盟内部演出交易会平台,持续推动优秀中国演艺作品"走出去";召开"丝绸之路国际艺术节联盟"年会暨节目推介会;在交流互访、联席会议、备忘录签署等方面建立长效化机制,完善"一带一路"文化交流合作平台。未来艺术节将继续在平等、包容和尊重文化多样性的基础上,构建与"一带一路"沿线国家和地区艺术人文交流合作的新途径,其文化交流品牌战略提质任务有望从以下几个方面加以夯实和落地。

第一,是加强对"一带一路"沿线国家和地区艺术节和演艺活动及文化政策的了解。中国有积极参与全球文化秩序构建的积极意愿,为促进多元文化在世界舞台的交融,需要打造更加符合沿线国家和地区民众需要的文化艺术产品,同时用海纳百川的精神充分吸纳和借鉴外来文化的精华,以利加强世界艺术领域的合作与交流,多层次、多渠道、全方位地向世界展示中华文化的独特魅力,将不同文化间的差异性转变为加强共识、增进合作的优势所在,从而构建以民族文化为主体,吸收外来文化的文化交流格局。"一带一路"沿线国家和地区情况在在不同,艺术文化发展水准亦参差不齐,只有深入了解对方艺术节和演艺产业运营现状,精准把握当地的文化政策,才有可能在互融和互鉴

---

① 陈圣来等著:《艺术节与城市文化》,上海社会科学院出版社 2013 年版,第 103 页。

中谋求共同发展,建立起深厚信赖的合作关系,以期促进双边多边文化交流、传播和贸易协同发展。

第二,以艺术文化产业化发展助推艺术节文化交流进程。在中国当代文化建设的实践中探索社会主义文化发展的科学道路,需要遵循艺术文化创作的客观规律,扩大艺术文化消费内需,改善文化产品和服务供给需求状况,提升艺术节市场化运作程度。例如,变政府或事业单位补贴式基金为产业孵化资金,促进艺术产业资源配置和资本流动;联同文化企业或企业文化创投部门,强化艺术文化创意产业发展和孵化,拓展战略合作关系;引领以艺术节活动为中心的文化消费转型升级,发挥文旅一体化带来的经济乘数效应;依托论坛或联席会议平台,创新演出赞助体系,挖掘品牌衍生商业价值,甚或出口品牌许可到其他地区。只有充分调动市场多元力量,才可能形成可持续的、有吸引力的办节和交流模式,激发更多的艺术文化创造力。

第三,改善艺术节新媒体数字化运作程度,建立数字驱动艺术节营运模式。新媒介已经深刻地改变了当代艺术文化生产、传播和消费各环节链条。参与全球文化治理,重建艺术文化秩序,必须要将数字化技术和社会化媒介要素纳入到文化交流的内容之中,协同现场物理展示空间和线上虚拟视听空间,拓展艺术文化数字信息消费空间,包括尽快建立和完善艺术节历年活动和作品线上数据库;加强艺术节网站和新媒体平台建设,拓展非本地受众的渠道可达性;艺术节演出展览营销各环节向信息化进行深度调适;鼓励运用数字技术的创新作品;对现有版权内容进行数字化,开发新的知识产权;采纳交互协调、知情共享的推广模式,拓展艺术节数字分发渠道;探索虚拟现实和沉浸式技术的存档和再现途径,打造艺术节数字品牌等等。

第四,积极借鉴国际一流艺术节文化交流先进经验和做法,勇于开启人文交流新时代。目前,中国上海国际艺术节已经走过二十年寒暑春秋,正处于转型升级的关键时间节点。2006 年,《爱丁堡艺术节影响力升级战略报告》(《雷霆计划》)明确提出,具有先发优势的爱丁堡艺术节面临激烈竞争和外部环境变动,需要定期调整品牌战略重点,以维持其世界顶尖的品牌价值。2015 年,《雷霆计划 2.0》在回顾爱丁堡艺术节七十年发展历程的基础上,将艺术节下一个十年的战略重点之一放在艺术节在国内及全球之中的定位问题,要求立足于已有的组织机制和常设机构,有效建立更为广泛的海内外联系。综观国际一流艺术节的发展路径,艺术节在文化交流战略方面的阶段性调整为大势所趋。未来应以上海艺术节平台为中心,构建艺术文化共同体,塑造城市文化传播体系,嫁接先进办节经验,发挥节庆活动的制度性影响力,提高与不同背景艺术文化的对话能力,把艺术节文化交流品牌化活动纳入到中国全球文化传播规划的整体版图之中,为打造联系更为紧密的艺术文化命运共同体贡献力量。

8

"一带一路"倡议下如何打造
中国"文化交流品牌"

——以"丝绸之路文化行"为例

张政君[*]

摘　要　"丝绸之路文化行"是一项积极响应"一带一路"倡议,坚持文化先行、民心相通、促进世界各民族文化交流的跨国活动,同时也成功地打造了中国"文化交流品牌"。本报告聚焦"丝绸之路文化行"品牌介绍、"丝绸之路文化行"品牌质素、如何打造中国文化交流品牌三个方面,论证"丝绸之路文化行"是如何通过不同文明之间的相互激发、相互滋润,加强了中西方文化艺术的深层次交流对话,推动了中西方文化艺术之间的互鉴和学习,体现"丝绸之路文化行"项目在向世界讲好中国故事,让世界了解当代中国的风姿和情韵,使"丝绸之路"在传播中华现代文明的过程中再度焕发生机等方面做出的重要贡献。

关键词　"一带一路"　丝绸之路文化行　中西方文化交流　女性艺术

一、"丝绸之路文化行"品牌介绍

为积极响应国家"一带一路"倡议,发展"面向现代化、面向世界、面向未来"的文化,由中国国家对外文化交流基地、上海国际文化学会、上海社会科学院文学所与西班牙与马耳他中国文化中心联合举办的"丝绸之路文化行——

---

*　张政君,上海社会科学院文学研究所文艺学硕士生,研究方向为现当代中外比较文学。

水墨中国展"和"丝绸之路文化行——'爱情密码'与中国当代女性艺术展"分别于 2017 年 3 月 24 日和 26 日在西班牙马德里和马耳他瓦莱塔揭开帷幕。继此次成功举办画展之后,"丝绸之路文化行"世界巡展项目也在海上丝路国家首次闪亮登场。2017 年 11 月 27 日和 30 日,"丝绸之路文化行——中国当代女性艺术"世界巡展分别在斯里兰卡科伦坡和泰国曼谷成功举办。

"丝绸之路文化行"巡展展出的作品主要有三大主题系列。第一个主题是当代艺术家传承中国传统绘画艺术的新水墨画。2017 年 3 月 24 日—4 月 23 日,在西班牙马德里中国文化中心举行的巡展开幕式上,中国驻西班牙大使吕凡在致辞中对此次巡展表示了高度赞赏,并衷心祝愿"以传承和革新为主题的新水墨艺术展成为连结中西的文化丝绸之路中一道亮丽的风景"。西班牙"水墨中国展"展出了数十幅由当代中国画家创作的风格各异的新水墨作品,画风或才思玲珑,笔意大方;或借景自省,温婉细腻;或诗画契合,或以书入画,充分体现了水墨传统在当今世界的延续和融汇了西方绘画元素的新意。中国当代知名水墨画家郑登桥在画展上即兴创作了一幅水墨作品,策展人武树现场向观展宾客讲解了中国水墨画的传统技法、艺术特色及其在当今中国的衍变和创新,中西艺术家围绕中国水墨传统、中国新水墨的创新等饶有兴致地展开了切磋交流。

"丝绸之路文化行"的第二个主题是以女性为主题的绘画作品。这一主题荟萃了不同年龄、不同风格、不同层次的中国当代女性题材的作品,既有女性艺术家所表现出的细腻、时尚、灵敏和执着,也有男性艺术家在女性题材的艺术叙事中所表达的对女性的探寻、解读和赞赏。比如著名画家陈家泠的女性题材作品,就是女性艺术表现领域的一种拓展与升华。

第三个主题是将女性与爱情联结,表达当代女性对爱情的理想追求,将当代女性艺术家的油画作品与云南传统艺术"坡芽歌书·爱情密码"的图符并置展出,呈现了非遗文化与当代文化的对歌式融合。

三大主题从不同的视角展现了传统与当代艺术之间的延续、变迁和更新的关系。以艺术为载体,展开传统与现代、东方与西方的对话,是"丝绸之路文化行"的品牌寓意所在。2017 年 3 月 27 日—4 月 25 日,在第二站马耳他瓦莱塔中国文化中心举办的第二次巡展"'爱情密码'与中国当代女性艺术展"上共有 500 人参展,中国驻马耳他大使姜江、国家对外文化交流研究基地主任陈圣来①、马耳他中国文化中心王彦军主任,以及来自中国和马耳他的艺术家和文化评论家出席了开幕式。在开幕式演出中,曾获得 2016 年第九届世界合唱比赛无伴奏民谣组金奖的云南"坡芽歌书"合唱团演唱了"坡芽歌书",立体呈现了"坡芽歌书"这一中华传统文化瑰宝的艺术魅力。在"坡芽歌书"天籁般的歌声中,中国当代年轻的女画家罗逸即兴登台,与"坡芽歌书"无伴奏演唱组一起用富有创意的声乐组合演绎了当代中国女性对艺术和历史的深思,赋予画展以一种新颖别致的诠释。

巡展的第三站与第四站分别在斯里兰卡与曼谷的中国文化中心举办,参展人数分别为 800 人与 1 200 人。中国驻斯里兰卡大使馆文化处负责人刘东、斯里兰卡中国文化中心主任乐利文、斯里兰卡驻联合国前大使帕利塔·科霍纳(Palitha Kohona)、班达拉奈克国际问题研究中心前主任卡布拉尔(Ranjith Cabral)、中国驻泰国大使吕健夫人潘鹏参赞、泰国前副总理、泰中文化促进委员会主席披尼·扎禄颂巴、中国驻泰国文化参赞兼中国文化中心主任蓝素红等领导出席。泰中文化促进委员会主席、泰国前副总理披尼在开幕致辞中表示,"丝绸之路"是跨文化的沃土,不仅仅是物理层面的一条路,还是一种融合不同视觉、理念和文明的符号,希望此次展览能更好地促进两国文化艺术的交流。泰国文化部当代艺术与文化办公室主任 Darunee 说:"我觉得这是一种最好的方式,让泰国人更好的去了解、认知中国文化。"②

"丝绸之路文化行——'爱的密码'中国当代女性艺术世界巡展系列活动"是一项积极响应"一带一路"倡议,坚持文化先行、民心相通、促进世界各民族文化交流的跨国活动。以中国传统艺术与当代女性艺术跨越千年的相遇和对歌为理念,将中国非物质文化遗产"坡芽歌书"与当代女性艺术相融合,向世界充分展现传统艺术与现代艺术的演绎与传承、民俗女性艺术与先锋女性

---

① 陈圣来,国家对外文化交流研究基地主任、上海国际文化学会会长、上海社会科学院文学所原所长、研究员。

② 《中国当代女性艺术画展世界巡展来到泰国〈坡芽歌书〉惊艳现场》,云视新闻,http://www.sohu.com/a/208191857_248772,2017 年 12 月 3 日。

艺术的交流与碰撞。同时,也邀请展出国的相关艺术家、学者参与活动,以构成中外女性艺术的"对话"。

二、"丝绸之路文化行"品牌质素

"丝绸之路文化行"作为一个国家交流品牌,取得了极大的成功。因此我们有必要了解品牌建构的特色,深度剖析其品牌质素。

(一)东方与西方的跨界结合

这体现在西班牙"中国新水墨画展"。新水墨画是中国画坛近年崛起的一门艺术,特别在几年前,纽约大都会博物馆举办了由"水墨画"命名的中国艺术家的集体群展,苏富比和索斯比两大全球顶级拍卖行推出了以"水墨"命名的中国艺术专场,更为这一艺术推波助澜,使其持续升温,居高不下。北京等地还举办该新水墨画的双年展,其他城市也纷纷效仿。水墨本身是传统中国画的特殊媒介,是中国画家自我精神表达的载体,是中国艺术家民族文化身份的标识。加入"新"这一字,以传统的美学理念和传统造型艺术为基点,在大胆挪用西方现代艺术方法论的同时,通过对传统的改造,进而开拓出水墨发展的新天地。新水墨画不囿于原有的规范和技巧,突破了"只把水墨当作一种符号和资源"的传统,打破了原有的写意和程式,通过解构与重组,展现了极富创造性的意象,关照当下社会生活,凸显对精神世界的探索与追求,以其深刻的文化批判意识,昂扬的生命激情和带有强劲冲击力的视觉形象而独步画坛,成为中国画坛中的一支劲旅和流派。

中国的水墨画在马德里绽放,将东方水墨与西方表现主义和抽象主义结合,把中国当代新水墨艺术的历史传承与新时代探索勾连起来,体悟中国当代艺术与世界上其他国家当代艺术之间的共振和差异,更好地让西方了解中国传统文化。传统水墨正经历一个蜕变、转型的过程,是一个可以接纳新观念的实验基地。在这个出走与回归的过程中,在这个创新和继承的抉择中,在这个集纳和排异的碰撞中,中国水墨画将很可能实现新的涅槃。正如陈圣来主任在西班牙"水墨中国展"前言中所说:"丝绸之路是一种跨地域跨民族跨文化的交流,而这种跨界就是异质的融合、渗透、激活、嬗变,这与新水墨艺术具有内在潜质的沟通,丝绸之路文化行将和中国新水墨艺术相辅相佐,此次巡展系列活动是对'丝绸之路'开创的文明之旅的延续和拓展,以期通过不同文明之间的相互碰撞,相互滋润,加强中华文化与异域文化的交流。"

为增进西班牙民众对中国文化艺术的审美理解,展览现场,当代水墨画大师郑登桥即兴创作了一幅新水墨作品。即便语言不通,也阻挡不了西班牙观众探索东方文化的渴望。艺术是共通的语言,新水墨画作为一个媒介,不仅让中国艺术家在国际文化环境中获得这种"身份感"和"家园感";也用独特的叙事角度向世界讲好中国故事,让世界了解当代中国文化的风姿和情韵,使"丝绸之路"在传播中华现代文明的过程中再度焕发生机。

(二)传统文化与当代文化有机结合,民俗与先锋相互碰撞,迸发出奇妙火花

"丝绸之路文化行——'爱情密码'与中国当代女性艺术展"将"坡芽歌书·爱情密码"与当代女性艺术相融合,以"非遗文化与当代文化的融合是一种创新"为主题,运用架上绘画的静态展览结合民族特色鲜活表演这一"动与静"的形式向世界充分展现"传统艺术与现代艺术的演绎与传承""民俗女性艺术家与先锋女性艺术家的交流与碰撞",向世界讲述不一样的中国梦,让世界了解中国优秀传统民族文化的精神内涵与价值构建,传播中国当代女性艺术植根于中国传统文化,融会中西方文化的独特艺术风格,展示新时代下"丝绸之路"的中华现代文明。

云南省文山州拥有丰厚的历史文化、独特的自然风貌和多彩的民族风情。其中,富宁壮族的坡芽歌书作为国家级非物质文化遗产,被"拼音之父"周有光誉为"文字之芽"的爱情密码,是迄今为止发现的唯一用图画文字记录民歌的文献。它由月、树、稻谷、犁、禽等81个图画符号构成,代表81首爱情歌曲,用独特的艺术表现形式承载了壮家儿女天籁欢歌般的爱情密码。这种当初用仙人掌果汁绘成的文字图画与当代文山女性艺术一起在中国当代女性艺术世界

巡展中展出,其重要意义就在于把中国当代女性艺术的历史传承与当代探索勾连起来,并放置于国际语境中考量,就是为了体悟中国当代女性艺术与世界上其他国家女性艺术之间的共振和差异,通过与沿线丝路国家女性艺术家的对话交流,展现当代中国女性对爱情生活的独到见解与自由追求。纵观各类海外交流的成功经验,只有植根于民族特色文化,同时融合兼并当代东西方文化,才能赋予文化品牌更为持久的创造力和生命力,在视觉上也更具观赏性,更易于海内外各界人士的品鉴与喜爱。

与"爱情密码"共同展出的当代中国女性油画作品则展现了中国新一代女艺术家的风采,体现了中国改革开放以后先锋派女性对爱情生活的理念,本次参展有陈明园、陈小丹、储楚、黄河等8位风格迥异,各具特色的女性画家的28幅作品,正如陈圣来主任在画展前言中所说,本次画展的作品"有的率性童真,有的悲情忧郁,有的艳丽妖娆,有的质朴平和,有的朦胧迷离,有的直抒胸臆……她们不受任何陈规陋习的束缚,在艺术叙事上更趋大胆、新颖和自我,她们有更宽广的国际视野,更包容开放的艺术胸襟,更执着不渝的文化自信。面对中国文化多元下性别建构机制的重塑,面对消费社会冲击下当今价值观念的再造,面对信息革命带来狂飙突进式的文化嬗递,中国的当代女性艺术试图做出它们不同凡响的应答"。值得提及并推崇的是除了这些优秀的女画家,还有许多男性画家也积极加入女性艺术的叙事行列,表达了对女性的理解、描述和赞赏。比如陈家泠这样的名家的女性艺术作品,这是女性艺术表现领域的一种拓展与升华。由此,"爱情密码与中国当代女性艺术展"通过女性艺术绘画的独特叙事向世界讲好中国故事,让世界了解了当代中国女性的风姿和情韵,彰显中国新世纪女性自尊、自信、自立、自强的新女性精神,使"丝绸之路"在传播中华现代文明的过程中再度焕发生机。

(三)学术活动与艺术活动有机结合,艺术与文化有机结合,彼此穿插进行,加深了交流的程度,加强了交流的效果,方便受众更好地了解中国文化

本次"丝绸之路文化行"巡展均有当地学者参加,每一次展出都搭配相关的

学术论坛。如同期在中国驻马耳他大使馆举办了专题讲座，陈圣来主任做主旨演讲，中国驻马耳他大使姜江出席会议，马耳他艺术评论家 E. V. 博格发表了题为《跨文化孕育》的演讲，指出历史上由马可·波罗等前辈开创的中西对话，在艺术、文化、外交、商贸和"丝绸之路"的推动下，现已成为更加具体务实的交流。在斯里兰卡站巡展期间举办了以"一带一路背景下的人文交流"为主题的论坛，多位专家、学者畅所欲言，围绕文化传统与现代表述、中外艺术审美比较、跨文化交流等相关主题展开了交流，回顾了丝绸之路的历史与发展机遇，阐述了对"一带一路"倡议背景下中国与"一带一路"沿线国家和全世界国家的文化间相互交流、相互碰撞、相互滋润的思考与认识，并回答了现场听众提出的问题。在泰国曼谷站巡展期间举办了以"中国传统艺术及其海外传播"为主题的讲座，由中国著名画家陈家泠演讲，介绍了他的学艺经过，给观众留下了深刻而美好的印象。还在现场放映了纪录片《佛缘》，反映了艺术大师陈家泠登临"三山五岳四圣地"以及赴西藏实地考察写生的生动画面。陈大师在山间或拾级而上，或蜿蜒前行；或拍照写生，或与高僧方丈侃侃而谈，引发了泰国观众的赞叹。

（四）丰富多样的艺术创作手法和表现形式

"丝绸之路文化行——'爱情密码'与中国当代女性艺术展"充分地将架上与综合材料、装置艺术、影像与真人行为艺术秀等交融汇合。首先，音乐与绘画相结合。来自云南的歌手以天籁之音演唱了"坡芽歌书"壮族组歌，在动听的歌声中，当代女画家即兴上台进行绘画，亦歌亦画地呈现了"坡芽歌书"这一爱情密码的独特艺术魅力，双方共同谱写了优美的女性艺术华章。其次，著名画家陈家泠的女性题材的架上作品与其手绘旗袍，真人走秀同时展现，其手绘旗袍在女模特的身上显得曼妙无比，走出了中国文化的新风采，展示了中国传统文化的精髓。

三、如何打造中国文化交流品牌

经济全球化浪潮汹涌的今天，文化市场上的大量产品出现了主题、内容、风格的趋同性,只有品牌才是文化产品独一无二的标志。而品牌的缺失是制约我国文化贸易发展的一个瓶颈,也是当前我国文化贸易中存在的一个严峻的现实。中国文化要想走出去,向世界讲好中国故事,必须打造属于自己的品牌。文化多样性是当今世界发展的趋势,"一带一路"倡议不仅需要政策、设施、贸易、金融和民心"五通"的协同推进,而且需要文化传播与交流合作的先行。在此意义上,我们总结"丝绸之路文化行"文化交流品牌的经验,为推动中国文化走出去,打造中国文化交流品牌出谋划策。

(一)中国传统文化的现代化及其在异域的旅行

传统文化是民族的鲜明特色,经过长时间的沉淀,代表了国家的历史文化底蕴。推动中国文化在国际语境的传播离不开传统文化的推动作用。如果要让传统文化在当代不断焕发生机,就必须与现代化相结合,与先进文化相结合,立足于当代,切合全球前沿热点,讲好现在进行时的中国故事,让中国文化走向世界,从而向其他国家传递我们的价值观。

首先,女性主义、女性意识近来在全球大热,成为一种流行思潮。本次"丝绸之路文化行——'爱情密码'与中国当代女性艺术展"正是找准时机,贴合女性主义的热点,让国外的观众更容易接受,从而产生共鸣。其次,所有的当代艺术、现代艺术,它都不是凭空产生的,而是有着历史的传承。本次"丝绸之路文化行"将云南文山州的坡芽歌书与当代女性画作结合,在海外进行文化的交流与传播,这样可以看到我们当代女性艺术的源远流长。不仅深度挖掘坡芽歌书的文化精髓,让世界更好地了解中国优秀传统民族文化的精神内涵与价值构建,更了解中国的传统文化底蕴,促使坡芽文化成为中国乃至世界民族文化的瑰宝;还通过以女性为主题的油画,展现了当代中国女性的卓绝风采。

(二)女性视角在文化传播中的独特魅力

女性艺术是社会生活的敏感神经,她带着女性的细腻、时尚、灵敏和执着,传递社会的脉动,蕴藉人间的温馨,用性别叙事讲述自己独特的生活理念。"爱情密码"与中国当代女性的画作体现了中国女性从古至今的对人生不断的探求,表现当代中国女性的自信与自强,在她们的笔端既有对前辈文化传承的认同,更有对传统艺术脱胎换骨的追寻。国家对外文化交流研究基地陈圣来主任认为,无论是追溯当年的丝绸之路开通,还是联想当今"一带一路"的延伸与拓展,都是在构筑人类命运共同体。而在这样的构筑过程中,女性有着举足轻重的作用,因为爱美是人的天性,也是人的权力,对女性尤甚。女性这种对美的见微知著的洞察力和表现力有时常常超越男性,这就是女性艺术的神魅所在。① 文化是人类生存智慧、生活方式、人生价值的表达,用女性的"性别身份"关注社会发展和时代变迁,透过中国当代女性艺术,关注她们的生存状态、思想情感、理想追求,引发对中国社会发展进步的思考,以及共筑世界人类精神文明家园的期盼。所以,如若想提升文化交流品牌的效用,应当寻找恰当的文化传播视角,不墨守成规,用不同的角度传播为文化交流注入新鲜活力。

(三) 创新文化传播的载体

文化交流传播的本质是讲故事,将中国文化通过类似讲故事的形式,分享给海外国家。讲故事的载体有很多,我们要寻找最佳载体去进行有效地沟通,而艺术在跨民族交流方面具有得天独厚的优势。在面对异质文化时,语言可能无法交流,文字也可能无法传情达意,但是绘画与音乐却是全世界范围内最好的交流工具,有着强烈的共通性。即使在语言不通的情况下,它也可以很好的带给观众感官刺激,继而产生心理、情感的影响。所以在面对中国新水墨画、中国当代女性画以及无伴奏演唱歌曲坡芽歌书时,观众会产生强烈的共鸣与共振。就像一位泰国观众在欣赏完展出后,表示"非常美,身心都很愉悦。艺术家们让我感受到了不一样的中国,我感到她们是用心灵在创作。"②

(四) 民间外交的重要性

民间外交是由非官方的机构、组织和个人所从事的对外交往活动;其交往

---

① 陈圣来:《"爱的密码—斯里兰卡画册前言"》,演讲稿,2017 年 10 月 27 日。
② Emily:《丝绸之路文化行——中国当代女性艺术世界巡展—泰国展》,环球文化网,http://www.hqwhw.com/news_info.asp? id=11267&smallid=6&bigid=2,2017 年 12 月 14 日。

的对象主要是外国的非官方机构、组织和个人;其活动配合中国官方外交的发展,或符合中国官方外交的趋势,促进人民之间的友谊、理解与合作,为中国外交赢得国际民心民意的支持;通过参与全球治理促进世界的和平与发展。① 中国民间外交具有民间性、开放性、基础性、灵活性,"丝绸之路文化行"巡展是民间和官方共同举办的,由非官方机构对外文化交流研究基地和上海国际文化学会主办,得到了展出地中国文化中心的场地支持和中国艺术基金的资金支持,其他主要合作单位还有上海江莱国际商务会展有限公司、杭州孤山汇文化艺术有限公司、中共富宁县委宣传部、文山州文化广播体育局、富宁坡芽文化研究所、徐汇艺术馆、文山州十全八美女性艺术团体、上海三龙文化艺术传播有限公司、上海道伊创意文化传播有限公司、在路上旅业等。正是因为有民间机构的大力支持与协助,协同配合官方外交的工作,扎根基层,潜移默化,才为中国赢得了国际民众的支持。官方外交与民间外交二者相互协调,相互支撑,对外国社会民众做好了交流沟通、争取人心的工作。

(五)品牌打造的持续性与宣传渠道

品牌的打造需要持之以恒的坚持与沉淀,"丝绸之路文化行"巡展从 2017年 3 月 24 日起持续至 2017 年 12 月 24 日,贯穿一年时间,分设为西班牙、马耳他、斯里兰卡、泰国 4 个分站,持续性长久,加强了中国文化与海外交流的效果。在媒体宣传推广方面,对现有的影像宣传资料进行了剪辑制作,作为"坡芽歌书"的官方海外宣传片在现场循环播放;除此以外,为了使海内外媒体能够更为广泛深入地宣传"坡芽歌书"的文化精髓,提供了与之相关的详尽文字说明稿,在海内外报纸、网站进行推广。中共中央政治局委员、中央书记处书记、中央宣传部部长刘奇葆在推动中华文化走出去座谈会上明确指出:"推动中华文化走出去,是一项复杂的系统工程,需要方方面面共同努力。要坚持政府主导、企业主体、市场运作、社会参与,统筹国际国内两种资源,用好文化交流、文化传播、文化贸易三种方式,凝聚政府、企业、社会组织和个人四方力量,

---

① 俞新天:《论新时代中国民间外交》,《国际问题研究》2017 年第 6 期。

着力构建全方位、多层次、宽领域的文化走出去格局,增强中华文化国际影响力。"所以,打造文化交流品牌应该利用一切可以利用的媒体力量,营造宣传我国文化品牌的舆论强势,最大限度地将文化品牌推向国际市场,延伸和扩展文化品牌的人文和经济属性,让民族文化品牌成为世界级品牌,实现文化品牌价值的最大化。

"一带一路"这一概念是从我国几乎家喻户晓的"丝绸之路"延伸扩展而来的。是新形势下中国实行全方位开放的一大创新举措,也是中国向世界发出的一项真诚的倡议。我们希望通过"一带一路"倡议的实施,建立起与沿线65个国家的合作对话机制,发展更加平等均衡的新型全球发展伙伴关系,从而共同夯实世界经济长期稳定发展的基础。[①] 从古丝绸之路到今天的"一带一路",是跨时间、跨民族、跨语言、跨文化的交流,通过中外多元文化之间的相互交融,充分实现了"各美其美、美人之美、美美与共、天下大同"的美好愿景,中国文化和异质文化的交流与传播是一种全新的嬗变与激活,最终会取得共赢的结果。"丝绸之路文化行"是一个好的文化交流品牌,虽然也有一些不足,比如展览的举办大多依靠海外中国文化中心,没有尽可能地发动当地政府或当地组织机构的作用,降低了展览的知名度,限制了当地观众获取信息的渠道。但是它在向海外传播中国传统文化,为"一带一路"构筑起民心相通的广阔平台等方面取得了极大的成功,提供了有益借鉴。

---

① 陈圣来:《"一带一路"的跨文化合作交流》,演讲稿,2017 年 11 月 27 日。

9

打造融通中外的思想文化交流品牌：
以"青年汉学家研修计划"上海班为例

潘玮琳[*]

摘　要　近5年来，随着中国"一带一路"倡议的推进，中东、中亚、非洲、南美等国家对中国的研究兴趣越来越大。正在成长中的新一代青年汉学家/中国学家，正在崭露头角。中国学术"走出去""请进来"的大战略，为他们提供了更为丰富的研究样本、更为便利的研究条件和更加广阔的舞台。在此背景下应运而生的青年汉学家研修计划，是中华人民共和国文化和旅游部主办的一个专门针对海外青年汉学、中国学人才的学术交流项目。"青汉计划"成为文化部着力打造的对外文化工作重要品牌，通过"部市合作"的方式，陆续在西安、上海、郑州、杭州、广州、重庆等地增开班次，扩容增效。其中上海班自2016年起由上海社会科学院联合主办，在举办期数和培养学员人数方面，位列全国各地方班之首，具有突出的代表性。本文拟通过"青汉计划"上海班的案例，分析这一对外思想文化交流品牌的特点和既有成效，并就未来如何进行项目评估提出初步建议。

关键词　青年汉学家研修计划　对外传播　国家形象　中国学

---

[*]　潘玮琳，上海社会科学院世界中国学研究所助理研究员，复旦大学历史学系博士。研究领域为近代中国物质文化史、海外中国学。出版专著《礼俗消费与地方变迁：江浙锡箔的物质文化史》、编著《近代中国的物质文化》。

一、"青年汉学家研修计划"缘起

青年汉学家研修计划（以下简称"青汉计划"），是中华人民共和国文化和旅游部主办的一个专门针对海外青年汉学、中国学人才的学术交流项目。"青汉计划"的缘起有两个重要方面：其一是国内对海外中国学的认识加深；其二是对中国国际形象建设的日益重视。

中国学（China Studies）脱胎于汉学（Sinology），是外部世界认识中国历史和现状的综合性学问。自1814年法兰西学院设立汉学讲席算起，已经过200年的发展历程。改革开放40年来中国经济的快速发展，引起海外高度关注，也带动了海外中国研究的进一步兴盛。以研究"中国文化、中国事物、中国现象、中国问题"为对象的海外中国学迅速发展，成为国际学术界中增长最快的"显学"。如今，海外每年出版和发表的中国学论著数以万计，世界各国研究型大学均开设与中国有关的课程，而研究中国问题的专业人员遍布世界各国的政府与民间研究机构。从国别和地区角度来说，美国、加拿大、欧洲、俄国等在内的西方是海外中国学的传统重镇。近30年，亚太地区，特别是韩国、日本、新加坡、澳大利亚、新西兰、印度的中国研究增长迅猛。随着中国"一带一路"倡议的推进，中东、中亚、非洲、南美等国家对中国的研究兴趣也越来越大。在此背景下成长起来的新一代青年汉学家、中国学家，正在崭露头角。这一群体的特点在一定程度上反映了国际中国学的发展新趋势。近年来，中国学术"走出去""请进来"的大战略为新一代汉学家、中国学家提供了更为丰富的研究样本、更为便利的研究条件和更加广阔的舞台。

另一方面，国外汉学家和中国学家，是国外公众了解中国的重要媒介，也是中国国际形象重要的塑造者。从国外汉学和中国学的发展来看，在20世纪中期以现当代中国为社会科学分析对象、以地区战略需求为导向的美国中国研究崛起后，中国学和植根于欧洲东方学的传统汉学没有有效衔接。特别是20世纪50年代至70年代末，冷战时期的中外隔绝和意识形态对峙，使绝大部分外国学者无法亲自到中国大陆进行调查研究，中国被当作一个与其传统和历史割裂的孤立对象，其唯一的研究参照系是当时的苏联和东欧共产主义国家。1978 年改革开放以来，中国在对外思想文化交流领域逐步开放，外部世界对当代中国的认识真空被逐渐填补，然而冷战时期的研究范型和理论建构影响仍然十分深远，这就造成了当今西方世界中存在"两个中国"的现象，即一个有着悠久文明的"历史中国"与一个不合乎西方现代规律的、迅速崛起的"当代中国"。①

在此背景下，近年来对海外中国学（含汉学）及其专业群体的跟踪研究、对话交流，日益受到重视。2011 年中共中央办公厅下发的《教育部关于深入推进高等学校哲学社会科学繁荣发展的意见》，以及《教育部学习宣传贯彻十七届六中全会精神重点工作》中，都明确把"推动海外中国学研究"列为繁荣发展哲学社会科学和提升国际学术影响力和话语权的重要抓手和重点工作之一。与此同时，海外中国学，也成为中国文化外交和中国国际形象建设的核心组织部分。

2014 年，文化部②主动把对外文化工作放在国家外交整体战略中谋划定位，积极践行"亲诚惠容"的外交理念，除了走出国门举办一系列国际文化交流活动外，首次联合中国社会科学院共同举办两期 2014"青汉计划"，来自 39 个国家的 55 位青年汉学家应邀参加。当年度与之相配合的平行项目还包括"中国当代作品译介研修对接计划"和"汉学与当代中国"座谈会。③

2015 年，中共十八大明确提出"增强国家文化软实力"的战略目标；习近平总书记在主持中央政治局第十二次集体学习时强调，"提高国家文化软实力，关系'两个一百年奋斗目标和中华民族伟大复兴中国梦的实现"。文化部

---

① 汉学和中国学有不同的研究对象和内涵，一般而言，以传统中国为研究对象的研究者，被称为汉学家，以当代中国为研究对象的研究者，被称为中国学家，两者的研究领域、学术方法不同。但是在一些欧洲国家，基于其本国的中国研究学术传统，汉学家成为研究中国者的通用身份。本文分析的"青汉计划"亦对这类不同的研究者不做名义上的区分，因此，为行为便利，以下姑且沿袭"汉学家"的统称。

② 2018 年更名为文化和旅游部。

③ 《中华人民共和国文化部 2014 年文化发展统计公报》，第 9 页。2014 年经文化系统审批的对外文化交流项目 1 667 起，40 781 人次参加，"青汉"的开展频度和参与人次在其中占比均非常微小。

将"提高国家文化软实力"作为对外文化工作的核心任务，力图通过加强思想对话，深化中外思想文化交流交融。实现这一核心任务的重要抓手之一，是"汉学与当代中国"座谈会和"青年汉学家研修计划"两个国外反响比较强烈的活动，其宗旨是逐步"打造成国际著名的中外思想文化交流品牌"，形成"一支对我友好、为我发声的国际'中国学'队伍"。①

在此背景下，自 2015 年起，"青汉计划"由中外文化交流中心总协调，依托中国各（省）市文化厅（局）和学术机构联合承办（又称为"部市合作"模式），进一步扩容增效，相继在北京、西安、上海、郑州、杭州、广州、重庆开班。截至 2018 年，已成功举办 14 期，培养了来自 93 个国家的 416 位青年汉学家，其中有百余人参加了 2 期及以上的研修。一个支持海外青年汉学家开展中国研究的全球性平台初步形成。②

为打造"青汉计划"品牌，从首期研修计划北京班开始，确立了资深学术讲座、本地参观访问、座谈研讨和对口交流的研修模式。③ 此后，"地方版"的"青汉计划"一方面遵照总协调单位的统一部署，④实行经费下拨、学员统招、规范视觉标识、复制北京班模式、统筹新闻报道等；另一方面，在参观点、讲座主题、地方合作机构和导师的选择上，各地方承办机构探索地域特色，调动自身优势资源，客观上较为有利于提升地方承办机构在"部市合作"中的参与意愿，最终拓展项目的可持续发展前景。

"青汉计划"上海班，自 2016 年至今，已连续成功举办 4 期，培养国外青年汉学家 121 人，为全国各地方班之最，因此具有突出的典型性。本文拟通过"青汉计划"上海班的案例，分析这一对外思想文化交流品牌的特点和既有成

---

① 文化部 2015 年第一季度例行新闻发布会，https：//www. mct. gov. cn/vipchat/home/site/2/216/article. html，2015 年 02 月 11 日。
② 施中轩："学讲中国故事 2018 青年汉学家研修计划上海九月班开班"，东方网，http：//sh. eastday. com/m/20180910/u1ai11804103. html，2018 年 9 月 10 日。另见表 1 数据。
③ "青年汉学家：做海外的中国'大使'"，《中国文化报》，2014 年 7 月 28 日。
④ 在实际管理机制方面，文化部如协调宣传部系统的单位，需单独协商合作方式并由相关地方单位另行报批上级主管单位。如首期北京班为文化部与中国社会科学院联合主办；最初两期上海班为文化部对外文化联络局与上海社会科学院联合主办，第三期起，上海班才开始采用前述有关"部市合作"的统一名义方式。

效,并就未来如何进行项目评估提出初步建议。

表1：历年"青年汉学家研修计划"人次①

	北京	西安	上海	郑州	杭州	广州	重庆	总人次
2014 年	55							55
2015 年	36							36
2016 年	31	32	26					89
2017 年	27	26	30	31				114
2018 年	38	38	32/33		28	26	31	226

二、"青汉计划"上海班的案例分析

"青汉计划"上海班始于 2016 年,由文化部主办,上海社会科学院、中外文化交流中心联合承办,上海社会科学院世界中国学研究所协办。2018 年起,中外文化交流中心改为总协调单位,上海社科院智库建设基金会亦参与协办。

上海社会科学院是中国最早成立的社会科学院,也是中国规模最大的地方社科院,其特色是学科门类比较齐全,学术研究与智库研究相结合,综合研究力量比较雄厚。2015 年上海社会科学院成为中国首批 25 家国家高端智库试点单位之一,承担了大量国家和地方的重大课题研究。在对外学术交流方面,上海社会科学院拥有国家级学术外宣品牌——世界中国学论坛及其海外分论坛,该论坛由国务院新闻办公室和上海市政府联合主办,自 2004 年迄今,已连续成功举办了 7 届国内主论坛、2 大专题论坛,并赴美国、韩国、德国、阿根廷举办 4 届海外分论坛。该论坛的具体承办单位——上海社会科学院世界中国学研究所,成立于 2012 年,作为常设研究机构,为论坛提供学术支撑,以海外各学科领域内研究中国的重要人物、机构、流派,及其代表性成果、发展趋势

---

① 数据来源：文化与旅游部官方网站相关新闻报道(https://www.mct.gov.cn)。

等为研究对象,全面跟踪和掌握世界各国的中国研究动态。① 上海社会科学院及其下属世界中国学研究所的定位与专长,为承办"青汉计划"上海班奠定了稳固的基础。

上海班延续北京班的研修模式,将为期3周的研修分为高端学术讲座、实地考察、一对一导师指导和研修成果交流四大模块。高端学术讲座涵盖中国文化、经济、法治、外交、城市发展5大主题,由相关领域的沪上知名专家开讲,直击当年度中国研究和上海研究领域的热点、要点问题(参见表2)。本地考察点包括了上海城市历史遗产、知名国企、法院、特色社区、新农村建设和生态保护示范点,全方位展示改革开放以来上海的经济和城市发展成就(参见表3)。上海班导师则来自上海社会科学院、上海国际问题研究院、复旦大学、华东师范大学、同济大学、上海外国语大学等沪上著名学术机构,专业领域涉及中国历史、文化、汉语言文学、当代中国政治、社会、经济、外交与安全等,匹配当年度录取学员的专业背景和研修主题。除了在上海本地开展活动以外,上海班学员也受邀参加当年度同期举办的北京"汉学与当代中国"座谈会和敦煌"丝绸之路国际艺术节"专题活动,或在江浙地区开展特色历史文化考察。为加强研修效果,上海班的活动全程配备中英双语翻译和中英双语师资。

表2:上海班历年讲座情况②

序号	时 间	讲 座 主 题	讲课专家
1	2016 年	习近平主席领导下的中国对外关系	杨洁勉
2	2016 年	中华文明新论	姜义华
3	2016 年	移民文化与江南儒学	王 战
4	2016 年	长周期下的中国经济发展	王 战
5	2016 年	中国模式与西方	张维为

① 详见论坛网站:www.chinastudies.org.cn。
② 数据来源:历年上海班手册(上海社会科学院世界中国研究所编制)。

续表

序号	时　间	讲　座　主　题	讲课专家
6	2017 年	世界与中国互动下的中国学	王　战
7	2017 年	中国地域文化的魅力和困境	葛剑雄
8	2017 年	中国外交新环境和新途径	杨洁勉
9	2017 年	中国法治建设的新阶段	沈国明
10	2017 年	全球化、城市化与中国经济可持续发展	陆　铭
11	2018 年	迈向高质量发展阶段的中国经济	张道根
12	2018 年	中国 40 年改革开放有什么"窍门"	王　战
13	2018 年	中国区域经济发展新格局与长三角高质量一体化发展	张学良
14	2018 年	江南文化和海派文化	熊月之
15	2018 年	世界秩序变化下的中国外交	苏长和
16	2018 年	中国传统文化的传和承	葛剑雄
17	2018 年	中国人的秩序观与当代全球事务	杨　剑

表 3：上海班考察点情况①

序号	考　察　地　点	考　察　重　点
1	上海新天地的中国共产党"一大"会址	上海城市红色文化遗产
2	上海隧道股份承建的 14 号地铁线真新新村站工地	中国现代化城市建设及"上海精神"
3	上海电气临港重装备基地	工业成就与科技发展
4	中国商飞公司	国产大飞机
5	上海市第二中级人民法院	法治建设
6	上海市长宁区华阳街道社区文化中心、古北市民中心	上海社区凝聚力工程、示范点、市民文化生活体验

---

① 数据来源：历年上海班手册(上海社会科学院世界中国学研究所编制)。

续表

序号	考 察 地 点	考 察 重 点
7	崇明岛竖新镇仙桥村惠杰果蔬采摘园、设计丰收创意民宿、崇明规划展示馆、中华鲟保护基地、东滩湿地公园	上海城郊"三农"发展与生态文明建设
8	浙江衢州南孔	儒家文化
9	安徽黄山和江西景德镇	丝茶瓷之路
10	敦煌	古代丝路文化遗产

上海班的举办的成效，主要体现在传播力和可持续发展两个方面。第一是传播力，体现在上海班良好的媒体协调和广泛深入的报道上。

上海班在举办过程中，力图上海班与上海电视台新闻频道、上海电视台外语频道（ICS）、解放日报（上海观察）、文汇报、上海日报、新闻晨报、澎湃新闻、澎湃视频、东方网、第六声（SIXTH TONE）、上海社会科学报等沪上主要媒体，以及环球时报英文版、青年报、中国文化报、人民日报海外版等媒体进行深度合作，累计发布各类报道百余篇。在每期活动前进行选题策划、了解媒体需求、收集来访学员的"我的中国故事"、征询其采访意愿。在紧凑的活动行程中，穿插形式多样的报道，不仅使研修学习变得更加活泼精彩，也带来了多方面的积极效应：

其一，这给予了外国青年汉学家展现自我风采、表达自己观点的舞台，不少青年汉学家从最初面对镜头的羞涩紧张，到后来的侃侃而谈、乐在其中，接受中国媒体采访、在中国报刊上发表自己的文章，成为了他们研修活动中的一次难忘体验和超预期的收获；

其二，媒体的提问，促使他们深入思考自己所见所闻，在有限的时间内凝练和表达自己的观点，深化了考察的研究意义；

其三，也是主办方最乐见其成的是，通过外国青年汉学家的注视和观察，经由他们的口和笔，讲出了最鲜活生动的中国故事，水到渠成地实现了中国国家形象的正面"他塑"，从而充分践行了文化部有关"深化文明交流互鉴，不断提升国家文化软实力和中华文化影响力"的宗旨,即通过"综合运用大众传播、群体传播、人际传播等多种方式展示中华文化魅力、传播当代中国价值观念"的效果。①

比如,2017 年,解放日报旗下的新媒体"上海观察"对新加坡国立大学南亚研究院访问研究员思瑞坎的专访"印度努力模仿中国发展模式,IT 神话被媒体夸大——一个印度智库学者眼中的印度与中国",在发布后的首日就获得"10 万+"的阅读量。②

同年的崇明岛考察,让外国青年汉学家惊讶的是,在距离上海如此之近的一方净土,尽情地亲近自然,激发了大家的热烈讨论和思考。7 位学员随后撰写的评论文章,在《上海日报》专版刊发:巴基斯坦拉合尔省旁遮普大学讲师艾哈迈德对"农旅结合"的特色观光农业格外感兴趣,认为发展此类绿色产业不仅可以增加农民收入,而且有助于减少污染排放,更好地实现可持续发展。塞尔维亚贝尔格莱德大学助理教授利波瓦奇则对中国自主设计建造的长江隧道大桥赞叹不已,认为崇明可以被看作是中国发展模式的缩影,政府在经济社会事务中发挥统筹协调作用;生态岛规划也让他看到了中国城市发展转型的方向,以及上海为平衡经济发展与环境保护所做的努力。日本早稻田大学现代中国研究所客座研究员田中周提到,日本在经历经济高速增长、城市规模不断扩大之后也开始重视保护自然环境,自 20 世纪 70 年代起出现了很多郊野公园,在保护生态环境的同时,也为人们提供了精神休憩的场所,他很高兴看到中国也在发生类似的积极变化。俄罗斯科学院远东研究所研究员尤里·库林切夫也认为,崇明岛之行是上海主题参观日中的一大亮点,在这里能够切身感受到人与自然的和谐。③

---

① 中共文化部党组:"奋力建设社会主义文化强国",中国文化报,https：//www. mct. gov. cn/whzx/whyw/201801/t20180116_830944. htm,2018 年 1 月 16 日。原载于 2018 年第 2 期《求是》。

② "印度努力模仿中国发展模式,IT 神话被媒体夸大——一个印度智库学者眼中的印度与中国",《解放日报·上观新闻》,https：//www. jfdaily. com/news/detail? id = 65067,2017 年 9 月 15 日。

③ "Sustainable development in Chongming charms Young sinologists", *Shanghai Daily*, September 23, 2017.

加拿大英属哥伦比亚大学研究生胡政作为 2017 年学员代表,在座客上海电视台外语频道 TownTalk 栏目时,回顾了自己沪上研修 20 多天的情况。他特别谈到自己最深刻的印象是,研修计划成员的多元文化北京和一对一导师模式,令参与者受益;而上海作为一个国际化大都市,除了让人看到经济发展和城市面貌的日新月异,也实实在在地感受到,这里的人对中国不断提升的国际影响力越来越感到自信、自在。① 采访播出后,他把新闻短片发送自己的母亲,她为儿子的表现留下了激动而骄傲的泪水,成为大家津津乐道的轶事。

2018 年 9 月班的学员、来自印度贾瓦哈拉尔·尼赫鲁大学的青年汉学家爱德,以一口异常地道流利的汉语,引起了媒体的广泛兴趣和报道。他在接受《解放日报·上观新闻》的采访时说:"中国有个神话故事叫'盘古开天辟地',我选了中文系以后真的是'开天辟地',逐渐接触到了博大精深的中国文化,我的视野也慢慢扩大。"2013 年他第一次踏上中国土地,此后 5 年间,他的足迹遍布中国大江南北,在中国去过的地方比在印度去过的还要多。他坦言,对中国最深刻的印象是"她的现代文化和古代文化融合得非常好,……这个是很值得印度学习的一个地方",而他在描述对上海发展的认识时,直接以"佩服"二字概括。②

上海班成效的第二大特点是可持续发展。"青汉计划"的另一个宗旨是"鼓励和支持海外青年汉学家、中国学研究人员和智库学者加强对中国国情的认识和了解,在全球范围内培养一批关注和研究中国发展的青年中国学研究者和智库型专家。同时,搭建支持海外青年汉学家研究中国问题的平台,为其学术研究提供便利和实质性帮助,通过他们推动各国学术机构与相应的中国研究机构和智库建立长期稳定的联系,实现双方交流互鉴、合作共赢。"③上海

① 潘玮琳:《了解中国,有助于我们抓住世界最深刻的变化——2017 青年汉学家研修计划(上海)侧记》,《中外文化交流》2017 年第 10 期,第 45 页。
② 王珍、周丹旎:《印度学者:中国在很短时间内让大部分人富起来,这是非常伟大的一件事》,《解放日报·上观新闻》,https://www.jfdaily.com/wx/detail.do? id=105464,2018 年 9 月 15 日。
③ 《"青年汉学家研修计划"上海班开班》,《文汇报》,2016 年 9 月 8 日,转载至 http://www.chinastudies.org.cn/c/1459.htm。

班的历届学员与上海社会科学院同仁建立了深厚的情谊和经常性学术联系，对后者的国际学术交流形成了有益的反哺作用。

2017 年 12 月召开了以"新时代的中国"为主题的第七届论坛，这是中共十九大召开后，海内外中国学研究界的一次大型学术研讨活动。在论坛上，为进一步引起国内学术界对于国际中国学社群代际变化的关注，特别设立了海外青年汉学家专场。参会代表从 2016、2017 年两期"青汉计划"上海班学员中挑选了来自 9 个国家的 10 位青年汉学家，他们的研究主题分别是：俄罗斯学者包丽娜"中国发展现阶段的中学历史教育的一些趋势"；罗马尼亚学者包心如"中国诗歌作为文化迷因——以打工诗歌的美学为中心"；乌克兰学者谢尔盖"中国高等教育领域的创新进程：问题与前景"；俄罗斯学者亚伟"数字化转型对中俄教育文化关系的影响"；哈萨克斯坦学者萨乌烈·果沙诺娃"哈中两国战略合作框架下的哈萨克斯坦教育移民研究"；印尼学者林优娜"和平共处原则下中国与印尼的外交关系探究——基于'海上丝绸之路'和'全球海洋支点'"；亚美尼亚学者阿哈尼·哈鲁特尼亚"欧亚'共同经济空间'：中俄罗斯的欧亚经济联盟和中国的丝绸之路经济带的共轭"；波兰学者巴特·科瓦斯基"'16+1'模式下中国与中东欧关系：多边主义的案例"；菲律宾学者艾琳·巴维耶拉"东盟发展五十年与习近平新时代中国特色社会主义思想"；塞尔维亚学者米兰·利波瓦奇"中国发展新阶段：不断增长的软实力"。

他们的报告主题涉及中国的政治、经济、社会、历史、文化、国际关系等各个方面；他们的职业分布涵盖了政商学的各行各业；他们的研究聚焦于当代中国发展对其所在国家或地区的影响与意义，特别是目前学界热议的"一带一路"议题，这与近年来汉语学习和中国研究在"一带一路"沿线国家的快速发展密不可分。他们所代表的新一代国外中国学家的研究，具有与现实中国结合紧密、受到政策研究驱动的鲜明特点，而他们更加多元的国别和文化背景，无疑将有利于中国学研究在更加丰富的国际比较中走向深入。①

---

① 潘玮琳：《面向"新时代的中国"的国际中国学——第七届世界中国学论坛海外观点解析》，《国外社会科学》2018 年第 1 期。

三、结语：未来对"青汉计划"的
项目评估和品牌完善

　　"青汉计划"已开展 5 年,在此过程中逐步探索出一套自己的模式,并在"部市合作"的框架下扩容增效,取得了良好的国际国内反响。尽管如此,"青汉计划"要同时适应当代中国自身的快速变化及国际角色的转换,以及国际中国学家群体的代际更迭及文化、学科背景的日益多元化,仍然要不断与时俱进,使运作机制日臻完善、品牌特色日益凸显、溢出效应日渐鲜明。目前,笔者认为需要对"青汉计划"进行评估,以资进一步改进之鉴。

　　在项目评估方面,宜借鉴文化部"欢乐春节"项目评估的办法,制定若干核心指标,如"目的性""项目特征""执行团队""内容价值""规范管理""资金保障""风险控制""传播力""影响力""可持续发展"等,以承办单位自我评估和专家课题组评估交叉验证的方式,对已有项目成果和改进方面形成整体结论和建议。[①]

　　此外,笔者认为,如何因地制宜地打造具有灵活性、独特性的地方版;如何推动"青汉计划"向国际合作会议、合作研究的转化,为国外青年汉学家的成长提供进步的阶梯;如何加强对国外青年汉学家群体的长期、连续跟踪研究等三大课题,应该成为今后"青汉计划"继续深化和品牌建设的探索方向。

---

① 参见《"欢乐春节"项目评估报告》,《公共外交季刊》2014 年第 2 期。月明:《文化产业项目该如何评估》,《中国文化报》2010 年 6 月 23 日。

10

以品牌项目引领文化艺术建设
——新加坡的成就与经验

任　明*

摘　要　由华人、马来人、印度裔和欧亚裔等不同移民组成的热带岛国新加坡,有四种官方语和迄今54年的独立历史。以自强不息的奋斗精神成功跻身先进国家行列以后,新加坡自20世纪80年代末开始重视文化建设,成立国家艺术委员会主管文化艺术发展,并先后推出三期"文艺复兴城市计划",引领本土文化艺术能力建设,同时树立"全球艺术之都"的远大目标。在上述宏观愿景的指导下,新加坡政府在文化艺术领域推出一系列扶植与推动文化艺术发展、鼓励人才成长、促进国际交流的品牌项目与活动,体现了新加坡立足长远战略、以文化精神推动文化发展的踏实迈进精神。

关键词　新加坡　文艺复兴城市计划　多元文化根基　全球艺术之都

作为东南亚的热带岛国,新加坡在19世纪以后历经英国、日本、马来西亚的殖民和联邦统治,于1965年正式宣布独立。独立以后的新加坡除了占人口约75%的华人,还有马来人、印度裔和欧亚裔等不同族群,人口在560万左右。其官方语言有4种:英语、马来语、华语和泰米尔语。早期背井离乡的移民将各自文化带到新加坡,形成了新加坡的多元文化特色。面积虽小但地理位置优越,新加坡独立以后秉承自强不息的精神,不断根据世界经济发展趋势调整

＊　任明:上海社会科学院文学研究所副研究员,主要研究领域为电影文化、城市文化研究。

自身战略,成功跻身发达国家行列。在国民经济发展到一定水平之后,新加坡政府开始重视对艺术与文化的投资,将建设具有世界级文化与娱乐内容的"全球艺术之都"作为战略目标与城市品牌,从扶植本地艺术家与艺术团队发展,到培养市民文化创造与文化参与精神,精心打造各种文化活动品牌,以从思想与愿景上为国家文化发展指明方向。

一、以"文艺复兴城市计划"推动国家艺术能力发展

新加坡在立国之初就确定了各族平等的政策,鼓励多元文化发展。1988年,新加坡政府成立了文化艺术顾问委员会(the Advisory Council on Culture and the Arts),研究文化艺术在国家发展中所能担当的角色。委员会审查了当时新加坡的文化艺术发展情况,出台了一个聚焦中期目标的建议报告,内容包括:

1. 在大学及大学预科阶段加强艺术教育。
2. 改善文化设施。
3. 加强对新加坡文化遗产及视觉艺术作品的收藏工作。
4. 在不同社群之间借助媒体力量开展艺术宣传与推广活动。

新加坡政府对该报告内容作出积极回应,先后于1991年和1993年成立了国家艺术委员会(National Arts Council,NAC)与国家遗产委员(National Heritage Board,NHB),以推动相关领域的发展。成立于1991年的新加坡国家艺术委员会,由新加坡文化基金会、社区发展文化部、艺术节秘书处、国家剧院信托基金合并而成,其宗旨是:"培育文化艺术的发展,使其成为新加坡人民生活中不可缺少的一部分"。

经过10年建设,在报告的大部分建议已基本完成之际,为研究文化艺术在21世纪从工业经济向知识经济转变过程中的作用,新加坡政府对文化领域进行了第二次深入评估。这次评估结果使新加坡政府意识到,新加坡需要对本国的文化与艺术能力进行更大投资,才能增强创新能力,与世界上其他地区

及城市展开竞争。1999年,新加坡内阁通过了一项为期五年的"文艺复兴城市计划"(Renaissance City Project),每年在国家艺术委员及国家遗产委员会预算之外,额外投入1 000万新币,帮助新加坡发展"文化软件",包括国家的艺术发展能力、文化活力及对观众的培养等。"文艺复兴城市计划"的愿景是将新加坡建设成"杰出的全球艺术城市",使之成为对全世界都具有吸引力的工作、生活与休闲首选之地。其战略是充分利用现有文化设施,努力提升新加坡人的文化素养与知识,以达成以下目标:1. 提升新加坡文化艺术领域的整体活力;2. 为新加坡文化艺术的发展打造观众基础;3. 推进本地艺术家、人才及艺术公司的专业化发展;4. 提升新加坡作为"艺术中心"的国际知名度。为实现上述目标,"文艺复兴城市计划"建议政府通过以下两方面措施加强对文化艺术发展的扶植:1. 向本地主要艺术公司提供为期1—2年的拨款,为艺术家及艺术团体提供项目拨款,并且提供培训费用、奖学金及助学金等,鼓励其发展艺术开拓能力。2. 推出与艺术、文化遗产等相关的教育及推广项目。

在完成第一阶段发展目标以后,2005年,新加坡政府又推出"文艺复兴城市计划2.0"计划,作为《新加坡创意产业发展战略》的一部分。"文艺复兴城市计划2.0"着重从产业角度阐述了如何进一步推动新加坡文化艺术的发展,将扶植资金提升到每年1 200万新币(2005—2006)及1 550万新币(2007),在上一阶段的目标之外,增加了新的发展目标:1. 发展文化艺术领域的产业能力;2. 在文化/艺术与商业之间建立更多伙伴关系;3. 推动新加坡艺术发展走向国际化。可以看到,在创意经济在全世界风生水起、引起各国政府重视之际,新加坡对扶植文化艺术发展也注入了更多产业内容。

2008年,新加坡信息通讯艺术部(the Ministry of Information, Communications and the Arts)出台了"文艺复兴城市计划3"。面对世界城市间日趋激烈的竞争及社会与文化差异所带来的各种压力,该计划重申了新加坡在文化艺术领域的愿景与目标,确立了三个战略发展方向,一是打造独特的内容:在新加坡发展能够提供重要文化与艺术产品的世界级文化娱乐区;将新加坡打造成制作及首演新加坡及亚洲原创内容的首选之地;积极在国际上展示"新加坡制造"的精彩内容。二是打造充满活力的艺术生态系统:建设繁荣的人才与产业积聚区;加强新加坡在文化艺术领域中的专业能力,尤其是在艺术产业及专业服务上的专业能力;在大学及大学预科的专业艺术教育与培训中,增加产业相关内容,加强艺术教育与产业的关联度。三是打造热心参与艺术活动的社群:丰富并提升新加坡艺术与人文教育的整体水平;通过开展文化艺术活动,增强社区自豪感并加强各社区间的接触与联系;鼓励文化艺术领域有更多的私人慈善与赞助行为;通过举办各种研究与交流活动,加强对文化艺术活动及其价值的宣传。为保证计划实施,新加坡政府宣布 5 年投资 1.16 亿美元,年均投入 2 325 万美元(约 3 155 万新币),与上两个阶段相比,投资幅度有了进一步的显著增长,显示了新加坡政府对通过文化艺术发展、保持城市发展活力的投入与认知。

分三个阶段进行的"文艺复兴城市计划",只是新加坡政府对文化艺术进行投入的一部分,但其作为一项具有激励意义的战略品牌与愿景,对新加坡文化艺术的整体发展起到了整合与引导作用,推动了新加坡信息通讯艺术部与国家艺术委员会、国家遗产委员会等机构共同朝着这一目标与愿景前进。"文艺复兴城市计划"的核心宗旨是"以文化建设提升城市核心竞争力",通过这一战略性规划,新加坡大大提升了自身在艺术活动、文艺欣赏、博物馆建设等方面的水平及能级,成功吸引了世界各地的人才与资金,提升了国际社会对新加坡的关注度,新加坡人的国家自豪感与艺术自主性也由此得以确立。

新加坡政府对文化艺术的价值的认识,经历了一个从社会文化建设、到创意产业投资、又回归社会文化建设这样一个过程。这体现在其文化主管部门行政架构的变化上。目前,新加坡政府文化领域的主管部门是文化社区与青少年部(The Ministry of Culture, Community and Youth, MCCY),该部门成立于 2012 年,前身为信息通讯艺术部,后来文化与艺术部门被独立出来,与社区与青少年发展部整合在一起,成立文化社区与青少年部。这一行政架构上的变化,显示新加坡政府日益重视文化艺术作为推动社会建设与整合的重要力量的价值。重新组合成立的新部门主要负责艺术、文化遗产、体育、社区与青少年的发展,目标是进一步推动新加坡社会的团结统一与活力发展,增强公民的国家认同感与归属感,使新加坡人能够共同享有更高的生活质量,建设更为亲切友好及充满爱心的社会,真正体现"文艺复兴城市计划"的愿景与价值。

"文艺复兴城市计划"在文化建设上取得了丰硕可见的成果。2015 年新加坡全民艺术调查显示,80% 的新加坡人每年至少参加过一次艺术活动,近 90% 的新加坡人认为艺术为更好地理解来自不同文化背景的人提供了帮助。2016 年文化社区与青少年部的文化统计数据显示,新加坡每天平均有 23 项艺术表演,72 项视觉艺术展览。① 日益活跃的文化活动与文化景观,使得新加坡在诸多国际评选中,被认为是"最宜居的城市"之一。

二、重视政府资助活动品牌打造

新加坡政府希望新加坡的文化艺术活动能够反映其社会的不断成熟与发展,同时回应全世界对亚洲日益兴起的浓厚兴趣,将新加坡打造成制作及首演亚洲内容的首选之地。

自成立以来,新加坡国家艺术委员会大力开创与拓展各种大型艺术活动,如新加坡艺术节、新加坡美术展、新加坡作家节和新加坡双年展等,以吸引全世界的人才,提升新加坡在国际艺术界的知名度。第五届新加坡双年展从 2016 年 10 月 27 日到 2017 年 2 月 26 日前后共举办 4 个月,吸引了 60 万名参观者,有来自 19 个国家和地区的 63 位艺术家及艺术团队参与。2017 年"新加坡艺术周"在 1 月 11 日—22 日举行,有 18.6 万参观者,举行了 100 多项活动,包括"艺术登陆新加坡(第 7 届)"、博物馆与画廊展、开幕艺术展、导览及电影观赏、当代艺术讲座及研讨等。② 为挖掘及鼓励新加坡艺术人才的涌现,国家艺术委员会设有各种奖学金及针对个人的艺术奖项,如文化勋章奖、青年艺术家奖等。目前,国家艺术委员会主要通过种子基金、重点团队发展计划、创作基金、制作基金、作品呈现及参与基金、市场与观众发展基金、能力发展基金、

---

① 新加坡国家艺术委员会 2016/17 年度报告。
② 新加坡国家艺术委员会 2016/17 年报。

研究基金、艺术基金、传统艺术保护基金、艺术创作基金等各有侧重的后期项目,为新加坡文化艺术的发展提供支持。

此外,新加坡政府每年都为表演艺术、视觉、文学及电影领域的艺术家颁发国家级奖章,以鼓励艺术家的成就,包括代表新加坡最高艺术成就的"文化勋章奖"(Cultural Medallion)及为青年艺术家颁发的"青年艺术家奖"(Yung Artist Award)——后者年龄不能超过35岁。两个奖项均由公众提名候选人名单,然后由专家组成的评选委员选出最终获奖名单。由已故总统王鼎昌于1979年3月创建的"文化勋章奖"(Cultural Medallion),奖励在舞蹈、戏剧、音乐、文学、摄影、艺术(1997年以后增加了电影)等领域取得卓越艺术成果的个人,由国家艺术委员会负责管理,奖项由文化社区与青少年部负责宣布与颁发。一位艺术家一生只能领取一次文化勋章奖,奖金总额不超过8万新币。自2001年起,该奖项规定艺术家要将奖金用于与艺术相关的项目,包括到社区开展工作室活动或举办展览、获奖者自身进一步进行深造或参与艺术家驻地项目、为本地艺术家提供专业指导、或是运用各种媒介整理及纪录获奖者本人或新加坡本地艺术家的成就等各种形式。

1985年,国家艺术委员会推出"艺术安家计划"(Art Housing Scheme),为艺术团体及艺术家提供他们能够负担得起的、可以用来开展艺术活动的空间。国家艺术委员会通过该计划贴补房屋租赁费用,团体及艺术家只需要支付公用事业费及房屋维护费。在该计划的帮助下,新加坡在滑铁卢大街、中国城和"小印度"等地形成了由数栋艺术空间大楼形成的"艺术带",其中很多建筑物是战前的废弃仓库及旧商店。目前新加坡有60多家艺术机构及艺术家被安置在34幢建筑物中,包括29幢单栋住宅、3幢租户性质不一的艺术中心、2幢混合功能大楼。入驻的艺术团队为当地提供了艺术创造活力,各种艺术活动的举办也帮助当地获得了复兴和重生①。

为了给艺术社区提供更好的支持,为艺术家提供多元合作的创作环境,增

---

① New Funding Framework in FY2017 promotes Diversity, Growth and Sustainability of Arts Landscape, https://www.nac.gov.sg/media-resources/press-releases/MCSG-2017.html,2018年7月21日。

进艺术家与社区之间的交流,国家艺术委员会自 2010 年起,在新开发的古德曼艺术中心(Goodman Arts Centre)推出"艺术空间框架"项目,并计划用该项目逐渐取代实施近 30 年的"艺术房屋计划"。"艺术空间框架"由国家艺术委员会下属的"艺术之家有限公司"(Arts House Limited,AHL)负责运营,该公司成立于 2002 年 12 月,性质为"公共企业",原名为"旧议会大厦有限公司",2014 年 3 月正式改名为"艺术之家有限公司"。作为非营利机构,该公司的运作目标是通过艺术活动丰富人们的生活。其所运营的场所包括位于新加坡市中心、由旧国会大厦改造而来的"旧国会大厦艺术之家"——一家重点举办文学活动的跨界艺术中心;同时还负责管理为艺术家、艺术团队和创意公司提供"创意飞地"的古德曼艺术中心(Goodman Arts Centre)和艾丽华艺术中心(Aliwal Arts Centre)等。公司积极利用受委托管理的艺术场地打造各种艺术节,包括新加坡国际艺术节、由国家艺术委员会委办的庆祝新加坡表演艺术发展的年度盛典等。公司管理的公共空间可为艺术团队、艺术家和艺术公司提供短期场地租赁服务,供其举办与艺术相关的活动。

三、鼓励商业赞助活动品牌发展

单单依靠政府拨款,并不能实现新加坡发展为"全球城市"的长期愿景。一个国家成熟的文化领域需要建立一个同时包括私人与公共领域的经济模式。在新加坡,包括企业赞助在内的私人部门对文化领域的投入平均每年在4 000 万新币左右,约占新加坡每年文化艺术领域运作资金的 25% ——但如果加上政府对文化领域的基建开支,私人部门投入所占比例就低得多①。为推动文化艺术的可持续发展,新加坡政府一直采取各种措施鼓励企业与个人对艺术领域的赞助,于 1983 年设立"艺术赞助人奖",奖励那些在过去一年中以金钱或实物支持艺术创作和发展的团体与个人。该奖项每年由国家艺术委员会负责颁发,分"企业"与"个人"两类,各有三个等级:就企业来说,"卓越艺术赞

---

① Renaissance City Plan3, 2008.

助奖"颁发给年赞助 150 万新币及以上的企业;"艺术赞助人奖"颁发给年赞助
30—150 万新币之间的企业;"艺术之友奖"颁发给年赞助 5—30 万新币之间
的企业;对个人来说,获得"卓越艺术赞助奖"的标准为年赞助 10 万新币及以
上;获得"艺术赞助人奖"的标准为 5—10 万新币之间;获得"艺术之友奖"的
标准为 1—5 万新币之间。[①] 2016 年,新加坡艺术部门获得了 6 480 万新币的
捐赠,来自 118 家机构和 186 位个人,其中 4 420 万为现金捐赠,2 060 万为实
物捐赠;个人捐赠数量比以前增长了两倍,达 1 940 万新币;2015 年这一数字
为 820 万新币。[②] 2018 年 7 月 4 日,新加坡文化社区与青少年部部长为 2017
年的 302 名艺术捐赠人进行了颁奖,包括 104 家企业及机构捐赠者、198 位个
人捐赠者;当年新加坡企业与个人对艺术的捐赠总额为 5 160 万新币,其中现
金捐赠为 3 710 万新币,实物捐赠价值 1 450 万新币;捐赠者中有 80 多位来自
各界的新面孔,尤以企业界呈多样化态势,获奖者包括葬礼服务公司、电器公
司、跨国汽车公司及各种中小型企业等。[③]

连续 20 多年获得企业"卓越艺术赞助奖"的新加坡报业控股集团(SPH),
于 2003 年成立基金会,并于 2011 年推出专门用于文化艺术领域的艺术基金,
目标是致力于打造充满活力的创意与文学表达环境,自成立以来已经为新加
坡艺术领域捐献 800 万新币。报业控股集团基金会自 2005 年开始赞助的
"SPH 音乐礼物"音乐会系列,自推出以来一直为新加坡观众提供免费音乐欣
赏活动,在市中心、公园、购物中心等地举行免费音乐会,同时为新加坡各大交
响乐团及音乐团队的人才提供展示才能的机会。凡是经过国家艺术委员会认
可的新加坡艺术团队,都可以根据演出向报业控股集团申请票务赞助经费,用
该经费购买演出门票发放给自己所指定的慈善机构。这一赞助演出票务的举
动,既为名声不够响亮的表演团队提供了与不同观众接触的机会,也为经济困

---

① https://www.mccy.gov.sg, 2018 年 8 月 10 日。

② Singapore Cultural Statistics 2017

③ https://www.nac.gov.sg/whatwedo/championing-the-arts/arts-philanthropy/A-World-Filled-with-the-Arts.html,2018 年 8 月 10 日。

难、没钱买票看演出的群体提供了观看演出的机会。①

新加坡《商业时报》的"艺术新苗基金"（The Business Times Budding Artists Fund，BT BAF），秉承无论来自什么家庭背景的儿童、都应该享有追求艺术的机会的理念，为5—19岁、家庭经济条件困难的儿童与青少年，提供接触艺术及发掘艺术才能的机会。从2004年成立以来，已有16 000多名儿童与青少年受益于基金会所提供的各项艺术活动②。基金会成立的"小小艺术学院"（The Little Arts Academy）拥有三座校园，为新加坡的儿童和青少年提供免费的艺术教育与培训。同时获得"卓越艺术赞助奖"的滨海湾金沙酒店集团也是该项目的长期捐款机构。

自2012年以来，滨海湾金沙酒店集团已经连续6年获得政府颁发的企业"卓越艺术赞助奖"。旗下的滨海湾金沙艺术科学博物馆是新加坡的地标性建筑，设有21个展览空间，目标是探索艺术、科学、文化与科技的结合，开业以来与世界各地的著名展馆联合举办过达·芬奇、达利、安迪·沃霍尔、梵高、M.C.艾雪等著名艺术家的艺术大展，以及大数据、海洋生物、天体物理等各种展览，并且提供教育、表演、放映等各种活动，是新加坡企业积极参与打造当地文化生活景观的典范。

2013年11月，文化社区与青年部宣布启动"文化配比基金"，划拨2亿新元，鼓励私人与企业对艺术和遗产部门进行捐款。该基金为私人与企业对文化部门的现金捐赠提供等额的配比捐赠，不设最低捐款额度限制，但只有艺术与遗产类慈善机构才有资格获得配比基金补助。

在政府的支持与鼓励下，新加坡各社会公益组织如新加坡中华语言和文化基金会、亚太酿酒基金会、新加坡联合拍卖艺术品基金会、新加坡国际艺术青年交流基金会、南洋美术基金会等，都积极参与到文化艺术活动的传播与发展之中。新加坡杨秀桃音乐学院，分别于2003、2008年接受杨路林信托基金每笔金额为2500万新币的捐款，作为新加坡第一所音乐学院，其发展从私人

---

① sphfoundation. org. sg，2018年8月10日。

② The Business Times Budding Artists Fund，http：//baf. sg/，2018年8月10日。

部门得到了很大资金保障,也获得了新加坡教育部的等比配套基金支持①。创立于 2008 年的亚太酿酒基金会"特出艺术奖",由亚太酿酒基金会和新加坡美术馆联合举办,奖项三年一度,由国际评审评选出当代艺术大奖,从亚太地区知名和新兴艺术家中遴选优秀当代艺术,目前已成亚太地区的艺术盛事。亚太酿酒基金会承诺为 2008—2020 年间举办的五届"特出艺术奖"提供总额为 475 万新币的奖金及活动经费。2018 年的奖项有来自亚太和中亚地区的 46 个国家的 113 件艺术作品获得提名,其中 5 件作品来自新加坡,进入终选名单的 15 件作品,于 2018 年 5 月 25 日—9 月 2 日在新加坡国家博物馆举办了入选作品展。2018 年的奖项总额为 10 万新币,其中 6 万新币颁给头奖获得者,另外 3 万新币分别颁给两名"评审团选择奖"获得者,余下 1 万新币作为"人民选择奖",颁给现场获得观众最高投票的作品。②

新加坡政府不仅通过"文化配比基金"为企业与个人捐款提供等额拨款,以扩大社会捐款的效益与影响力,还通过各种减税政策,推动企业与个人对艺术的捐赠热情。新加坡国税局规定,企业与个人为公共空间的艺术展示及维护提供捐款,或者是向具有一定资质的博物馆捐赠艺术作品,可以获得捐赠价值 2.5—3 倍的税收减免额度③。根据此政策,2018 年对新加坡美术馆进行捐赠的亚太酿酒基金会,星桥腾爱心基金(Ascendas-Singbridge Gives Foundation)、德意志银行和拥有 90 年建筑历史的新加坡富勒顿酒店,都获得了价值捐赠款项 250% 的税收额度减免。创立于 2012 年的星桥腾爱心基金(Ascendas-Singbridge Gives Foundation),赞助了新加坡美术馆的"2018 总理青年人才大展"及一项新的社区艺术项目——Touch Collection — Singapore Edition。

---

① 新加坡杨秀桃音乐学院是在新加坡国立大学里面的一个音乐学院,于 2001 年开始兴建,是新加坡第一所音乐学院。杨路林信托基金 2003 年向该学院捐赠了第一笔 2500 万新币,学院建成以后以其女儿、音乐教育家杨秀桃命名。https://www.ystmusic.nus.edu.sg/history/,2018 年 8 月 10 日。

② https://sagg.info/event/asia-pacific-breweries-signature-art-prize-2018/,2018 年 8 月 10 日。

③ https://www.iras.gov.sg/IRASHome/Individuals/Locals/Working-Out-Your-Taxes/Deductions-for-Individuals/Donations/,2018 年 8 月 10 日。

四、聚焦国际交流活动品牌推广

新加坡的文化多样性体现为以亚洲文化为根基、对西方的浓厚兴趣及城市建设的国际化外观,其地理位置决定了在历史上它是西方接触亚洲文化、传统及艺术实践的重要通道。新加坡政府非常重视自身的这一定位,积极采取各种措施推动文化艺术领域的国际化发展;国家艺术委员会和新加坡国际基金会是其中两家重要推动机构。

2014年,新加坡政府设立了总值为2 500万新币的"文化外交基金",资助艺术家到海外进行交流表演。在该基金的支持下,国家艺委会能够进一步推动国际交往活动。委员会的国际资助项目包括国际游历资助计划、国际合作资助计划、市场发展资助计划等,其所拨款支持的国际推广项目的数量,在基金会成立以后,从2010年的214项迅速增长到2015年的435项,2016年稍有回落,为401项。

国家艺委会还积极与海外机构合作,为新加坡艺术家提供国际发展机会,如积极参加威尼斯双年展、国际驻地活动、交流活动及培训工作坊等。国家艺委会与英国文化教育协会(British Council)签署谅解备忘录,在艺术与残障人士、剧本创作与文化领袖等领域进行深度而广泛的合作,双方合作推出了具有创新意义、聚焦于如何提升组织机构领导能力的"领军前行"(Lead The Way)系列培训活动。该培训由英国文化教育协会设计教学内容,从英国派来从业经验丰富的艺术领域专家,介绍艺术管理领域的重要经验;16名大多是来自艺术委员会拨款扶植的组织机构的新兴艺术家领导者参与了此项培训活动。新加坡政府还与法国签订文化协议,通过该协议,新加坡可以展出法国顶级博物馆的展览,也可以将新加坡最好的收藏在法国进行展出。国家艺术委员会与国际表演艺术协会(ISPA)合作成立国际表演艺术协会新加坡奖学金,提供最长可达三年的参与国际表演艺术协会的国际网络的机会;获资助者将成为ISPA会员,参加ISPA大会,获得与世界顶级表演艺术机构、艺术家中介机构、文化政策研究团队、各种基金、艺术节的领导人及相关专家交流的机会。此外,国家艺术委员会还与非营利组织领导人合作中心(Centre For Non-Profit Leadership)合作,为国际上的各种非营利组织提供发展领袖能力的服务与活动。

国家艺委会大力支持新加坡艺术团队到国际舞台上崭露头角。2016年,国家艺委会带领15位新加坡舞蹈制作人和艺术家参加第11届德国杜塞尔多夫国际舞蹈博览会(Tanzmesse),这是新加坡艺术家第一次出现在这一全世界最大的现代舞聚会上,为新加坡的艺术家与团队提供了与国际社会进行合作、交流、建立委约关系的机会。2016年2月,名为"新加坡焦点"的演出活动在横滨表演艺术大会上做了展示,该会议是亚洲持续时间最长的表演艺术交流平台。2016年,新加坡的音乐团队首次在澳洲音乐产业的最大平台——澳大利亚"巨声音乐节"(BIGSOUND Australia)——登场,与来自世界各地的150多名音乐家,共同参加了为期三天的艺术节及行业会议,分享对未来发展的愿景,建立了合作关系。

新加坡政府将文化艺术活动作为在国际上推广新加坡形象的重要组成部分,通过2005年在伦敦、2007年在北京和上海、2010年和2015年在法国举办"新加坡艺术季""新加坡艺术节"等活动,精选本土艺术家和艺术团体到当地举办演出和展览活动,积极宣传与重塑新加坡的国际形象。新加坡自2003年开始连续参加威尼斯双年展,并于2015年租下常设场馆,长期展示新加坡当代艺术的发展;加强与法兰克福书展等国际组织的联系……这些举措,体现了新加坡政府通过国际平台,积极展示新加坡文化艺术的独特内容的努力。国家艺术委员会为在海外艺术机构、场地及活动中展出高质量的本地作品及展览巡展提供资金支持,国家遗产委员会也在推动类似的海外巡展支持。

与国家艺术委员会同样成立于1991年的新加坡国际基金会(Singapore International Foundation),是新加坡专门致力于国际合作与交流的社会组织,其愿景是"为了更美好的世界而结交朋友",宗旨是通过分享观念、技术和经验,提升生活质量,加深新加坡与世界各国人民的相互理解与了解。艺术与文化是新加坡国际基金会关注的五大重点领域之一;基金会积极推动艺术家在国际上分享新加坡的文化艺术成就,通过艺术来推动新加坡与国际社会的文化交流。2000 年至 2011 年期间,国际基金会总计帮助超过 250 名艺术家和团体在 50 多个国家展示自己的作品。"新加坡国际计划项目"与新加坡艺术家合作,以艺术家作为文化使者,加强与世界各地的交流与合作。该项目每年有三次申请机会,面向新加坡公民和永久居民,各种形式的艺术作品都可以申请项目支持。

"共善艺术伙伴"(Arts for Good Fellowship)是新加坡国际基金会推出的年度国际艺术交往活动,通过鼓励及组织以推动社会改变为目标的艺术家团队实践,推动"共善艺术"生态系统发展。项目将跨领域专家如艺术家、艺术行政人员、策划组织者等聚集在一起,通过网络会议、在线社群等各种交流项目,扩大参与者的视野,彼此分享意见,并开展实地考察与学习等活动,以提升参与者以艺术活动推动社会进步的能力与知识。每次举办交流活动时,会在新加坡及另外一个国际城市分别活动四天。

新加坡政府还通过开展大型艺术活动,如新加坡国际艺术节、新加坡美术展、新加坡作家节和新加坡双年展等,积极吸引海外艺术家与艺术作品走进新加坡,力图将新加坡建设成东南亚乃至全球重要艺术交流平台。国家艺术委员会的"新加坡会展计划",致力于"寻求咨询、援助与津贴,为新加坡争取举办各种国际艺术活动或展览的主办权",通过支持当地艺术团体在新加坡主办各种国际艺术活动、会议与展览,将新加坡发展成举办区域或国际性艺术活动的理想地点。创办于 1999 年的新加坡国际艺术节,已经成长为具有相当国际知名度的艺术节,被认为是亚洲最好的艺术节之一,通常会吸引 60 万观众参与到其售票及免费的各种活动中来。始于 2006 年的新加坡双年展,主要展示包括绘画、装饰、新媒体、表演、摄影、录像、出版、声乐、壁画和家具等在内的当代艺术品,亦已成为东南亚首屈一指的艺术盛会。此外,新加坡国际基金会举办的"跨媒介多元艺术展"、亚太酿酒基金会与新加坡美术馆合办的"特出艺术奖"等,都是亚太地区颇具影响力的艺术赛事。通过这些大型艺术活动的举办,新加坡逐渐发展成为地区性的乃至全球性的当代艺术交流与对话的重要平台。2015 年,由前高等法院和前政府大厦改建而成、占地 6.4 万平方米、以

10 年时间筹备、设计、兴建,建筑经费逾 5.3 亿新币的新加坡国家美术馆开幕,其目标之一是成为"全球最大的东南亚艺术公共珍藏馆"。这是首个从区域出发、聚焦东南亚艺术历史发展的长期展馆,其馆藏艺术品来自东南亚 10 国,解说语言包括 4 种官方语言。

重大艺术活动提高了新加坡的知名度,使其逐渐发展成为区域内与世界其他地区进行艺术交流活动的中心。亚洲艺术交易会使得新加坡本地及周边地区的艺术团体将新加坡作为向全世界发布作品的重要场所。新加坡双年展及其他重大论坛活动如东盟国家博物馆馆长研讨会(ASEAN Museum Director's Symposium)等,将全世界的专家带到新加坡来进行文化交流与学习。

新加坡政府于 1991 年推出"外国艺术人才计划"(The Foreign Artistic Talent Scheme),让优秀的国际艺术人才可以成为新加坡永久居民,以推动艺术与文化景观的发展,并进一步推动本土艺术人才的多样化。该计划由国家艺术委员会与新加坡移民管制署共同推出,后者拥有对申请的最终决定权。申请者必须满足下列条件才会被列入考虑: 1. 在本专业受过相关培训与教育;2. 在表演艺术、视觉艺术、文学艺术、设计或媒体领域拥有相关专业经验并取得显著成就;3. 对新加坡艺术与文化景观发展具有重大贡献,有作为领袖人物参与社区活动的经历;4. 对未来如何参与新加坡文化艺术领域的活动及自身发展拥有扎实可行的计划。除了上述能够对新加坡文化发展做出贡献的能力与决心,合格的申请人还必须展示良好的个人品格及成为同辈榜样的良好素质。

除了引进人才,新加坡政府还积极吸引国际人才到新加坡进行创作,建立合作网络,活跃新加坡的艺术创作氛围。"创意制作人发展计划"(Creative Producers Development Programme)为享有声誉的海外艺术公司及制作人提供为期 8 周的驻地交流活动及在各种国际表演艺术市场曝光及建立联络的机会。参与者需提交一份计划开展的作品计划,在此后长达一年的实践过程中,该项目将得到专家团队的具体指点。

五、新加坡推动文化艺术发展的成就与反思

在国家艺术委员会的组织领导及"文艺复兴城市计划"等品牌项目的大力推动下,新加坡文化艺术领域的人才及活力增长快速。"文艺复兴城市计划"最为重要的成果之一就是推动了新加坡艺术人才群体、特别是表演艺术群体的发展。1996—2007年,新加坡的艺术公司及团体从400家增长到800家,此后持续增长,于2015年新加坡独立60周年时达到最高峰5 749家,2016年回落到5 423家;这些艺术机构的数量,以音乐、视觉艺术和文学艺术类公司居首。新加坡举办艺术活动的数量也大幅度提升,单就表演艺术而言,根据新加坡政府最新统计数据显示,凭票入场的表演艺术演出(包括民族、传统、古典及当代形式的舞蹈、音乐及戏剧演出)场次从2010年的2 267场,增加到2016年的3 430场;无需凭票入场的演出从2011年的4 311场,增加到2016年的5 931场;视觉艺术展览场次从2010年的999次,增加到2016年的1 114次,展览天数从2010年的26 266天,增加到2016年的28 740天①。

"文艺复兴城市计划"提升了国民对文化艺术的需求与欣赏水平。1996年,新加坡仅有1/10的民众每年至少参加1次艺术活动,到2008年,每三个新加坡人中就有一个参加艺术活动。每年凭票入场的表演艺术活动参与人数,从2010年的157万多人,到2011年迅速增长为231万人次,后于2016年回落至181万人次。表演艺术活动的售票数,从2010年的132万张,猛增为2011年的186万张,2016年回落为140万张;表演艺术活动收入2010年为9 190万新币,2011年猛增为1.66亿新币,后逐渐回落,2016年为8 938万新币②。

2015年新加坡全民艺术调查显示,80%的新加坡人当年至少参加过一次艺术活动,近90%的新加坡人认为艺术具有帮助其更好地理解来自不同文化背景的人的价值。2016年文化社区与青少年部的文化统计数据显示,新加坡

---

① Singapore Cultural Statistics 2017.

② Singapore Cultural Statistics 2017.

每天平均有 23 项艺术表演,72 项视觉艺术展览。

新加坡艺术景观与文化生态的发展有目共睹,但其宏大的艺术发展野心——将新加坡建成"全球艺术之都"——与其客观环境与具体政策之间,仍有不小距离。具体体现为以下几点:

1. 新加坡政府对文化艺术领域的扶持与投资,从鼓励人才与团队发展到侧重创意产业发展,后来回归社会文化建设,体现出新加坡政府逐渐认识到社会文化积淀对文化艺术与创意人才发展的重要性,但这一认识自然具有功利主义导向,体现了新加坡文化艺术积累薄弱的特点。

2. 新加坡的艺术资助、文化建设及创意产业发展政策呈现出自上而下的典型特征,这虽然有利于短期内发展目标的达成,但不利于民间生态及个体主动性的培养。其商业部门对艺术的资助,也主要体现了大型企业集团对社会文化的关注与投入,基本与政府视角相一致,不太具有挑战性与创新性。

3. 新加坡政府的艺术政策偏重于社会影响及商业考量,忽视学术体系的建设与发展,这与新加坡艺术教育基础薄弱有关。新加坡于 2001 年才在国立大学内成立了第一所音乐学院——杨秀桃音乐学院;虽然政府逐渐意识到鼓励创意过程的重要性,但学术体系的薄弱,导致各种创意过程难以形成学术性积淀及教育化推广。

4. 新加坡对文化基础设施的大量投资如亚洲文化博物馆、滨海艺术中心、新加坡国家博物馆、国家美术馆等面临着东南亚国家及城市如香港、上海等地的激烈竞争,在硬件设施上的过量投资呈现出与国内需求与艺术积淀不相符的态势。

5. 新加坡的人口、地理空间和文化资源条件是影响其打造"全球艺术之都"的重要阻碍,其文化资源的存量水平及国内艺术消费市场规模等都对其发展艺术生产、传播与消费形成重要瓶颈。

6、新加坡由华人、马来人、印度人和欧洲人杂居所构成的多元文化景观各自分散、独立,当地仅有 500 多万的人口规模及较短的艺术发展历史,使得艺术界缺少对多种文化资源的整合能力,这使得原本并不丰厚的文化资源在国际上更加缺少影响力。

7. 新加坡政府的严刑峻法及对言论自由表达、公共空间秩序的严格审查，导致整个社会缺少自由随意的空间及文化弹性尺度。政府对艺术的审查经常引发争议，被认为是不相信艺术家的责任感及观众的判断力，即所谓"保姆型国家"。新加坡的社会治理方式不利于形成自由、开放、活跃的创作空间。

主要参考资料

1. 岳晓英：《资助艺术国际传播与塑造国家形象——新加坡的经验》，《东南亚南亚研究》2016 年第 4 期。

2. 钱志中：《"全球艺术之都"：新加坡创意产业发展战略检讨》，《江苏社会科学》2016 年第 6 期。

3. 任明：《新加坡 21 世纪以来城市文化发展观测》，《上海文化》2014 年第 10 期。

4. 朱洁树：《新加坡艺术政策融入生活》，《东方早报艺术评论》2014 年 9 月 17 日。

5. Renaissance City Plan3, 2008.

6. The Report of the Arts and Culture Strategic Review, 2012.

7. https：//www. nac. gov. sg/whatwedo/support/funding. html.

8. Singapore Cultural Statistics 2017.

11

"上外丝路学"的"一带一路"研究

张 宁*

摘 要　丝路战略研究所是上海外国语大学设立的科研、教学、智库三位一体
　　　　的独立二级实体单位,该所通过将国际关系领域的全球治理、文明交
　　　　往等理论引入传统丝路学研究,打造与国家"一带一路"建设相对接
　　　　的新丝路学,为新时期全球治理的"中国方案"建言献策。本文重点
　　　　介绍上外丝路战略研究所就"一带一路"建设相关议题在科研、教学、
　　　　智库三大板块的工作。

关键词　丝路战略研究所　丝路学　"一带一路"

上海外国语大学丝路战略研究所(Institute of Silk Road Strategy Studies)成
立于2015年9月,是上海外国语大学为对接国家"一带一路"合作发展倡议、
整合全校优势资源、凸显上外国际化人才培养而设立的独立二级教学科研单
位。本所立足于上外多语种、跨学科的专业优势与特色,整合校内外学术资
源,旨在形成"1+2+3+4"发展战略,即一支跨校跨专业的研究队伍,政治学和
外国语言文学两个一级学科支撑下的国别与区域研究,经贸、人文与安全三路
并举的研究范式,中东、东南亚、中亚、美欧(含拉美)的四大研究板块。

本所目前主要工作包括:

(1)科研工作:出版"丝路学研究:国别与区域系列"丛书,发表高质量学

＊　张宁,上海外国语大学丝路战略研究所助理研究员,复旦大学历史地理研究中心博士。研究
　　方向为丝路学、中外关系史、边疆史地。

术论文；提交高质量内参报告，为国家部委和地方政府制订和实施相关政策提供智力支持；加强与传统媒体及新媒体合作，增强舆论影响力。

（2）教学工作：夯实现有省部级、校级优秀课程建设项目；建设涵盖本科、研究生的区域国别研究的"丝路学专题研究"课程体系；探索区域国别战略型人才培养新模式。

（3）团队建设：组建丝路人文、安全、经济三大方向，中东、东南亚、中亚、美欧（含拉美）四大板块的基本研究队伍；助力本校区域国别研究的学术影响力；形成具有特色鲜明的高校智库。

本文从科研、教学、智库三大板块介绍"上外丝路学"的"一带一路"研究工作。

一、科研——丝路学学科

丝路学是一门 20 世纪才问世的新学问，也是一门涵盖了文化、历史、宗教、民族、考古等人文科学，以及地理气象、地质、生物等自然学科的，汇聚了众多学科、综合研究多元文化的学问。丝路学来自丝绸之路这一历史性的文化概念的提出，并且最终得到了国际社会与学术界人士的共同认可。

"一带一路"倡议自 2013 年习近平主席提出以来，在国家大力宣传与推广下，已成为中国外交政策一个重要建设方向，"一带一路"建设也成为中国外交任务的重中之重。"一带一路"建设的大环境激发了中外学者致力于丝路学研究的积极性，在客观上形成了丝路学发展的学术新机遇，使得全球丝路学发展进入转型期、中国丝路学发展进入振兴期。丝路学与现实外交政策的结合丰富了其研究的内涵和外延，国际关系领域的全球治理、文明交往等理论也成为丝路学研究的一部分。丝路学的相关研究作为"中国方案"正在融入方兴未艾的全球治理学中，带动了全球丝路学进入历史新阶段。中国学界应从立论、献策、构建"丝路学术共同体"等入手"振兴丝路学"，让中国丝路学在融入百年显学的世界发展主流中实现与全球丝路学的"学术对接"，以彰显"学术中国"的力量。

上海外国语大学丝路战略研究所在这样的背景下应运而生，通过"上外丝路学"的系列品牌产品，希望为中国丝路学的振兴、为国家"一带一路"建设贡献力量。

（一）丝路学学科建设

1.《丝路学研究：基于中国人文外交的阐释框架》

丝路学的学科建设从相关著作的出版开始。2015年，《丝路学研究：基于中国人文外交的阐释框架》出版，这是第一部以"丝路学"为名的著作。本书不同于传统以丝绸之路历史为主要内容的研究，转而根据"一带一路"建设的需要挖掘相关丝路历史文化资源，论证其理论根源，探索中国与丝路沿线国家人文外交的方式和对策。

本书导论部分在分析丝路历史人文交往和建国后的人文外交基础上，论证了中国丝路外交的内在逻辑合理性，认为丝路外交的本质是缔结伙伴关系，伙伴关系包括人文伙伴关系以及在此基础上的经济伙伴关系和安全伙伴关系；通过伙伴关系塑造中国大一统的国家形象，传播中华文明，并最终达到文明互鉴。

全书分为三部分。上篇是丝路辐射空间内的中国人文外交，分别阐述了中国与东线美国、日本、韩国、拉丁美洲国家，南线印度、巴基斯坦、东南亚国家、非洲国家，西线土耳其、伊朗、以色列、阿拉伯国家、中亚国家，北线俄罗斯、德国、法国、英国等的人文外交历史、项目、反思和展望。中篇列举并叙述了中国人文外交的主要特色项目及其机制，总结了各类项目的经验与前景。下篇汇总了中国丝路外交主要纲领性文件。

2."丝路学研究·国别和区域丛书"

2012年，为贯彻国家教育规划纲要和十七届六中全会精神提出的服务国家外交战略促进教育对外开放的要求，教育部在部分高校和研究机构启动了国别和区域研究以及国际教育研究基地遴选与培育建设工作，开始以专项工作形式探索国别和区域研究发展以及专业研究机构建设的路径。2013年习近平总书记提出"一带一路"倡议后，"一带一路"沿线国家和地区的基础研究和对策研究成为倡议落实的迫切现实需求,也为国别和区域研究工作带来了重大的发展机遇。2014年开始,教育部加大了对国别和区域研究的支持力度,国别和区域研究从单一的专项工作上升为国家工程。

《丝路学研究:基于中国人文外交的阐释框架》出版后,为响应国家关于加强国别与区域研究的号召,在社会科学文献出版社推动下,上海外国语大学丝路战略研究所利用上外多语种优势,整合上外各语种青年教师的学位论文及现有成果,出版了区域和国别研究丛书。

"丝路学研究·国别和区域丛书"具有重大的理论及现实意义。在理论意义上,该研究成果立足于丝路学学科体系、学术体系、话语体系的建设,在融通古今中外学术资源的基础上进一步增强中国学术自信,在去"西方中心论的阐释框架"中进一步完善中国丝路学话语体系,在学术与实践双重能力培养中进一步巩固中国丝路学话语权,真正实现历史丝路上的"中国思想"与现实丝路上的"中国方案"的学术表达。在现实意义上,该研究成果运用区域国别研究方法,以重大现实问题为导向,梳理"一带一路"建设中我国与沿线国家在人文、经贸、安全等领域交流合作现状,剖析"一带一路"建设中面临问题的成因与表现,并从人文外交、智库建设、风险防范、多元文明融合、多语种人才培养等方面构建"一带一路"软环境的现实途径与应对措施等。

本"丛书"10部专著的主要内容及观点如下:

《"一带一路"软环境建设与中国中东人文外交》聚焦中国人文外交在中东地区的实践及成效,对中国与阿拉伯国家、伊朗、以色列、土耳其开展人文外交做了客观描述与理论分析,总结中国中东人文外交运作模式,探索优化"一带一路"软环境的路径,为全球软治理贡献"中国方案"。

《中东非阿拉伯国家智库研究》重点梳理三个非阿拉伯国家的智库及对国家外交政策的影响,为"一带一路"倡议下的中国与以色列、土耳其和伊朗三国的智库合作提供智力贡献。

《"一带一路"投资保护的国际法研究》介绍哈萨克斯坦、泰国、阿拉伯联合酋长国的外资法律环境,并结合环境国际投资法理论发展,对完善我国海外投资保障机制进行深入的思考。

《中国对拉美石油的投资研究》透视中国三大石油公司直接投资拉美石油的"所有权优势"和"内部化优势"，分析获取拉美石油"区位优势"的基本策略，为中国企业参与拉美石油直接投资提供新的理论视角和实践依据。

《以色列公共外交与软实力建设》通过概念厘定和学术梳理确立了软实力理论视角下以色列公共外交、国家形象与软实力的逻辑关系，历史学视角下以色列公共外交与软实力构建的两大研究视角，揭示了以色列公共外交对新时期下中国公共外交的借鉴意义。

《欧洲智库对欧盟中东政策的影响机制研究》构建了智库影响决策的一般性解释框架，概括其影响欧盟核心决策机构的方式与路径；分析三家知名智库在欧盟对中东地区决策中的作用。

《"一带一路"沿线国家环境法概论》比较沿线国家与我国在环境法基本理论、污染防治法和环境管理法等领域的异同，揭示沿线国家的环境法治特色，为我国环境法律体系的完善提供参考。

《丝路文明对话：刘智对贾米思想的诠释》建立了刘智与贾米两位学者学术思想联系，研究明清中国穆斯林知识分子群体发展的历史沿革，寻求汉文译著活动的文化动因，揭示两种哲学思想的渊源关联。

《"一带一路"背景下的多语种人才培养研究》综合运用历史语言学、社会学、语言类型学、对比语言学等学科知识，总结沿线国家成功经验，对"一带一路"与多语种战略人才培养展开深入的探讨。

《英美学者对中国外交研究的信息源分析》对英美学者开展中国外交研究的信息源进行定量统计和实证分析，从"一带一路"对外传播的信息环境视域出发，提出改善我国信息源建设的对策建议。

（二）丝路学话语平台建设

1.《新丝路学刊》（季刊）

《新丝路学刊》是中国首本专注于"一带一路"和丝路学研究的专业学术期刊，主办团队致力于将本刊打造成"特需强"的战略型学术平台，为宣传"一带一路"的"建设成果"、加强"一带一路"的"软力量"建设做出切实贡献。

本刊秉承弘扬丝路精神的宗旨,助推百年显学丝路学的发展,在跨学科、多领域中形成问题导向型的研究范式。亦即,聚焦历史与现实双重视阈中的国别区域问题研究,坚持政策研究与理论研究并重的办刊初衷,既要对"一带一路"和沿线国家与地区"战略对接"实践中存在的重大现实问题展开动态研究,还要发掘并利用西域学、敦煌学、吐鲁番学及郑和学等最新静态研究成果来深化动态研究,更要对国际体系转型、国际关系变革、全球治理等丝路学领域的重大理论问题展开动态与静态相结合的研究,旨在将丝路学研究的静态学术资源盘活为"一带一路"建设的动态现实资源,以彰显中国丝路学的战略地位与中国丝路学界的学术担当。

2. "丝路茶坊"

为了推动国内外学者就"一带一路"主题讨论的深入,培育中国丝路学研究的学术队伍,建设国内一流的丝路学研究基地,自 2016 年起,上海外国语大学丝路战略研究所致力于在国内外开展"丝路茶坊"系列学术活动,通过打造流动的学术平台,提升中国丝路学话语权。

丝路茶坊至今已成功举办了 32 期,访谈对象从青年学术骨干,到现在的学界著名学者,影响力不断扩大;作为流动的平台,从上海到北京、新疆,然后中亚国家、欧洲国家,丝路学研究重镇和丝路交汇区核心国家都留下了"丝路茶坊"的足迹。"丝路茶坊"现在已经成为"上外丝路学"的品牌项目,人民网、新华社、《光明日报》《解放日报》等国内主流媒体均对丝路茶坊进行了长期的关注与推介。

(三)丝路学学术共同体建设

1. "丝路学·国际论坛"

"一带一路"倡议提出已有 5 年,并获得了巨大成效。当前,"一带一路"建设急需相关理论的阐释与话语体系建构,以发出"中国声音"、彰显"中国思想",上海外国语大学丝路战略研究所通过"丝路学·国际论坛"召集丝路学学者,构建新时期丝路学研究共同体,共同承担时代责任。论坛每年 4 月举办,至今已经举办两届。

2017年4月，上海外国语大学丝路战略研究所主办了首届"'一带一路'与丝路学研究"国际学术研讨会。来自中国、美国、德国、印度、伊朗、哈萨克斯坦、土耳其约60位政府官员、智库学者和媒体人士莅临出席，涵盖政治学、历史学、宗教学、外国语言文学及丝路学等五大学科领域。为期两天的会议设置有五个讨论单元，囊括丝路学研究的基本核心议题，包括"一带一路"与全球治理、深化"一带一路"建设的挑战及应对、"一带一路"的"软力量"建设、"一带一路"与国别区域研究、全球丝路学的学派演变及其研究动向等。围绕上述议题，中外嘉宾分组展开对话和研讨。首届"'一带一路'与丝路学研究"国际学术研讨会旨在积极贯彻"一带一路"倡议，响应中国丝路外交政策，是中国丝路学界的一次集体发声，为5月在北京召开的首届"一带一路"国际合作高峰论坛提供了学术支持。同时，此次会议的研讨成果，也进一步促进了中国丝路学学科建设，在全球丝路学转型的背景下，为复兴中国丝路学研究做出积极努力。

2018年4月，第二届"丝路学·国际论坛"在上外成功召开。本届"丝路学·国际论坛"由上海外国语大学丝路战略研究所、教育部国别和区域研究中心伊斯兰合作组织研究中心主办，来自中国、美国、英国、乌克兰、希腊、印度、波兰等国家的70余名长期致力于丝绸之路历史文化、"一带一路"研究、中东研究、中亚研究、大国关系及周边外交研究等关涉丝路学重要研究领域的知名学者参加，并围绕"一带"与"一路"研究、"一带一路"与丝路学研究及"一带一路"与中东研究等三个专题进行深入研讨。中共中央对外联络部高度肯定了上外丝路战略研究所、上海市高校智库内涵建设计划为"一带一路"建设做出的重要贡献。此次会议同样得到了上海市相关部门和国内外学术界的一致认可。上海外国语大学党委书记姜锋肯定了"丝路学·国际论坛"及丝路所学科建设在国内外的重要学术意义。外交部前副部长杨福昌在指导性致辞中对丝路所给予厚望。中联部李鼎新处长在发言中指出，此次会议是"上海的重磅发声"，是中国"一带一路"理论建设的重要会议，并当场宣布上外丝路战略研究所享有"一带一路"智库联盟观察员单位的待遇等，"丝路学·国际论坛"已经凸显出较大的社会影响力。

2. "丝路学·青年论坛"

"丝路学·青年论坛"是上外丝路战略研究所 2016 年发起的全国丝路研究青年学者学术交流的重要平台,旨在促进"丝路学术共同体"的沟通与交流,拓展青年学者的学术视野,提高青年学者在国别区域、"一带一路"及全球治理等领域研究的学术水平。青年论坛每年 12 月举办,至 2018 年 12 月,已举办三届。

2016 年 12 月,第一节青年论坛以工作坊的形式举办,自校内外 10 余名青年学者参会,会议邀请上海大学郭长刚教授、上海外国语大学丝路所马丽蓉教授和教师发展中心主任赵秋艳点评。

2017 年 12 月,第二届"丝路学·青年论坛"在上海外国语大学虹口校区召开。本次论坛由上外丝路战略研究所主办,上海市国际关系学会、上海外国语大学东方语学院、上海外国语大学俄罗斯东欧中亚学院、上海外国语大学西方语系、北京外国语大学阿拉伯学院、北京第二外国语学院阿拉伯学院、新疆师范大学丝绸之路文献研究中心等 7 家单位共同协办,来自全国多家科研院校的 38 名青年才俊齐聚一堂,共话丝路学学术发展,助推"一带一路"软力量建设,与会者学科背景覆盖了 17 个语种及外国语言文学、政治学、新闻传播学、经济学、法学等 5 个一级学科。会议邀请了刘迎胜、郭长刚、王健等 17 名相关领域专家为青年学者进行点评。

2018 年 12 月,第三届"丝路学·青年论坛"在上海外国语大学虹口校区召开。本次论坛由上外丝路战略研究所、教育部伊斯兰合作组织研究中心、《新丝路学刊》编辑部主办,教育部国别和区域研究工作秘书处、上海市国际关系学会及上海外国语大学西方语系协办,来自北京第二外国语学院、复旦大学、华东师范大学、上海社会科学院、上海国际问题研究院、南京大学、浙江师范大学、浙江外国语学院、西南科技大学等高校与科研机构以及上海外国语大学西方语系、东方语学院、俄罗斯东欧中亚学院、英语学院、新闻传播学院、文学研究院、国际关系与公共事务学院与丝路战略研究所等院系的 30 余位青年学者携文参会,为"一带一路"建设与丝路学研究贡献青春力量。会议邀请了李希光、张海冰、江时学、李建新、范丽珠等 15 名相关领域专家点评。

3.《丝路学动态》

丝路学国际论坛和青年论坛期间,为向与会者介绍丝路学界动态和上外丝路学团队的阶段性工作成果,每年在4月和12月分别印刷一期。至2018年12月已经连续编印6期。

(四)"全球丝路学数据库"

文献资料和研究成果的收集是丝路学研究、教学和智库开展的基础性工作。2016年3月,丝路战略研究所启动"中国丝路学研究网"建设,并于5月正式上线。网站通过"全球丝路学研究动态""全球丝路战略政策文件"及"外媒看'一带一路'"等特色栏目,对接全球丝路学研究前沿与"一带一路"建设进程,打造全球丝路学研究的大数据空间。目前,丝路战略研究所正与联合国教科文组织积极磋商,开展全球丝路学成果数据库项目合作,推进全球丝路学转型、提升中国丝路学研究的话语权与影响力。

二、教学——人才培养

丝路战略研究所承担着丝路学教学和人才培养的重任。丝路学的科研、教学及智库研究工作早于丝路战略研究所的成立。

(一)丝路学课程体系建设

丝路战略研究所以丝路学研究为导向,在上海外国语大学共开设5门课程,其中四门本科通识课、1门研究生课程。

1."中阿文明交往史"

丝路学相关课程建设早于丝路战略研究所的成立,"中阿文明交往史"即其一。作为通识课的"中阿文明交往史",承担着向学生传播中国和阿拉伯国家和平友好交往历史的重任。

"中阿文明交往史"的视频课,于2012入选年度国家精品视频公开课第一批建设选题名单,并于2014年入选教育部第六批"精品视频公开课",被授予第六批"精品视频公开课"称号。2014 年 4 月,本课程成功在"爱课程"网、中国网络电视台和网易等 3 个网站以"中国大学视频公开课"形式免费向社会开放,产生了良好的社会反响。

国家精品视频公开课建设是教育部"十二五"期间"高等学校本科教学质量与教学改革工程"重点建设项目,是中国文化"走出去"战略的重要组成部分,不仅服务于学生,更是向社会展示先进的教学理念、独特的教学方法和丰硕教学成果的重要途径。

2. "《圣经》《古兰经》故事导读"

本课程是立足上外拥有多语种这一特色优势而开设的,旨在满足国家培养人文外交人才、国际公务员等特需目标以及提高本科以上学生的世界宗教历史文化专业知识水平,旨在提高学生以追根溯源的治学精神和"经典迁移"的影响研究方法,对宗教文化典型案例的分析能力、相关基础理论的运用能力,以强化专业意识。本课程入选 2017 年上外精品课程资助项目。

本课程为拼盘课,由国际关系、希伯来语、阿拉伯语等多学科专业背景,而且来自校内外不同科研教学单位,形成优势互补的学缘结构。课程涉及到中东文化及其宗教、民族文化、地域风俗和地区社会政治、经济历史演变及现状的教学授课内容,《圣经》《古兰经》则是这一地区乃至全球大部分地区的民族文化文明、社会发展历史的最重要的依据。因其具有相应的知识内容丰富、历史与现实交错性强、学术专业要求高且涉及领域较为广泛的特点,自 2006 年开设以来,受到学生的普遍欢迎。

3. "新中国人文外交"

本课程旨在弘扬我国"协和万邦"的人文外交传统,进而培养学生和谐、和平、友好、共赢等人文情怀,重点内容包括"丝绸之路"与"郑和下西洋"为新中国人文外交的历史基础篇,"孔子学院""北京奥运"与"上海世博"是新中国人文外交的现实成果篇,"导论"部分的概念与理论梳理、"结语"部分新中国人文外交的挑战与应对的分析,由以上四大板块构成该课程重点,凸显出 60 余年来新中国人文外交的巨大贡献。

本课程是为上海松江大学园区 7 所高校的本科生开设的人文通识课,从

2009 年开设以来,连续多年被评为"最受学生欢迎的公选课",获得上海外国语大学 2013—2014 年教学成果奖一等奖。

4. "丝绸之路与中外关系"

本课程是面向本科生和硕士研究生开设的通识课。结合国际关系学、外交学、历史学、文化传播学等理论,对丝绸之路沿线国家及地区的历史文化、国情现状进行图文并茂地梳理与分析,并在回顾中国与丝路沿线国家及地区交往史的基础上,通过加深学生对中外关系史的了解,提升其跨文化交流意识和国际传播能力,提升其对"一带一路"及中国外交的认识。

5. "丝路学研究的理论与方法"

本课程是面向硕士和博士研究生开设的专业选修课。上海外国语大学拥有多语种这一特色优势,外国语言文学是强势学科,新时期"一带一路"建设要求高校重视区域国别研究,本课程旨在向学生介绍丝路学相关文明交往、全球治理等国际关系理论,以"一带一路"沿线国家和地区相关研究为例,引导学生建立文献检索收集、学术写作、学术规范等一整套学术研究的框架,增强研究生区域国别研究的能力。

（二）研究生培养

丝路战略研究所根据时代需求和学校建设的重点方向,探索自己的一套人才培养模式,逐渐形成了包括硕士研究生、博士研究生,加博士后工作人员在内的多层次人才培养体系。

研究生培养早期主要面向泛伊、泛阿组织研究和中国与中东地区的人文外交的研究,已经毕业 10 余名硕士、多名博士。丝路战略研究所建立后,在保持伊斯兰研究特色的同时,加强了丝路人文交流和"一带一路"沿线区域国家研究方向人才的培养。丝路所建立以来,入所的 4 名博士中,全部是后两种方向。研究生培养成效显著,在以往的多届毕业生中已经有多人获得上海市优秀硕士论文、优秀毕业生、国家奖学金及其他各类学生科研奖项。

自 2016 年开始,丝路战略研究所依托上海外国语大学政治学博士后流动站招聘丝路学方向的博士后工作人员,这极大充实了丝路所科研团队的实力。

（三）学生实践——"丝路笃行"

丝路学作为一门百年显学,自建立之初就是田野调查与学术研究并行,丝路所在探索人才培养方式的过程中,将田野考察放在与学术培养同等的地位,积极实践"行走丝路"的传统。借此,建立对丝路的感性认知,增强学术兴趣,在田野中培养研究生发现问题和解决问题的能力。

2018 年 1 月,丝路战略研究所组织青年研究团队和研究生围绕"21 世纪海上丝绸之路"主题进行了首次田野调查。先后考察了郑和纪念馆、太仓博物馆、苏州大学"一带一路"研究院老挝研究中心、苏州博物馆等。在调研过程中,队员们了解到了第一手的鲜活史实,加深了感性认识,从历史的角度出发,了解丝绸之路对过去和现代的双重意义。新的丝绸之路,需要"一带一路"沿线各国重拾共同的历史记忆。

2018 年 8 月,丝路战略研究所组织青年研究团队和研究生对丝路黄金地段河西走廊和陕西西安进行了考察。团队先后考察了敦煌、嘉峪关、张掖和西安。部分团队人员参加了第二届敦煌论坛并参观了榆林窟和嘉峪关,在张掖与河西学院关于丝路研究进行了学术交流并参观了张掖丹霞和古迹;重点考察了丝路重镇西安,除了著名的陕西历史博物馆和西安博物院小雁塔和荐福寺外,团队对西安多元的宗教文化进行了参观,包括西安清真大寺、天主堂、道教八仙庵、乐游原青龙寺遗址。考察后,安排学生写作考察报告的任务,激励学生阅读丝路文献和研究著作。通过实践与学术的结合,使学生加深了丝路历史认知和加强了丝路研究的学术能力。

三、智 库 建 设

丝路战略研究所科研和智库研究的主要方向是伊斯兰,重点关注新疆周边,中亚、南亚、西亚等三区 12 个国家以及泛伊、泛阿等国际组织,因此智库相关调研项目、研究报告和建设方向多与此相关。

（一）"一带一路"国情调研

1. 调研基地的建设

新疆是丝绸之路核心区,也是上海市重点对口援助省份。丝路战略研究所依托上海援疆项目将"一带一路"与上海援疆作为重点研究课题,并基于此积极建设调研基地。

2017 年 3 月,上外丝路战略研究所团队两赴新疆霍尔果斯口岸调研,围绕中哈霍尔果斯国际边境合作中心、"中国—中亚—西亚经济走廊"及新亚欧大陆桥建设等重大课题与霍尔果斯市相关部门签署了共建"一带一路·霍尔果斯调研基地"的战略合作协议,并与北京大学、清华大学、复旦大学及中国社科院等多家高校科研院所共同挂牌推进落实,为深入开展中亚地区国家研究奠定了良好基础。目前,丝路所与霍尔果斯调研基地围绕两个重大横向课题开展一系列的务实性共建合作。

2017 年 12 月,上外丝路战略研究所赴新疆喀什特区调研,与喀什大学、上海援疆工作前方总指挥部等进行了深入交流、调研了上海援疆的在建项目、举办了"一带一路"与上海援疆项目推进会,并签署了共建"一带一路·喀什调研基地"的战略合作协议,这将有助于加强丝路所对西亚、南亚地区国家的研究,尤其是对巴基斯坦研究与中巴经济走廊调研等产生积极而重大的作用。

在新疆建设"一带一路"调研基地是丝路所智库建设的关键起步,境外的调研基地建设将是今后工作的方向。

2. 课题调研

丝路战略研究所已经开展了 6 次大型实地调研,先后赴新疆伊犁地区、和田地区等地开展国情调研、赴德法等欧洲 7 国开展穆斯林移民难民课题调研、在出访中亚三国期间开展课题调研等。在国内外实地调研的基础上,丝路战略研究所以提交内参报告、撰写媒体文章、做学术报告等方式,努力发挥高校智库资政建言与社会服务等作用。目前,已有数十篇内参被省部级以上部门采用,且部分议题得到国家领导人的批示。

（二）教育部伊斯兰合作组织研究中心

2017 年,在教育部国别和区域研究基地的申报中,凭借已有研究基础,上外丝路战略研究所获立教育部直属高校中唯一一个伊斯兰合作组织研究中心,并以此为平台不断推进相关研究。

丝路战略研究所在伊斯兰合作组织研究方面具备先天优势和特色。

首先,自 2005 年以来,马丽蓉教授已先后指导 10 名硕、博士生聚焦阿拉伯—伊斯兰国际组织,并重点对阿盟、伊盟、伊合、海合会等进行了多语种的资料收集,为伊合组织研究中心设立后的系统性研究提供了有力支撑。

其次,在丝路学相关理论与方法的指导下,对伊斯兰合作组织的研究便能够突破西方国际组织研究的局限,并能彰显中国特色大国外交的理论特色与实践优势。作为国内丝路学研究重镇之一的上外丝路所,正在不断努力,且取得了一定的学术影响力。

再次,以智库建设为导向,提升上外伊斯兰合作组织研究中心的资政能力。教育部设立国别和区域研究基地的一个重要目的就是希望能够提升高校研究机构的资政能力。上外伊斯兰合作组织研究中心设立后,通过撰写研究报告及编撰《丝路要报》,为中央和国家部委以及上海市相关部门建言献策,且其不少研究报告得到了采纳和积极反馈。2017 至 2018 年,丝路战略研究所在伊合组织研究中心建设的推动下,连续两年获得上海市高校智库内涵建设项目,并于 2018 年正式成为上海市高校智库内涵建设项目单位。

最后,以多语种研究团队培育为目标,实现上外伊斯兰合作组织研究的可持续发展。伊斯兰合作组织有 57 个成员国,广泛分布于中东、东南亚、南亚、非洲等地区,而随着近年来穆斯林移民难民数量的激增,伊合组织的研究也扩展至欧洲和拉美。多语种是上海外国语大学的优势,也是上外伊斯兰合作组织研究中心的潜在优势。2017 年以来,上外伊合组织研究中心能够稳步拓展研究队伍,已形成了能够运用阿拉伯语、英语、俄语、波斯语、希伯来语等语种展开研究的学术团队,正逐步显示出多语种研究的叠加效应。

（三）智库项目

自 2015 年丝路战略研究所建立以来,研究团队先后承担了多项国家和上海市的战略项目。

国际社科基金一般项目:"新中国对中东伊斯兰国家的人文外交研究"（11BGJ033）。

国际社科基金一般项目:"一带一路"与中国新疆周边国家伙伴关系研究（18BGJ020）。

上海市智库内涵项目:"一带一路"与上海援疆。

上海市智库内涵项目:"一带一路"交汇区宗教极端主义风险研究。

上海市智库内涵项目:"一带一路"与丝路学国际研讨会。

中华人民共和国发展与改革委员会外资司委托课题:中国对西亚地区直接投资研究。

（四）智库成果

1. 智库报告

丝路战略研究所积极挖掘丝路人文交往的历史资源,探索传统丝路学与当代全球治理理论结合,在此过程中创立并不断丰富一套新的伙伴关系理论。新疆周边国家是丝绸之路核心区,也是"一带一路"交汇区的重点国家,丝路战略研究所依托伙伴关系理论,研究中国与这些国家的天然伙伴关系、战略合作伙伴关系、人文伙伴关系、经济伙伴关系、安全伙伴关系,为这些国家的"一带一路"建设建言献策。

根据承担的各项科研项目成果及团队的科研成果,丝路战略研究所即将由社会科学文献出版社出版智库报告 2 册:《中国新疆周边国家"丝路战略合作伙伴关系"研究报告》《中国新疆周边国家"丝路天然伙伴关系"研究报告》。这一系列其他智库报告也在研中。

2. 《丝路要报》

丝路战略研究所定期编辑《丝路要报》,向上海市和国家相关部门报送,例如第一期《"一带一路"与上海援疆》,第 2 期《伊斯兰合作组织研究动态》。

(五)智库合作

丝路战略研究所团队参与国内外"一带一路"相关学术会议,积极推动全球丝路学协作,提升中国丝路学的话语权,并与伊朗德黑兰中东战略研究所、北京大学外国语学院、人民大学重阳金融研究院、北京外国语大学、北京第二外国语大学、上海社会科学院宗教研究所、北京语言大学、陕西师范大学历史学院、西北大学丝绸之路研究院、新疆师范大学等国内外高校和智库建立合作。

(六)社会服务

丝路战略研究所致力于智库研究服务社会、政府和企业。研究团队长期在《光明日报》《中国社会科学报》《今日中国》《环球》《中国报道》等主流媒体发表时评,马丽蓉等每年受邀为京沪港澳及国际组织相关部门做反恐内部报告、学术报告。

(七)成效

经过 3 年的努力,丝路战略研究所的智库建设取得新的突破。2016 年 9 月,中国高校"一带一路"智库研究中心发布了《中国高校"一带一路"智库 2016 年度报告》,上外丝路战略研究所在中国高校"一带一路"影响力智库中,位列综合影响力全国第三,其中媒体影响力全国第三。

在 2018 年 9 月发布的《中国高校"一带一路"智库 2018 年度影响力报告》中,上海外国语大学丝路战略研究所的智库综合影响力位已居全国第四;在分项影响力排名中,上外丝路战略研究所的决策影响力居全国第五、学术影响力全国第四、媒体影响力全国第三、国际影响力全国第七。

2018 年 11 月,在建所 3 年之际,上外丝路战略研究所正式成为中国智库索引(CTTI)来源智库,这也为丝路战略研究所今后的发展提供了新机遇。

（三）国家形象与文化传播

12

《小偷家族》在中日两国接受情况之比较

盖晓星*

摘　要　获第71届戛纳电影节金棕榈奖的日本电影《小偷家族》在本国的评价出现两极分化现象，甚至引起乖离电影艺术的社会论争。而在中国，票房突破9 500万元，成为近年来最卖座的日本真人版电影。围绕对该影片的解读与阐释，由于文化背景不同，中日两国自然会出现差异。从中方的主打宣传语"除了爱，我们什么都没有"即可看出"心灵鸡汤"的渲染成分。事实上，国内评论界对《小偷家族》的接受，远在"爱"与"家庭羁绊"之上，且影评数量与质量已然超过日本。本文通过梳理、比较相关评论，来探讨相异文化背景下的理解与接受。

关键词　小偷家族　是枝裕和　金棕榈　接受

---

*　盖晓星：（日本）二松学舍大学兼任讲师，东京大学人文社会系研究科文学博士。研究方向为：中国电影在日本的接受（1949年~）、中国电影文化论。

2018 年 5 月,日本电影《小偷家族》获得第 71 届戛纳电影节金棕榈奖,6 月,导演是枝裕和携演员出席上海国际电影节,创下 1 000 张首映票 20 秒内售罄的记录。是枝无疑是在中国最受欢迎的当代日本电影导演之一,他的中国粉丝远超日本(当然人口比例也是一个重要原因)。本文通过比较中日两国媒体对该影片的评论,来探究在不同的文化背景下人们对这一题材的认知与接受的差异。

一、《小偷家族》获奖之后在日本各界引起的争论

首先,已广为人知的是 2018 年 6 月 7 日在日本参议院文教科学委员会上,立宪民主党神本美惠子议员质问安倍晋三首相,为何没有像往常对获得国际奖项的体育、文化界代表致贺一样,也对是枝导演表示祝贺? 这里面是否有自己的好恶之分? 对此,安倍没有做出回应,文部科学大臣林芳正却表示自己将当面道贺。然而,是枝对此做出的反应竟是"谢绝"。他在个人网站上发表了如下声明:

从前,电影是和"国家利益""国家政策"一体化的,为此曾招致过巨大不幸。说得夸张一点,如若站在反省过去的立场上,即便处于如今这样的"和平时期",与公权力(无论保守主义还是自由派)保持清白的距离也是正确的举措。①

最后还呼吁:"希望左右两派结束对于这件事的论争,继而发表对电影本身的赞否之高见。"

可见这部征服了戛纳的《小偷家族》,在日本受到的关注不单是艺术方面

---

① 是枝裕和:《祝意』に関して》,http://www.kore-eda.com/message/20180607.html,2018 年 6 月 7 日。

的,更多的是政治方面。至于为何会导致这一结果,还得先从它的内容谈起。

5 个互相之间没有任何血缘或法律关系的人,像一家人一样共同生活在一个屋檐下,他们各自扮演祖母、父亲、母亲、妹妹和儿子的角色。他们的家是一个有近百年历史的老旧平房,由于其主人,即祖母初枝拒绝搬迁,使之成为裹挟在都市高层公寓楼之间的不协和之物。就连他们的存在也处于社会的边缘,几乎很少引起外人的注意。父亲阿治没有正式工作,靠偶尔在建筑工地出卖体力赚些微薄收入,母亲在洗衣厂工作。除此之外,他们的生活来源还要依靠祖母的养老金和阿治与儿子祥太在超市的"顺手牵羊"。一天傍晚,阿治和祥太遇到一个因被父母虐待不敢回家的小女孩由里,便把她带回家中。后来由里也成为这个"临时家庭"的一员,加入阿治和祥太的"小偷小摸"队伍。

鉴于以上内容,以安倍为首的日本右翼集团对《小偷家族》视如眼中钉,也应在预料之中。以外科整形术闻名的高须克弥在推特上写道:"我讨厌小偷家族,他不能代表日本人的形象,日本人是勤劳、正直并且很重礼节的。日本人赞赏日本人拍的《小偷家族》,这难道不是世界的耻辱吗? 对此表示沉默,才是国家的品格。"①这显然是与《费加罗报》批判安倍"保持沉默"②针锋相对的论调。

另有小说家百田尚树在电视节目上③强行插入批判是枝"日本应对亚洲各国道歉"的发言,说"这和电影有什么关系,太不像话了"。众所周知,百田颂扬军国主义的畅销小说《永远的零》④也曾被改编成电影,"感动"了无数日本观众,在这一点上他应该比谁都清楚:文艺作品体现的就是作者的世界观、价值观。是枝在采访中表示:"随着共同体文化的解体,家庭关系也出现坍塌。在接受多元文化方面日本还不够成熟,会越发倾向于地域主义,进而走向国粹

---

① https://twitter.com/katsuyatakasu/status/999065506932973568
② 《日刊现代》2018 年 6 月 3 日。
③ 《深入真相! 虎之门新闻》(日文名:《真相深入り! 虎ノ門ニュース》),2018 年 5 月 22 日播出。
④ 百田尚树:《永遠の0》,太田出版社 2006 年版。

主义。这也是日本不承认历史的根源所在。"①在这样的文脉里谈到二战后日本没有彻底道歉的问题，可见导演对历史与现在持有纵深、客观的思考，而不是陶醉在自己狭隘的理想与片面、主观的历史认知中。

除此之外还有如下一些网上愤青（日语称"网上右翼"）的意见：日本人不是靠偷窃为生的，不要向外国灌输奇怪的印象。/教人偷东西是唆使犯罪，让（制作方）限制观影级别 R。/《小偷家族》戛纳获奖是在全世界丢人现眼。/像小偷家族那样的家庭在日本的现实社会中的确存在，这样宣传实在让人讨厌。拿去戛纳，就是反日。

以上言论对于中国人来说是否有些似曾相识的感觉？20 世纪 80 年代，陈凯歌的《黄土地》、张艺谋的《红高粱》在国内都受到过相同论调的批判。经过近 40 年的岁月洗礼，这些影片依然在中国电影史上占据重要地位，其魅力丝毫没有因为那些批判而褪色。

正如是枝在他的个人网页上所言，虽然那些错综杂乱的言论其大多数都与本质相乖离，但仅依据同现政权（与其支持者）所提示的价值观之间的距离，来评判作品和导演本人的话，那就足以说明电影之外，在把笼罩着这个国家的"某种东西"具象化这一方面，我们也是多少起到了一些作用的。②

而另一个领域，通过《小偷家族》展开的安倍批判也在上演。例如《月刊日本》2018 年 7 月版刊登特集《贫困·差别·〈小偷家族〉》，开篇引文如下：

正在上映的《小偷家族》电影并非虚构，这个家庭象征着现代日本的阴影部分。这样的家庭在今天的日本社会确实存在。这些人就生活在我们的周围，然而安倍政权却对《小偷家族》所象征的人们视若无睹。

该特集由 3 个专访组成，第一篇《不能再等了！贫困儿童》采访的是 NPO

---

① ［韩国］《中央日报》（日语版），https：//japanese. joins. com/article/j_article. php？aid＝241462
2018 年 5 月 17 日。

② 是枝裕和：《「invisible」という言葉を巡って——第 71 回カンヌ国際映画祭に参加して考えたこと》，http：//www. kore-eda. com/message/20180605. html，2018 年 6 月 5 日。

法人 kidsdoor 理事长渡边由美子。她指出：日本的儿童贫困是一种不外露的隐形贫困，他们不属于"绝对贫困"而是"相对贫困"。比如说午餐费只有 100 日元，[①]没钱配眼镜、看虫牙等。据 2017 年厚生劳动省公布的数据，2015 年儿童的相对贫困率为 13.9%，占儿童总数的 1/7，全国约有贫困儿童 270 万人。在加盟 OECD 的 35 个国家当中排倒数第 9 名。日本政府针对高龄阶层的福利远超过儿童，为此，贫困家庭的孩子失去均等接受教育的机会等。第二篇《打工者阶级》采访的是早稻田大学教授桥本健二，访谈从桥本的著作《新·日本的阶级社会》切入话题，全篇围绕打工阶层的形成、现状以及安倍政府的不作为，还有对未来社会发展的担忧而展开。第三篇《安倍总理使整个日本陷入贫困》采访的是立宪民主党代表代理长妻昭，整篇访谈对影片不着一字，只对日本社会的贫富差距、社会雇佣状况以及安倍所实施的政策矛盾进行批判。

总而言之，三篇访谈丝毫没有对电影本身发表评论，《小偷家族》仅仅被拿来作为一个参照系数，或者说提供了一个引子。这对于在国际三大电影节之一的戛纳荣获金棕榈大奖的影片来说，多少有些不着边际的感觉。然而也由此可见，《小偷家族》的成就并不囿于艺术层面，在洞察社会、揭示现实问题方面也起到了相当的作用。

二、日本评论界与观众对《小偷家族》的接受

以上列举的大都是乖离作品本身，且具有浓厚意识形态色彩的评论。以下将通过对作品内容与艺术创作方面的评论来分析《小偷家族》在日本的接受状况。

《日本经济新闻》（2018 年 6 月 8 日）评论，在提到影片风格类似于小津安二郎[②]之后，指出"小津关注的是对近代社会不可逆转的家庭结构瓦解，而是枝

---

① 约合人民币 6 元，而日本的外卖午餐平均价为 500 日元左右，即 30 元人民币。
② 小津安二郎(1903—1963)：日本著名导演，以拍摄家庭题材(榻榻米上的日本人)闻名世界。

则梦想重构在现代社会中遭到瓦解的家庭"。虽然作者在这里小心翼翼地使用了"梦想"一词,但是仍然把对是枝的理解局限在了"家庭结构"上。

是枝和小津的不同之处在于:小津把社会浓缩在家庭当中,聚焦于个人在家庭里的处境与感受,在他的作品里,家庭和社会是同步而行、亦步亦趋的。而是枝把家庭放置于社会之中,关注的是家庭与社会的对峙。也就是说他所描写的"家庭"背后总是有一张无形的社会大网,而家庭则好似一条在里面挣扎的鱼,终有一日,鱼死网破。这一点在《小偷家族》中体现得尤为明显。影片结尾时登场的一男一女两名年轻的警察,他们不去追究由里在原生家庭遭受过的虐待,而始终坚持"孩子只有在亲生父母身边才能获得幸福"这一所谓的"普世真理"。当然,他们的理解并不完全来自社会移植,也包括自身的经验。他们也已为人父母,他们深爱自己的孩子,仅从自身的感情出发,他们也不能理解另一种感情的存在。这种观念与理解的隔阂,就如同他们身后的法律一样,只有"对""错"之分,不允许有第三个答案。原东京大学医学部教授养老孟司有一本畅销著作《傻瓜的围墙》,①里面提到:我们看似通过电视和报刊获得了一些新闻,但那里面无疑还存在着太多根本让人无从知晓的东西。在被各种媒体新闻包裹起来的现代社会,"新闻"在很大意义上变成了一种被消费的商品。大多数人对新闻所持的态度也仅仅停留在满足某种猎奇心理之上,很少有人真正关心其背后存在的"根本让人无从知晓的东西"。而是枝就是这样一位既有深切人文关怀又有敏锐嗅觉、洞察力与想象力的电影作者。他恰巧就从一则"全家一起偷东西被捕、被审讯"的新闻报道中产生了《小偷家族》的构想。② 可想而知,一般人从中获取的信息往往是"偷窃"属于不法行为,而是枝更关注其背后的动机,以及存在于该行为之外的,即"小偷"身为普通人时的生活。也可以说,在偷窃钓鱼竿的父子身上,他联想到一种相依相偎的浪漫。

---

① 养老孟司:《バカの壁》,新潮社,2003 年。中译本:《傻瓜的围墙》,天津人民出版社 2004 年版。

② 朱峰:《生命在银幕上流淌:从〈幻之光〉到〈小偷家族〉——是枝裕和对谈录》,《当代电影》,2018 年 7 月 12 日。

作家角田光代发表在《朝日新闻》(6月8日早报)上的评论,则着眼于世人(即社会)与小偷家族(即家庭)之间的错位。角田认为这一家人抱团取暖、收养受虐儿童并非善意亦非正义,甚至连同情都算不上。他们也没有在帮助别人的意识,仅仅是本能地伸出了手。这和他们的犯罪并不矛盾,表里如一。正因为他们的行动原理不是出自善意和正义,所以他们犯罪或者唆使犯罪才不会踌躇。就像本能地对弱者伸出援手一样,当他们自己身处弱势时,也会以同样的方式对待自己。把在寒风中颤抖的孩子带回家和为她偷窃是一回事。接下来她十分尖锐地指出:

他人当然不会理解这个家庭,而偏偏世人最可怕的就是自己无法理解的事物。为了理解,只能把他们归类于罪犯。一旦发生超过自己理解能力的可怕事件,就称之为"心理阴暗"。如此这般,通过命名、归类便能让世人安心,相信那是和自己完全无关的。当然我也是这世人中的一员。我也认为虐待儿童的父母是非常坏的人,戒不掉的小偷小摸是一种病。害怕自己被看作和他们是同一种人类,因此常常要在自己和他们之间划上一条线。

基于如上"世人"心理,角田认识到在《小偷家族》这部影片里,导演没有"划线","他们"和"我们"生活在同一个世界里。因为通过"给无法理解、难以理解的事划线归类",从而"造成片面化的理解,使人放弃思考其背后、深处存在的真实。甚至忘记并非好人只有善良、坏人只有恶。仅仅陶醉于自己站在正确一方的错觉里"。而影片恰恰"对这个简单、洁净的社会表达了强烈的违和感"。

在日本,关于《小偷家族》的评论文章中,可以说这一篇是剖析最为深刻,也最理解导演创作艺术的。

《每日新闻》(2018年7月19日)评论认为,《小偷家族》"和导演以往描写家庭的影片不同,这一次甚至是反社会的",是在"揭露社会的伪善和荒诞"。

2018年7月1日版的周刊《Sunday 每日》刊载了一篇文章,题为《安倍首相会看〈小偷家族〉吗?》。作者指出:"这部电影的目的不是要批判政治、揭发社会。而是描写人与人之间些微的情感交流、误会;无法用声音传递的,隐约的心灵震颤以及难以言表的内心温暖。"同时评价该影片比是枝过去的作品"更细致、更内敛、甚至超越电影,具备了优秀的文学性"。最后还不忘切题调侃道:"如果自称电影爱好者的阿部首相能在百忙之中前去观看的话,想必会产生和朝鲜劳动党委员长金正恩会谈一样的冲击力。假设还能有和是枝导演进行一场谈话的器量,那么现在的内阁苦境、国论分裂状况将呈现出另外一种局面吧。"①

另有一篇刊登在《金融财政事情》上的连载文章从弱者的立场出发,表示赞同导演对社会舆论一刀切的愤怒。认为媒体报道把违法领取遗属养老金的行为,当作滔天罪行来声讨是"主张自力更生的强者论调"。作者认为导演描写的是弱者的存在,他们工资待遇极其低下且收入不稳定,只能教孩子去偷。最后把观众能够隐约获得的救赎归纳为"家"的羁绊,并强调"这部影片并没有批判政府,无需围绕政治立场发言"。②

一部时隔 21 年摘冠金棕榈的日本电影,自然会成为本国媒体的聚焦点。仅在获奖消息传出之后的 5、6 两个月里就有 41 家纸媒、35 次视觉传媒(20 天内)、63 条网媒(1 个半月以内)进行了报道。然而,其中大多数仅只停留在获奖信息和舆论争议上,另外对创作人员的采访也占一个比例,而对影片的"文本分析"却很少见。这一方面起因于日本的电影评论还没有形成一个较大的文化现象,另一方面可见本国评论界对《小偷家族》这样的"异类"影片在接受上还需要一定时间的发酵。

在雅虎的电影网站,评分 3.98(7 084 人参与,满分 5,截至 11 月 25 日)。参与评分的人数高于是枝其他作品的几倍,分值除了比得分 4.1(1 362 人评分)的《无人知晓》低一些,比大约得分在 3.5 左右的其他影片(如《步履不停》《成为父亲》《海街日记》《比海更深》《第三度杀人》等)都略高一筹。这显然与戛纳效应是分不开的。但是,也有相当一部分观众对影片所描绘的自己经

---

① 伊藤智永:《安倍首相会看〈小偷家族〉吗?》,第 40 页,每日新闻出版社。
② 大森泰人:《金融财政事情》,金融财政事情研究会 2018 年版,第 51 页。

验范围之外的"现实"感到不满,认为丑化了日本人。这是因为赤裸裸的贫穷和犯罪让大多数人感到与现实生活太遥远,不真实。从上文的引用数据当中,可以知道日本社会长久以来几乎没有"显在贫困",也就是说日常生活中看不到衣衫褴褛、靠乞食而生的儿童,影片里的小偷家族在表面上也几乎与常人无异。因此,如果让生活安定、相对富裕的中产阶级去理解这些隐形的贫困,是需要凭借一些想象力的,他们的否定意见大多源自一种"生理"上的排斥。而一位自称在"黑暗家庭"①长大的网友则认为"肮脏的生活场景太真实了","反复强调家庭之爱与羁绊最重要的是枝作品对自己来说虽然感到痛苦,然而却有被拯救的感觉"。事实上,就在《小偷家族》入围戛纳主竞赛单元的2018年3月,日本东京都目黑区发生了一起5岁幼童被继父与母亲虐待至死的悲惨事件。该事件引起媒体与社会舆论甚至政府的强烈关注,首相安倍晋三为此召开了内阁官僚会议。因此可以说《小偷家族》之于日本社会的意义还有待在未来更长远的时间维度里去验证。

三、中国评论界与观众对《小偷家族》的 接受与两者之间的比较

上一节提到在电影和影评都还没有形成较大文化气候的日本,对金棕榈奖得主影片的"专题"评论亦极为罕见,大多数相关文章充其量只能算做"观后感"。大约千字左右的文章,一大部分还是囿于当前的话题性讨论。截至2018年11月25日,在日本的论文网站CiNii上搜索关键词"小偷家族",共出现12篇相关文章。其中3篇访谈、1篇摄影报告、4篇"借题发挥"完全没有对电影内容发表评论的专题讨论。而用同一个关键词在中国的知网(CNKI)上搜索,则出现23篇相关文章,其中除了2篇访谈与1篇翻译文章(日本《电影旬报》的访谈)之外,其余都是具有相当篇幅的主题评论性文章,最长的一篇达到8000字。可以说,对这部日本影片,中国的评论无论在数量上还是在质量

---

① 指有离异、贫困或暴力家庭的可能。

上都远超日本。

这些评论当中有一些和日本媒体的关注点是一致的,比如对"家庭"的思考、对"羁绊""爱"和"亲情"的感受,对"贫困(底层)生活"的洞察,以及对社会体制批判产生的共鸣等。所不同的是,国内的评论中有较多的细节分析。可见对"是枝电影"长久以来形成的一种接受美学,比如"日式"的生活细节描写,得到所有评论者的赞赏。这在日本的评论文章中几乎是被完全忽视的,可能对本国观众来说太司空见惯了。不仅如此,还有一位日本的专栏作家中野翠在承认《小偷家族》是一部好电影的前提下,坦白说:"观赏之际,曾不时感到烦躁、腻味。因为电影里的家像垃圾场一样,让人难以忍受。"她还说:"比起物质匮乏的贫困,物质过剩的贫困更加丑恶。以前日本的贫困家庭大多是珍爱为数不多的物品,因此,甚至可以说有一种素朴之美的风情。而如今的贫穷则充斥着百元店、旧货店的廉价商品与街头免费发放的宣传物品,如果不具备相当明确的审美意识,就会泛滥。如此说来(影片里的家)虽然逼真,但堆满了不被珍惜的,也可以说没有爱的物品,这样一种状态,到底不美。因此,我对这一家人无法产生好感。"①

这恰与中国的评论形成鲜明对比,众所周知,多数中国观众向来把是枝电影看作"治愈系""小清新"类型(这一点笔者认为大有探讨的余地,篇幅所限,暂不赘述)。《小偷家族》虽然多少逾越了这一层意识,但导演不变的影像风格,含蓄细腻、既饱满又内敛的情感表达仍然让粉丝们产生了共鸣。因此我们可以看到一些诸如"在无望中创造希望,在悲伤中创造快乐,在无爱的时代创造爱"、②"很感动,但并非那种震颤的感动;很想哭,却哭不出来;很想反思,但又无法用语言表达"、③"冷静观察时代,剖析人性与世相"④这样的赞誉之词。之所以存在如此反差,"异国"和"本国"之别是一个不容忽视的因素。上一节引用过角田光代鞭辟入里的剖析,即"害怕自己被看作和他们是同一种人类,

① 《Sunday 每日》,第51页,2018年6月24日,每日新闻出版社。
② 韩浩月:《〈小偷家族〉:真实与诚恳没有文化边界》,《中国青年报》2018年8月7日。
③ 胡禹昕:《〈小偷家族〉:爱与陪伴,向恶而善》,《中国新闻出版广电报》2018年8月15日。
④ 虞晓:《〈小偷家族〉:细声低语中的力量》,《中国电影报》2018年9月5日。

因此常常要在自己和他们之间划上一条线"。对中国人来说,《小偷家族》讲的是一个他者——日本人的故事,也就是说两者之间已经自然存在"一条线",因此在接受的时候就比"本国"日本人宽容得多。反之亦然,当《黄土地》《红高粱》在国内被部分人士批判"出丑"时,在日本和其他国家却备受好评。这也透露出探讨文化接受问题时的一个关键所在。

此外,还有从独到视点出发,对影片进行深层分析的文章。例如杜庆春在《最温暖的题材里有道德和逻辑的不安》一文中指出"每一秒的日常都指向导演对于现代社会庞大系统的体会与思辨",具体阐述如下:

《小偷家族》是在现在社会里讨论弱势人群寻找生存资源的另一种逻辑。在是枝裕和的镜头下,"小偷家族"和整套现代文明治理机制之间的不兼容,一定程度地类似游牧文明和农耕文明之间的冲突,"小偷家族"是现代社会中的游牧群体,临时家庭成员之间带着强烈的"因情势变化产生的族群认同",恰似游牧文明包含的血缘和种族宽容度。

他还指出:是枝裕和对现代社会组织伦理不是完全认同的,甚至,他的反思中带着明显的对抗色彩。这种对抗性是日本20世纪70年代的思想遗产,今村昌平的《复仇在我》[1]正是当年那股思潮的杰出产物。但《小偷家族》的对抗,不是为了简单粗暴地批判社会制度,是枝裕和从一种创伤体验出发,呈现了一种与主流平行的伦理,让现代社会机制定义为"不合规、不合法、不可呈现"的灰色部分呈现出来——并不是所有的社会问题都是我们已有逻辑可以处理的,"理性"未必能带来根本的安全感,《小偷家族》在最容易温暖人心的"家庭"讨论中,带来了道德和逻辑的不安感。[2]

70年代的日本,以学生为主的反对"日美安全保障条约",反对越战运动如火如荼,与强大的国家机器抑或主流意识形态对抗,成为当时的一个思想潮

---

[1] 今村昌平:《復讐するは我にあり》,松竹株式会社,1979年。
[2] 《文汇报》2018年8月17日。

流。像这样从历史纵轴、思想脉络中分析是枝,可以说是相当客观又犀利地把握住了《小偷家族》的核心内涵。

另有苏七七着眼于弱小的人与庞大体制之间的关系,指出体制以一种傲慢的,居高临下的态度来刺破"小偷家族"这个乌托邦,告诉他们"你们互相欺骗,你们诱拐孩子,你们教孩子偷东西"。而信代面对咄咄逼人的质问,则"焕发出了她的坚定和坚韧,她像擦脸一样一把又一把地擦去不停流出的眼泪,不是低头,不是哭泣,是你们不理解不承认的母爱,是那样塞满在内心,流溢出来。这是与体制的对峙——体制给翔太安排了去处,把友里送回了家,但是,祥太叫出了'爸爸',虽然没有让柴田听见,友里在阳台上,哼着信代妈妈教的歌谣。乌托邦消失了,但爱留下了印痕。"作者最后做了如下总结:

这样的一个乌托邦,不是一个空间的,设计出来的乌托邦,而是一个时间意义上的,生长着,消亡着,甚至带有一点轮回感的乌托邦。这是是枝裕和用他的电影语言,给出的关于家庭的,更广义的理解,而对于个体、家庭、社会之间关系的洞察力,是这个电影成立的基础。①

这篇评论同上一篇杜庆春的论述观点基本一致。同时,把是枝对家庭关系的思考,归结在"更广义的理解"上,而没有局限于"解构"与"建构"的概念当中。这一点与是枝在接受采访时谈到的《小偷家族》创作动机之一,即"东日本大地震之后对被格外强调的'家庭羁绊'感到不舒服"相吻合的。也就是说导演并非要规划出一个家庭的理想形态,而是不赞同用"家庭"伦理绑架个人。对此,张冲《"无缘社会"人、僭越禁忌与家庭作为权力装置的解体——从电影〈小偷家族〉观日本的后现代特征》一文更加细致地分析了日本家族制度从建立到走向解构的历史过程,论述了现代性之下"家"的权力装置之终结。并列举了"无缘社会"(没有关联的社会,互不相干的社会)一族及"向下流动"

① 苏七七:《家庭的乌托邦——〈小偷家族〉中的"家庭"理念与图景》,《电影艺术》2018 年 9 月 5 日。

的人群与主流价值观的对抗,最终都以失败告终这样的事实,以此为切入点来解读《小偷家族》的结局。如下:

> 像以往的工人阶层采取各种荒唐办法(如酗酒打架、乱搞女人、结伙厮混)来对抗主流价值观,却迟早会被主导意识形态感化和驯服,过上中规中矩的生活,悄无声息地去接受从属的社会地位一样,阿治和信代等人虽然已经认同了自己的从属社会地位,但还是被剥夺了生存的权力,失去工作和尊严,要面临法律的种种询问和质疑,最后被判入狱。[①]

同时,作者把影片里的"小偷"行为看作是"僭越世俗社会的法律规定,用动物般的'神圣之爱'对其进行超越。用人的自然本性——'动物性'来否定这个物化的理性的'世俗世界'"。这和杜庆春的解读,即"小偷家族"不兼容于"整套现代文明治理机制"、"游牧文明和农耕文明之间的冲突"可谓异曲同工。这两篇评论可以看作目前为止对《小偷家族》分析最透彻、理解最深刻的文章。其他关于对"家庭关系"的解读还有王飞《小偷叙事与家族神话的"褶皱"》[②]一文,认为:"(影片)并没有在解构与重构的二元对立中择其一,亦不是在反解构,或者说是反重构,而是在解构中有重构,在重构中也有解构,试图询唤一种理想的'家族'关系"。

以上列举的评论,其关注焦点都集中在"小偷家族"与社会机制之间的疏离与隔阂上,着重分析影片所描绘的现实状态,并没有要从中获得什么答案。这非常吻合是枝"电影不是用来审判人的,导演不是上帝也不是法官"这样的创作信念,同样在他的电影里也从来没有给出过"答案"。

然而,正因为它的开放性,也有观者从中看到了"希望""改变"与"救赎"。例如雷晓宇认为,"在这个故事最后,强者和弱者之间的界限被打破了,那面隔阂的玻璃墙被打破了。以前站在这面玻璃墙前,无论强弱,每个人都只能看到

---

① 张冲:《"无缘社会"人、僭越禁忌与家庭作为权力装置的解体——从电影〈小偷家族〉观日本的后现代特征》,《电影评介》2018 年 8 月 8 日。
② 王飞:《小偷叙事与家族神话的"褶皱"》,《中国艺术报》2018 年 8 月 15 日。

他自己。可是现在,它破掉了,人可以走出自我幻想中的封闭处境,看到他人和世界。"①

这是一个相当乐观的解读,也是误读。"妈妈"信代的选择并非"强者"和"弱者"达成和解的结果,仅仅是她不得不做出的妥协。在被审讯的过程中,经历了世俗道德的"拷问"之后,她终于不得不直面存在于自己和这个社会之间的无法逾越的障碍。因此,才心灰意冷,对来探监的丈夫说:"该清醒了,对这孩子来说,我们不行。"她的意思是,如果孩子愿意,可以去找自己的亲生父母,也就是说回到轨道上的社会,即便残酷,那也是唯一的出路。从前,她就是只想抓住和孩子在一起时的眼前幸福。为此不惜放弃工作,并恶狠狠的用"说出去就杀死你"来要求同事保密。可是,在和女警官的"对峙"中,她被视为"绝对不能原谅的女人""诱拐犯"。她也知道无论如何解释,自己断然不会被对她来说亦是"另一种女人"的人所理解。她们之间的玻璃墙永远也没有被打破的可能。这一观念同样出现在他的上一部影片《第三度杀人》当中,②可以看出是枝对这个问题的持续思考。

关于对以上认识的深入剖析,除了上述苏七七的评论之外,还有一篇海欣的文章这样写道:"整个'小偷家族'被曝光之后,他们得到了媒体和各部门的关注,但这种关注是非常短暂的,很快一切又将回到无人知晓、无人关怀的境地。好像发生了改变,又什么都没有改变。这正是导演是枝裕和的厉害之处,也是电影《小偷家族》的厉害之处。"③

可以说除了个别带有理想主义的"误读"之外,多数影评还是相当准确地把握了导演的创作思想,达到日本相关影评难以企及的高度。由于篇幅所限,本文未能涉及豆瓣网上的普通观众投稿,在此仅列举一个和日本雅虎电影网站上对该电影的评分人数与短评条数的比较数据(截至 2018 年 11 月 25 日,见下表),以供参考。另外,关于对该影片的艺术层面分析也有待另择篇幅。例如笔者认为翔太在壁橱里睡觉、用手电筒看书的镜头,可以看作是枝在向已

---

① 雷晓宇:《〈小偷家族〉:是枝裕和迄今最好的电影?》,《中国企业家》2018 年 8 月 20 日。

② 警官无法理解杀人犯的行凶动机,认为他只是一个"空壳"(或者说空皮囊)。

③ 海欣:《努力偷生,不问过去未来》,《齐鲁周刊》2018 年 9 月 2 日。

故台湾导演杨德昌的《骷龄街少年杀人事件》(1991)致敬。①

豆瓣 \ 雅虎		7 084 人评价 3.98 点(满 5 点)	短评 1 042 条
□ 25 倍	□ 62 倍	179 467 人评分 8.7 分(满 10 分)	短评 65 387 条

---

① 该影片的主人公小四就是睡在日式房屋的壁橱里,经常躲在里面用手电筒看书。

13

中国现当代文学在德语世界的传播研究

顾文艳*

摘 要 在中国现当代文学海外传播这一研究领域中,集中在德语地区的传播与接受研究仍处于初步阶段。主要研究成果除了来自从事比较文学和海外传播研究的国内学者,还有本身就在东西文学文化传播过程中扮演至要角色的德语界汉学家。这些针对文学传播的研究在对待传播方式、媒介、环境、文本等方面都有不同的侧重点,展现出多元交叉的研究路径。本文试图对目前中国现当代文学在德语世界的传播研究进行梳理,将其放在现当代中西文学关系研究的整体中进行考量,发掘研究材料和方法上的空白,旨在探索此项研究的发展空间。

关键词 中西文化交流 德国汉学 海外传播 文学机制

20 世纪以来,在德语世界得到关注的中国文学中,有一部分指向的是共时的文学发生,即现当代文学。欧洲悠久的东方学研究传统,尤其是 19 世纪以来德语地区的汉学发展为中国现当代文学在德国的译介、研究与传播提供了较好的媒介条件。此外,自 18 世纪赫尔德提出通过不同语言的文学来探索不

---

* 顾文艳,复旦大学中文系现当代专业博士生。主要研究领域为中国现当代文学海外传播、中国当代文学批评、现代文学理论。近期主要相关研究成果有:《汇入"世界文学"的中国文学》《"疯癫"的修辞:试论宁肯〈沉默之门〉中的反讽性因素》、"The Chronotope of Nightmare: Walter Benjamin and the Phantasmagoria of the Flaneur"等论文。

同民族文化,歌德呼吁"世界文学"的时代以来,[①]域外文学的输入在德语知识文化界内部占有极其重要的地位。在上世纪末同时作为学科和现象兴起的东西方跨文化交流中,来自中国的文学作品,尤其是共时性的当代文学创作备受重视,成为能够展现全球语境下中国文化和现代"中国"形象的代表。从30年代鲁迅作品德语译本的流传到新时期大批中国当代作家作品在德国的引介,中国现当代文学在德语界的传播是一个具有历史性的动态的实践过程,涉及来自不同时空不同领域的多种因素,足以在现代中西文学关系的研究背景下形成一个具有发展前景的研究场域。

然而,以这一特定文学传播为对象的研究状况仍处于初始阶段。相较于其他以语种地域划分范围的同类传播研究,把德语世界作为中国现当代文学外输空间的课题不在多数。目前来看,该课题除了缺乏专门的研究著作,在向度上也有一定局限性。一方面,尽管德语汉学界从传播开始就有针对文本翻译、作家作品、出版情况甚至传播人物媒介的评判探究,这些研究大多是在现代德国汉学发展史脉络下的评析和整合;另一方面,国内学者的研究很多是在中国现代文学在海外输出总体态势中对在德语世界的传播情况的提及,并通常将德语世界作为"欧美""西方"的一部分进行考察。尽管如此,这些讨论无论是在内容侧重,材料类别还是研究方法上都渐趋多样。本文试图将这些关于中国现当代文学在德语世界传播与接受的已有研究及其研究路径进行梳理,来思考此项研究展开和深化的可能。

一、研 究 现 状

如果说中国现当代文学的发生与其在德语世界的传播之间没有太大的时

---

① 赫尔德(Johann Gottfried Herder)在1780年以后的书信和散文里多次表述通过不同语言的"国别文学"来看待和理解不同国别民族文化的观点。"世界文学"概念是歌德在1827年与艾克曼(Johann Peter Eckermann)的对谈中提出的,其中有一段特别提及中国文学的发现。参看:Herder, Johann Gottfried: *Ideenzur Philosophie der Geschichte der Menschheit*, in: ders.: *Werke in zehn Bänden*, Riga 1784 – 1791. Goethe, Johann Wolfgang: Über Kunst und Altertum, 1827.

间间隔,那么针对这种传播的研究就要推迟到传播发展到一定阶段之后,或者说,当单纯的引介过渡到"接受"的发生之时。这里的发生之时大致可以划归到 20 世纪 80 年代以后。自从 70 年代中国和两个德语区——联邦德国(西德)与奥地利建交以后,中德当代文学的交流得到了明显的提高。这一点不仅体现在文学作品的译介数量和文学交流活动的频繁上,还在德语汉学发展过程中对中国现当代文学研究的日趋重视,以及国内在 20 世纪文学海外传播领域内相关研究的兴起。到了 80 年代,中国现代文学经历了历史性转折,与此同步的现当代文学和比较文学学科也立足于新的起点。系乎时序的全球文学气候下,染乎世情的中国文学创作得到世界的关注,而其在德语世界语境下的传播、研究与接受也自然得到了促进。与之相应的便是该语境下文学传播研究的兴起。80 年代后期到新世纪,将此作为课题或作为中西文学交流下子课题的研究逐年递增,专题类型上也渐趋多元。除了传统的翻译比较,还出现了针对互动方式与传播媒介,以及视特定作家、文体、体裁、思潮、时期为对象的多类专题考察。2012 年,莫言获得诺贝尔文学奖,中国当代文学的世界影响力大幅提升,随之涌现了大批关于涉及文学外播的讨论。其中不少涉及在德语国家的传播情况的探究,能够作为本课题研究范围内最新成果之余,也展露出此项研究现阶段较好的发展态势。

同时值得一提的是近 30 年来研究者的学术背景。从事此类研究的学者大体有两种:一是致力于比较文学和海外传播研究的国内学者,二是同时作为中国文学在德语世界引介者的德语汉学家。前者将此类文学传播视为一种现当代全球视野下的文学现象,考察其内在情况,着眼点在于中国当代文学的"世界化"问题,涉及有关中国文学如何"走出去"等文化战略层面的命题。不少研究者将德语地区的传播状况作为中西文学交流的一部分,比如杨四平在有关现代中国文学海外传播与接受的论著中,将德语世界的接受情况穿插在发现理论、历史脉络、地区差异等章节的讨论里。① 还有一系列单独考虑现当代文学史上重要作者在西方影响的论文,不免需要包括对德语界翻译和研究

---

① 杨四平:《跨文化的对话与想象:现代中国文学海外传播与接受》,东方出版中心 2014 年版。

情况的罗列。① 此外,部分覆函德语圈的研究是将 20 世纪中国文学放在纵向的文学西播史里来考察,比如《二十世纪国外中国文学研究》②里按区域划分的小部分章节,还有《中国文学在德国》③中现代文学的部分。最后还有主要以单篇论文形式发表的小专题研究,比如在德语世界鲁迅的传播、④社会政治情况下现代文学"中国"形象的变化、⑤新时期文学译介渠道、⑥莫言作品的接受。⑦ 值得一提的还有两项量化研究,上海外国语大学的孙国亮和李斌在 2017 年底发表的《中国现当代文学在德国的译介研究概述》⑧与北京外国语大学两位研究者的《中国当代小说在德语国家的译介回顾》,⑨分别根据德国图书馆数据库中德译版本进行统计,并以此展开从定量到定性的分析,乃至文学接受历史框架的构绘。尽管这几篇论文填补了本课题在基础资料上的空白,但总体来看,这个课题在国内缺少专门的系统研究。分类研究虽然具有一定多样性,但大部分侧重于跨文化传播中的文学"输出",在内容和方法上都还有较大的拓展空间。

相比之下,来自德语学界的研究更多注重的是传播历史与传播实践。几乎所有从事此项研究的德语区学者都是并步翻译、研讨、传播中国现当代文学的汉学家。其中最为中国学者和大众熟知的就是德国波恩大学著名汉学家顾彬。作为 6 卷本德语版《鲁迅全集》的主要编译者和《二十世纪中国文学史》

---

① Cui Taotao, "Bibliographie Chinesische Gegenwartsliteratur in deutscher Übersetzung" (《中国当代文学德译目录》), in Cui Taotao, Einliterarischer Brückenbauerzwischen den Kulturen, Der chinesische Literaturnobelpreisträger Mo Yan in Deutschland: Werke, Übersetzungen und Kritik, Würzburg: Könighausen & Neumann, 2015: 402 – 404.

② 夏康达、王晓平:《二十世纪国外中国文学研究》,天津人民出版社 2000 年版。

③ 曹卫东:《中国文学在德国》,花城出版社 2002 年版。

④ 谢淼:《鲁迅在德语世界的传播及此历程中的互动关系》,《中国比较文学》2016 年第 6 期。

⑤ 熊鹰:《当莫言的作品成为"世界文学"时——对英语及德语圈里"莫言现象"的考察与分析》,《山东社会科学》2014 年第 3 期。谢淼:《新时期文学在德国的传播与德国的中国形象建构》,《中国现代文学丛刊》2012 年第 2 期。

⑥ 谢淼:《学院与民间:中国当代文学在德国的两种译介渠道》,《中国文学研究》2010 年第 2 期。

⑦ 崔涛涛:《德译本〈蛙〉:莫言在德国的"正名"之作》,《小说译介与传播研究》2017 年第 1 期。

⑧ 孙国亮、李斌:《中国现当代文学在德国的译介研究概述》,《文艺争鸣》2017 年第 10 期。

⑨ 冯小冰、王建斌:《中国当代小说在德语国家的译介回顾》,《中国翻译》2017 年第 5 期。

的作者,顾彬是海外汉学界研究与传播中国现代文学最重要的人物之一,以中德现代文学交流作为整体的研究很少有避开他的讨论。而他自己从经验到理论的传播实践研究,如关于中德文学作品的翻译理论,以及联系海外现代汉学发展史对中国现代文学史的思考,都可以作为这一研究领域内关键的参考文献。除顾彬以外,德语界作为中国现代文学传播者对传播进行研究性反思的学者还有德国的马汉茂(Helmut Martin),司马涛(Thomas Zimmer)、卜松山(Karl Hein Pohl)、高立希(Ulrich Kautz)、R. G. Wagner、施微寒(Helwig Schmidt-Glintzer)、葛柳南(Fritz Gruner)、艾默力(Bernhard Emmerich)瑞士的冯铁(Raoul David Findeisen),以及奥地利(现居英国)的傅熊(Bernhardt Führer)、魏格林(Susanne Weigelin-Schwiedrzik),李夏德(Richard Trappl)等等。这些汉学家一般都从属于大学的汉学研究机构,同时也是德语区民间中西跨文化交流活动的积极参与者。其中在传播研究方面有突出成果的是冯铁。他对中国现代文学前期在德语世界的翻译与传播进行了一系列专门的史料搜集和考证,比如他就第一个鲁迅作品德语译本的反复考证,还有对30年代一位在欧洲译介宣传同期中国文学的奥地利汉学家卡尔玛(Joseph Kalmer)的介绍与探究。另外,以德语汉学学术共同体为对象的现代文学传播研究也值得注意,比如傅熊在一本介绍奥地利汉学家群体的著作中对汉学界翻译研究中国文学的情况做了详细的陈列和评价。① 来自汉学家的声音重新审读了输出空间的接受史,也为这项研究奏起了实践和历史主题下的篇章。

二、研究方法和理论路径

中国现当代文学的海外传播是一项带有跨学科性质的研究,需要研究者在熟悉文本和文学史的基础上,跨连传播学、历史学、接受美学、社会学等学科的视角和理论。从研究方法来看,除了需要运用社会学的定性研究和量化分析对初始资料进行整理,还需要针对传播个例进行深度剖析。具体研究过程

---

① 傅熊:《忘与亡:奥地利汉学史》,王艳、〔德〕儒墨丹译,华东师范大学出版社 2011 年版。

中,国家的政治经济地位和国际关系也都可能是不得不放入考虑范围的因素。近年来如"求异探索"等中外文化传播研究理论的发展也为该领域研究路径打开了新的可能。① 从上述海内外学者就德语世界的传播研究概述中,我们不难看出多元研究方法的呈现和多种理论路径的交汇。因此,从理论方法出发对现有成果做一番整理,或许能够帮助我们更好地看到此项研究发展的向度。

首先是资料的收集和整理。这里必须回应的问题是:什么样的材料应当被纳入这种传播研究?从表面上看,这个问题与其说是研究方法的讨论,不如说是研究对象的界定。然而,文献材料类型的选用又直接关系到研究整体路径的择取。现有研究面向的主要材料大致有两种。一种是围绕被传播与接受的文学文本,另一种针对传播的过程。前者文献集中在输入和输出区域两端,主要是德语世界对中国现代文学创作和文学研究的翻译、介绍、课程、评论和学术探究,获取来源包括历史档案和当今不断更新叠加的文献库;后者主要是传播过程中关于媒介、途径、环境和实践的资料,包括出版策略、学术机构、受众群体、人物中介、文学交流活动等多方面的记录,以及与传播形态变化相关的政治气候与技术变革。

在近几十年来的传播研究中,这两类材料的挖掘和收集都有了较大的进步,并且通常都是同时被纳入研究的。一个很好的范例是冯铁对早期传播中国现代文学的汉学家卡尔玛的研究。② 冯铁首先通过从奥地利文学档案馆搜集到的卡尔玛个人档案(生平、著作、书信等),对他作为"文学代理人"的生平和学术背景进行了整理。在这些资料的基础上,他又考察了卡尔玛在英国时与中国作家萧乾的联系,来叙述卡尔玛将萧乾 1939 年到伦敦大学之后的英文演讲合集翻译成德语,作为第一部德语中国新文学史(*Die Chinesische Literatur*

---

① "求异探索"理论注重将视野放在跨文化传播中不同文化产生的差异。参看:曹顺庆 Shunqing Cao:"Variationtheory and the Reception of Chinese Literature in the English-speaking World."CLCWeb:Comparative Literature and Culture 17.1(2015):〈hp:∥dx.doi.org/10.7771/1481 - 4374.2599〉

② Raoul David Findeisen,"'I am a Sinologist and an Expert ...'—The Translator Joseph Kalmer as a Propagator of New Literature"(《"我是搞汉学的专家……"——译者卡玛尔作为中国新文学的传播家》),Studia Orientalia Slovaca 10·2(2011):387 - 409.

der Gegenwart)在瑞士出版的整个过程。接着,冯铁又联系政治环境,选取了卡尔玛有代表性的译作文本进行分析,即五十年代他到东德以后翻译的三位作家的作品:鲁迅、茅盾和赵树理。冯铁这篇论文用英语书写,因此他列举的翻译段落和词句除了中文原文、卡尔玛的翻译,还加注了他就中德文本对比的英文解释。在大量译作文本和传播过程这两种原始材料的相互印证下,加上深入的翻译解析和详尽的历史阐释,冯铁这番以媒介人物为中心的论述是令人信服的。

除了材料整理方面,冯铁的研究还能给我们带来理论路径上的启示。作为一项传播研究,从"输出—输入""传播—接受"角度出发的结构功能主义路径是重要且合乎理性的。冯铁对"输出"——比如从中国现代作家萧乾留欧时期与德国汉学家的交往到他的文学史介绍被翻译成德语——和"输入"——卡尔默前往纳粹统治区外的瑞士出版中文译著——过程的历史重现直接勾勒出一幅在特定时空下清晰的传播结构图。很明显,从传播结构出发不仅有助于具体研究时对传播发生的线性历史进行梳理,还能够作为个案对象择取和上文所述的基本史料收集之线索。冯铁这项研究选取的对象卡尔玛是代表了传播过程的中介人物,可以同其他以带有"中介"功能的机构、学术共同体等译介渠道切入的研究归为一类。另外两种专题研究的对象就是结构图的首末两端,即中国的输出口(以中国的具体作家、文本风格、类型体裁、思潮流派等作为专题)与德语世界的输入端(以德语区社会背景、文学机制、文化工业、学术传统为专题)。但我们不应该忘记,冯铁的研究是以传播媒介的中间段为切入口,注重的是在由重要中介人物主导下的实践过程,以及在此过程中对"中国现当代文学"作为一种世界文化现象和文化概念在德语世界的阐发。事实上,他主要沿袭的是强调传播实践的文化研究路径,即将传播视为在不同历史、文化情境下对"意义"的阐释和建构。① 这点在他并置卡尔默的译作分析与东德政治环境后得出的结论里得以体现。相较于结构功能主义,文化研究视野下

---

① 这里的文化研究是指从五十年代起由英国伯明翰的霍尔(Stuart Hall)、威廉斯(Raymond Williams)、霍加特(Richard Hoggart)等几位代表学者主导的理论,以日常生活中的意义和活动为视点,通过跨学科现象研究各种文化现象。

的传播研究对材料择取的范围和研析的深度都有不一样的要求。它倾向于从不同社会政治环境下传播者和文学家的主体出发来进行经验性考察,是中西文学关系研究领域进一步发展重要的理论。除了冯铁的文章以外,参考运用文化研究理论的还有很多,包括联系中德政治意识形态的传播史叙述、①针对特定历史时期和政治地区的接受专题、②就现代文学传播与中国形象建构问题的阐发,③提倡"世界文学转向"的汉语翻译实践论④等等。

从文化研究的理论路径推进,有助于研究者打开视野,联系一些非直接影响传播过程的因素来重新审视单纯以输出方、中介和接受方为主要对象的传播过程。以鲁迅在德语世界的传播为例,在相对充分的史料考证和资料整理之上⑤,关于这位新文学代表作家的传播讨论往往不能避免对德语接受区政治意识形态的聚焦。曹卫东较早的一项研究就是围绕鲁迅在德国的接受为什么主要是作为政治家和革命家而非文学家这个问题展开的。⑥曹卫东结合历史演变阶段,考察了鲁迅接受过程中政治性的淡化与德国学界对他作品文艺价值的渐渐重视,但是他以政治经济学路径展开的叙述将意识形态的因素放在了首位,不免会忽略其他的互动因素。这一点在近年学者的一些研究中得到了较好拓展,加入了诸如德国鲁迅引介研究和翻译之间的相互作用、德语区和非德语区鲁迅传播的互动关系等多方面的考量。⑦同样的思路也出现在莫言的个案研究当中。除了从一开始就在文学海外传播研究中备受重视的政治意

---

① 曹卫东:《中国文学在德国》。

② Müller, Eva(梅薏华), "Chinesische Literatur in der DDR," (《中国文学在民主德国》) in *Fernoestliche Brückenschläge: Zu Deutsch-Chinesischen Literaturbeziehungenim 20. Jahrhundert*, hrsg. von Adrian Hsia und Sigfried Hoefert, Bern: Peter Lang, 1992:199－210.

③ 谢淼:《新时期文学在德国的传播与德国的中国形象建构》。

④ 朱安博、顾彬:《中国文学的"世界化"愿景——德国汉学家顾彬访谈录》,《吉首大学学报》2017年第3期。

⑤ 关于鲁迅在德国的接受,不仅在作品译介文本和史料有一定资料积累,还在在鲁迅学术研究方面的考证。比如冯铁查找过德国第一篇关于鲁迅的学术论文来自于30年代中国留德女学生王澄如的博士论文,从这个角度出发的还有一些国内学者的考察,如范劲以"鲁迅形象在德国的最初建构——以两部早起的鲁迅博士论文为例"(《社会科学》2013年第5期。)为题的论文。

⑥ 曹卫东:《中国文学在德国》,第152—161页。

⑦ 谢淼:《鲁迅在德语世界的传播及此历程中的互动关系》。

识形态因素,当代出版机制、全球语境、技术媒介、文化构型等要外部条件也被纳入了研究视阈。如在将莫言作为一种世界文学的一种"现象"在英语和德语圈的接受研究中,①作者一方面从接受区文化环境来探索莫言作品传播,另一方面又囊括了针对莫言作品中的历史书写、艺术特点、中国小说传统美学继承等文本因素的分析。虽然作者在对德国文学文化机制与莫言作品接受关系的反思不够深入,就作品文本的分析也主要是同英语区文化传统的关联,但他提到了对我们的研究非常重要的一点,即莫言作品在获诺奖前就在德语圈受到欢迎的一个关键是电影《红高粱》在德国的成功。事实上,20世纪以降,尤其是新时期以来,文学文本的海外传播接受与电影等视觉媒体的关系是不容忽视的。比如张爱玲小说在国外,包括德语区的译介流传都跟2003年由她小说改编的电影《色戒》的国际影响力直接相关。将电影等视觉媒体,以及技术变革带来的跨文化传播方式,如纸质媒介的信息化,放入此项传播研究至关重要,尽管这方面的讨论相对匮乏。总体来看,此类与文化研究理论相勾连的多样路径都有利于我们在对传播外形架构的基础上,展开更深入的研究。

三、研究前景:拓展和深化的向度

不难看出,上述关于中国现当代文学在德语圈传播和接受的研究已取得了一些成果,但仍有较大的发展空间。具体研究上的空白和拓展方向,在前两节的介绍论述中都已经有所提及,下面再做一个总结。

(一) 资料收集整理的推进

以传播结构功能划分的两种材料——一种围绕中国输出口和德语输入端,另一种针对中间的传播过程——都有一些经过基本处理方式的呈现,可以直接为进一步研究做参考。下一步资料的采集和整理主要可以从四个方面入手:一是德语区出版发表的与中国现当代文学相关的译介文献目录。目前只

---

① 熊鹰:《当莫言的作品成为"世界文学"时——对英语及德语圈里"莫言现象"的考察与分析》。

有一些按期或作者划分的目录表,尚未经过汇总。二是来自重要媒介机构的资料采集。作为中国现代文学主要译介渠道的汉学研究学派机构和民间组织(包括出版社)已经经过初步整理,但一些来自这些机构的材料,比如德国出版社的数据记录、编辑策略、受众分析等也都是这项研究需要关注的信息。三是史料档案的挖掘。上一节所举冯铁的研究中对书信和档案等史料的重视是该领域研究不常见的,因此在历史资料的采集工作也可以再推进,比如根据专题有针对性地前往德语国家的大学档案馆和人物档案馆。四是来自非中心德语区的材料。该研究是以语种而非国别划界的,因为我们很难将几个现代德语国家接受中国文学的方式和过程完全分开。当然,在具体研究中,不同政治社会背景下的同语种国家地区也是需要作为变量来考虑的。比如在处理冷战时期的传播时,通常有联邦德国和民主德国的分野。因而,此项研究也应当收录除中心区德国以外的两个地区,奥地利和瑞士德语区的情况资料,来做有比较的考察。

(二)专题研究的拓展

与资料种类一样,该研究范围内的专题也可以按照"输出—中介—输入"的传播结构分类。第一类以中国现当代文学中的不同文本类型(小说、诗歌、散文)、中国作家(鲁迅、莫言)或流派时期(新时期小说、伤痕文学)在德语世界的传播为题,第二类以译介渠道和人物为核心,第三类涉及德语世界的文学接受环境。现有的专题研究大多属于前两类,特别是第一类,而第三类的专题研究寥寥无几。第三类专题包括的德语国家政治社会背景虽被很多研究视为影响传播的重要因素,但很少有从此出发的研究。事实上,第三类专题还涉及德语区的整体文学传播形式、文学机制、文化工业、以及智识阶层通过阅读文学作品来成为有文化的教养公民(Bildungsbürgertum)的传统。① 德国的现当代

---

① 教养公民 Bildungsbürgertum 是德国十八世纪中期的一个社会阶层概念,作为一个阶层的主要成组是受到较好教育的资产阶级,到 20 世纪再与知识阶层有了更多重合。作为教养公民的个人追求文化的终身教育,因为人在文化和心灵生活中是不断"成长"(bilden)的。通过阅读经典的文学作品得到文化气质的形成是成为教养公民的一个必要条件。

文化机制和文本传播途径是有一定特殊性的。从欧洲中世纪以来以资产阶级为受众核心的文学传播传统,到 30 年代后来自带有文化精英主义思想的法兰克福学派对大众文化的批判,德国文学界对德语和世界文学的"经典"和"经典化"尤为重视——这或许能够解释德语汉学界对中国文学中诗歌的尤为重视,以及顾彬对中国当代文学作品的批判。① 这种传统下形成的现代文学机制里有着各种各样的设置和文化:大众报刊专门的文学介绍和批评板块(feuilleton)、广播电视里的文学栏目、出版社和书店推介、文学奖项、文学辩论文化、朗读文化等等。② 德语世界特殊的文学传播文化自然会影响到国外文学的本土接受。此外,德语地区的中国文学读者很多是抱着了解中国和中国人生活的期望和预设。因此,将文学中的中国形象与接受群体这种心态联系在一起也不失为一个可行的研究方向。从这些角度出发来反思中国现当代文学在德语国家接受的研究,或许能填补第三类研究专题的空白。

(三)整体视角下的再探索

在此项研究中,我们一直提及的结构功能主义路径围绕几个关键的传播环节,指向的是最基本的问题:谁在传播中国现当代文学? 什么样的形式和内容被传播? 通过什么渠道传播? 德语世界里有谁来接受? 这种传播和接受产生了怎么样的影响? 现有研究对这 5 个问题都有不同程度的回应,在回应的过程中也有路径上的分叉,与其他理论和方法的交汇。这种分叉和交汇正是进一步研究的关键。将传播视为一个整体,来探索更多理论路径和研究方向是下一个阶段不可忽略的。正如歌德在几个世纪以前提出的那样,多民族多语言文学的传播和互动可以看作"世界文学"范畴下的一个整体项目,在不同和"共同"的文学环境中得到体现。在这样的整体视角下,无论是理论路径

---

① 顾彬对中国当代文学的批判在他的很多文章和访谈中都曾出现,但 2006 年他在接受"德国之声"的采访时对中国当代文学的评点被国内的《重庆晨报》转述为"中国当代文学是垃圾",在中国文化界引起了轩然大波。

② 这些有关文学工业机制的社会设置都被作为不同的板块,写入一本关于德国文学机制的基础性研究中,值得注意:Steffen Richter, *Der Literaturbetrieb: Eine Einführung*, Darmstadt: WBG, 2011.

还是研究方向都有可能获得突破和创新。举一个尚未展开研究的专题为例。围绕中国现当代文学中的"小说"文体在德语圈的传播，除了回答传播结构上5个基本问题以外，我们还可以聚焦中国现代小说中不同元素在传播中的体现。比如联系德国经典小说的美学传统，看具有中国美学传统（史学和诗骚）小说作品和小说作者的接受情况，或者从小说类别（大众类型和纯文学）、题材（历史性和个人化）出发来看德语区大众接受。在此之上，或许还能继续追问：中国现代小说在德语区的传播史里是否有文学史和世界史两条剧情线？在德语区择取的作品作家与中国文学史经典化过程是否能够平行？两者之间是否形成张力？这些问题虽然不一定能够通过研究得到回答，但它们都有利于整体视角下对文学传播的探索与反思。

　　综上来看，此项研究的进一步拓展并非水到渠成，而是具有一定的挑战性。首先，这是一个有鲜明领域分野（现代文学在德语世界），却又需要超越界限（世界文学整体视野）来思考的大课题。因此，对于力图拓展这项研究的学者来说，除了基本的语言和专业知识，还应当具备不同学科或跨学科的学术背景。其次，由于当代跨语种的文学传播本身仍处于动态，或者说正在以从未有过速度和形式不断发展，与之相应研究也必须不断更新。它不仅要求研究者收集和考察累加的实时材料，还需要熟悉、运用甚至发展出新的跨文化传播理论，来分析对应的新型的传播形态。最后，这样一项世界当代史场域内以文学为主体，传播为对象的研究既需要宏观的历史眼光，也依赖微观的时空聚焦。只有将当代史、文学史、传播史放在同一视阈之内，才能将这种文学传播作为一个实践性整体来思考，从而更深入地探索中德文学交流的历程与发展。

主要参考资料

1. 谢淼：《政治事件对德国汉学发展的影响》，《中国文学研究》2015 年第 1 期。
2. 张杰：《民主德国和联邦德国的鲁迅著作的翻译和研究》，《鲁迅研究动态》1988 年第 5 期。
3. Cao, Shunqing. "Variation Theory and the Reception of Chinese Literature in the English-speaking World." CLCWeb: Comparative Literature and Culture 17. 1 (2015).
4. Cui, Taotao. *Ein literarischer Brückenbauer zwischen den Kulturen. Der chinesische Literaturnobelpreisträger Mo Yan in Deutschland: Werke, Übersetzungen und Kritik.*

Würzburg：Königshausen und Neumann. 2015.

5. Findeisen, Raoul David. "'I am a Sinologist and an Expert …'— The Translator Joseph Kalmer as a Propagator of New Literature"（"我是搞汉学的专家……"——译者卡玛尔作为中国新文学的传播家）. Studia Orientalia Slovaca 10·2（2011），387 – 409.

6. Goethe, Johann Wolfgang. *Über Kunst und Altertum*, 1827.

7. Herder, Johann Gottfried. *Ideen zur Philosophie der Geschichte der Menschheit*, in：ders.：*Werke in zehn Bänden*, Riga 1784 – 1791.

8. Müller, Eva（梅薏华）. "Chinesische Literatur in der DDR." *Fernoestliche Brückenschläge: Zu Deutsch-Chinesischen Literaturbeziehungen im 20. Jahrhundert.* Hrsg. von Adrian Hsia und Sigfried Hoefert. Bern：Peter Lang, 1992, 199 – 210.

9. Weigelin — Schwiedrzik, Susanne. Lu Xun und das Prinzip Hoffnung. "Eine Untersuchung seiner Rezeption der Theorien von Huxley und Nietzsche." *Bochumer Jahrbuch für Ost Asien Forschung* 3（1980），414 – 431.

10. Richter, Steffen. *Der Literaturbetrieb: Eine Einführung*, Darmstadt：WBG, 2011.

14
自媒体环境下育儿圈之西风东渐现象浅析

陈亚亚[*]

摘　要　中西方文化差异的突出表现之一是育儿观差异。中国的育儿观深受
　　　　西方文化影响,新媒体时代自媒体成为育儿观传播的重要阵地,一些
　　　　在西方学习和工作的女性通过自媒体来介绍与传播她们感受与学习
　　　　到的西方育儿知识、理念和相关的社会支持体系,给国内家长提供参
　　　　考资料。由于自媒体具有及时互动等特点,在这一传播过程中,中西
　　　　方文化的冲突也日渐呈现,表明当代中国家长在学习借鉴西方科学
　　　　育儿体系的同时,也有期望传统文化得到传承的心愿。

关键词　育儿　自媒体　西方文化　传统文化

近代以来,我国的育儿理论与实践有不少变化。关于这方面的研究大致
有两类,一类是横向研究,即中外比较研究。有人认为,中西方文化差异中最
突出的表现之一是育儿观差异,这可能是一些人在跨文化研究中选择育儿观
为对象的原因。这类研究的数量不多,如孙晓杰的《集体主义/个人主义文化
下的父母育儿风格与幼儿人格关系的比较研究——中澳跨文化比较》、[①]李欢
的《少子化时代中美家长育儿态度对比研究》[②]等,大致都说明中国父母的育
儿风格倾向于管制,西方父母的育儿风格更为民主,不同育儿观与不同国家的

---

　*　陈亚亚,上海社会科学院文学研究所助理研究员,研究方向为性别文化、城市文化。
　①　孙晓杰:《集体主义/个人主义文化下的父母育儿风格与幼儿人格关系的比较研究——中澳跨
　　　文化比较》,辽宁师范大学 2007 年博士论文。
　②　李欢:《少子化时代中美家长育儿态度对比研究》,南京师范大学 2012 年硕士论文。

文化有紧密关联。

还有一类是纵向研究,如陶艳兰《养育快乐的孩子——流行育儿杂志中亲职话语的爱与迷思》,①该文通过分析某育儿杂志从 2004 年至 2014 年的文本来探讨中国亲职话语的变化过程,指出大众媒体经常传播养育快乐孩子的重要性以及如何养育快乐孩子,但这不过是一种话语修辞,其承载和传播的是专业主义、密集亲职和消费主义意识形态。这里提到的快乐育儿观念和方式都从西方传入,说明当前中国亲职文化已经被卷入全球化进程中。

基于中国育儿观深受西方文化影响的现状,一些研究致力于探讨中国传统文化对当代育儿观的影响,如华伟的《儒家文化对当代中产阶级母亲育儿观的影响研究》,②认为传统儒家文化仍对当今中产阶级母亲的育儿观产生着积极、强劲的影响,她们朝着完整人格的目标培养孩子,体现了儒家"君子不器"的教育目标;用规训方式帮助孩子完善道德自我,秉承了儒家"修身为本"的教育路径;要求孩子保持学业成绩优秀,则是沿袭儒家"劝学重教"的教育实践。这类研究倾向于认为传统文化在当代育儿观中仍有积极意义,最好能将中西方文化的精华结合起来。

以往对育儿观的媒体研究主要涉及杂志、报纸、电视等,新媒体出现后,育儿观的传播途径很大一部分转移到网络上,这方面的研究目前还比较匮乏,有限的一些研究大多对传播效果有较正面的结论。如陈光玉的《育儿博客的"有"与"是"——其内容、作用与意义》③采用内容分析法对育儿博客进行梳理和分析,发现育儿博客对母亲育儿有很多帮助,主要表现在拓宽视野、增加信息、提升信心和能力等方面;杨光的《新浪育儿微博的传播效果研究》④有类似结论,认为育儿微博的内容和评论对受众产生了显著影响,可以帮助大众树立

---

① 陶艳兰:《养育快乐的孩子——流行育儿杂志中亲职话语的爱与迷思》,《妇女研究论丛》2018 年第 2 期。

② 华伟:《儒家文化对当代中产阶级母亲育儿观的影响研究》,《南京师大学报(社会科学版)》2018 年第 2 期。

③ 陈光玉:《育儿博客的"有"与"是"——其内容、作用与意义》,华东师范大学 2011 年硕士论文。

④ 杨光:《新浪育儿微博的传播效果研究》,武汉理工大学 2016 年硕士论文。

科学育儿观、对抗传统陋习。

笔者的研究主要通过对目前居住在西方的华人所创办的网络自媒体（主要是微信公众号，兼顾微博）进行观察，分析她们如何通过个人的经验分享、知识和理念介绍等方式将西方育儿观传递给国内受众，涉及的自媒体账号主要有：笨妈育儿育己、德国育儿研究、澳洲妈咪育儿经、澳洲妇幼 Dr 韩……，这些人无一例外都是女性，已婚育，具有高学历，有的在国外念书，有的已在国外工作，其中一些人的自媒体是公益性的，也有一些人通过推荐商品、组织团购等方式来获利，还有人以此来进行创业。

据笔者观察，这些自媒体的内容大致可以分为以下三个方面。

一、科学育儿知识的介绍

几乎所有账号都有科学育儿的内容，具体包罗万象，如吃饭、睡觉、如厕、就医等。有的是个人经验分享，有的是直接转贴的知识介绍，不少还对分享的知识进行了翻译和加工，例如把美国医生提供的养育指南翻译过来，或者查找英文资料后将相关内容精心组织并进行阐述，供国内家长参考。这些内容在既往大众媒体中也有不少，但自媒体具有一些独特的优势，如作者和读者可以进行即时互动，促进彼此对相关议题的认识，也给围观读者提供更多的参考意见。

我们来看一个具体案例。自媒体"澳洲妇幼 Dr 韩"的创办人是澳大利亚的妇产科医学博士，她创办了一个营利性咨询平台（祐苗），同时也在自媒体上免费分享信息。针对小孩睡觉的问题，她提出许多国家的幼儿安全权威机构包括澳洲的权威儿童安全机构（SIDS and Kids）都推荐出生后就要分床，但在评论中一位网友提出这很难操作："小月龄分床是必须，为了安全。但是很多宝宝在经历出牙、夜醒频繁、分离焦虑等时期很容易就睡到大床去了，这没办法，妈妈也得睡个好觉，频繁夜醒会把母亲累垮的。分床这个太教条了一些。我曾经也很坚定的要分床，真正经历才知道不是一切都能按照书本来。"

在科学育儿这个领域，争议比较少，大多能得到读者的认同。例如一位奶爸这样评价道:"我是一名奶爸。笨妈给我们打开了科学育儿的大门,跟我们分享各种科学育儿知识,比如孩子拉粑粑正不正常的判断,受凉会不会导致感冒等,还有很多的育儿材料、视频、音频等,看了这些东西之后,感觉我的三观都被刷新了,原来以前那些育儿方法存在着那么多的问题,也感叹国内全民科普的匮乏、很多医生专业知识的老旧以及网络平台上各种害人知识的充斥。"

然而有一个话题是例外,即对中医的看法。"澳洲妇幼 Dr 韩"旗帜鲜明地反对中医,她认为国外正规医学院校读书出来的医生通常具有科学思维和循证理念,[①]而在中国有循证医学理念的医生比例非常低。这对中国的妈妈而言是件坏事,因为"万一运气不好遇上没有循证理念的医生,孩子可能会做一堆没必要的检查,吃一堆可能没必要的药",所以她希望通过祐苗,筛选和聚拢有循证医学理念又有服务意识的临床医生和专业人士,以互联网为媒介,跨越地域和国界,为中国的孩子和妈妈提供可信赖的养育和健康服务。

笨妈在这个问题上与她立场完全一致,认为应该"让中医药远离你的孩子。不要给孩子吃中药,不要带孩子看中医,尤其不要给孩子用中药注射液",理由是中药没有经过严格的临床实验。关于这一点,她在公众号里跟其他网友展开了数次辩论,有人认为她对中医有偏见,对中医的看法不够严谨,她则强调"中医的整个体系都不接受实验和证伪。您说温热平凉寒存在,那也需要证据啊?西方人不讲究这一套,一样好好的,难道是因为中国人西方人体质不一样?"

针对网友提出的不能完全否定中医,有一些中医疗法也有可取之处,如"中医的非中药治疗是可取的,比如正骨和推拿,拔罐、刮痧。其他的不妄言"。笨妈这样回复道:"拔罐和刮痧的效果好像没有被现代医学认可吧?正骨推拿的话,现代医学有基于临床验证的康复手段,为什么还要用疗效和操作手段不明确标准的治疗手段呢?以我目前的了解,中医中药里没有什么是不可以被经过临床研究的现代医学所替代的。"

---

① 循证医学(Evidence-based medicine,缩写为 EBM),意为"遵循证据的医学",又称实证医学,其核心思想是医疗决策(即病人的处理、治疗指南和医疗政策的制定等)应在现有的最好的临床研究依据基础上作出,同时也重视结合个人的临床经验。

在围观辩论的过程中,笔者感觉一些网友并非从疗效出发,而是更多从文化差异、维护传统文化的角度来讨论这个问题。例如这两位网友的发言:"您大量的引证只是用一个你认可的理论体系去论证另外一个完全不同的理论体系是否可信,结果不言而喻,多说无益,请您先放下成见,认真多看看中医的书","不得不说,一味单纯地反中医,始终是无意识地担当殖民视角的助推器角色"。

二、科学育儿理念的介绍

这方面主要有"德国育儿研究"(悠悠妈创办)和"笨妈育儿育己"(笨妈创办),悠悠妈介绍了德国的学前教育,指出德国幼儿园主要帮助孩子社会化,致力于培养独立、有权利意识和边界意识、懂得尊重别人、有同理心、善于沟通、能够面对冲突和批评、愿意为自己的行为负责、能适应社会的人。幼儿园教育的重心在于培养社会性和创造力,而不是如国内那样专注于智力开发。她还提到,中国的幼儿园主要在学习守纪律,有些甚至用恐吓的方法来逼迫孩子服从,而德国幼儿园则引导孩子,通过互动学习的方式,让他们认同和内化规则,这些规则的核心价值观是保护弱者和规范强者……。

相比之下,笨妈介绍的内容更丰富和系统,除经验、理念的分享外,还有不少理论和具体措施的推介。例如她写的"孩子不打不成器?——与复旦钱文忠教授商榷"一文,列举了若干研究结果来说明"体罚不仅无效而且对孩子的发展有害。体罚对孩子有巨大的负面影响,且和负面行为(包括攻击性和反社会行为)有强相关性",并进一步指出打骂教育的背后其实就是在西方已被广泛反思并被努力破除的"成人主义"。[①] 既然不能打骂,那么孩子出现了行为问题要怎么办呢? 为此笨妈编译介绍了在欧美流行的 Time-out(暂停法),[②]推

---

① 成人主义(adultism)指成人对儿童拥有权力,将成人的行为作为规范来要求儿童,不承认儿童的人权,其结果导致了成人对儿童权力的滥用。

② 该方法在中文育儿圈被广泛翻译为"计时隔离",由于隔离一词在中文中有孤立、关押等意思,笨妈决定将其翻译为"暂停法"。这是一种将孩子从问题行为发生地暂时隔离的行为矫正手法,该办法为绝大多数儿科医生和发展心理学家所推荐,是公认有效的干预儿童问题行为的教育手段。

荐给国内家长。

笨妈的自媒体还有一个鲜明特色,即作为女权主义者,她致力于介绍性别平等的育儿方法。例如她提到"防狼手册"并不是对抗性侵害的好办法,它将解决性侵害的方案转移到受害者身上,制造一种责备受害者的社会环境,助长了强奸文化。由于性别暴力是男性对女性的系统性暴力,男性是暴力的主要施加者,与其教女孩如何防狼,不如教导男孩不要成为暴力疾病的患者。针对如何教育男孩,她推荐了美国的纪录片《面具之内》①和纽约时报的特稿"养育新男孩的 12 条指南",主要内容是如何教导男孩反抗性别刻板印象。类似地,她也介绍了不少帮助女孩克服性别刻板印象的办法,如不要随意夸女孩漂亮、美丽等,因为在当前的社会环境下,对美丽的引导和鼓励非常危险,容易物化女性、把她们变成被观看和施加性欲望的客体。

整体而言,悠悠妈和笨妈的自媒体之基本立场都是批判国内落后育儿观、推介国外先进育儿理念,读者对此深感赞同的不少。例如有人这样说:"您的分享对于我们很有帮助,促进了中国妈妈的启蒙教育思想","好多意识被唤醒","西方这样基于尊重的界限感的确是非常好的社会文化";一些读者还进一步反思中国教育存在什么问题,如"中国式教育体现不出对孩子的尊重和理解,只是一味的约束和压迫",因此发出感叹,呼吁"境外教育理念的文章越多越好,慢慢的就会改变教育者和家长的理念及行为方式"。

然而,也有一些人认为国外育儿理念虽有可取之处,但环境不同会导致难以实施,如有网友这样评论:"开阔了我的视野,原来教育孩子还可以这样,但是有时候在中国没有这个条件去引导孩子,也没有环境,实际去操作还是有限","理念和环境不同。中国幼儿园天天学习认字、算术,别人家的小朋友都会,如果我家宝贝不会,他显得很不自信"。有人还因此反对在国内推行这样的理念,认为其具有负面效应,如"德国的体制和中国很不同。单纯了解一下德国的生活方式还可以,如果想要照搬这种模式教育自己的孩子,我觉得有点

---

① 该片讲述美国男孩成长的过程中家庭、学校及社会环境是如何慢慢将其逼到刻板化印象的,呼吁大家一起来改变这种现象。

蠢"，"越强调权利和原则的孩子，在中国的当下，甚至是一百年内，孩子会跟这个社会格格不入"。

对于"实际上不可行"的看法，另外一些读者并不认同，他们认为虽然"中国和德国的国情不一样，但是我们家长想要的能力都一样"，还有一些人则指出这些理念其实早已经在国内开始实践了，"现在我们和幼儿园也是这样教育孩子的"，"假如你能来到我们安吉，你会看到中国的一个小县城正在践行游戏的理念，走向国际"，不过他们也承认这种推行还存在一定的困难，如一位网友所言："我是一个上海示范性幼儿园的幼师，其实近年来国内特别是一线城市的教育理念也在慢慢向德国靠近，但是知易行难，制度上还是存在问题。"

针对笨妈分享的美国育儿理念，读者评价是类似的。一部分人表达了强烈赞同，如"这才是我一直在找的育儿公众号。她向我展示了另一种可能性，而这种可能性，是我多年抗争、向往并为之不断努力的—如何才能（帮助孩子和自己都）成为独立且自由的，人！"，也有一部分人心存疑虑，认为这些理念脱离现实，如"建议博主认真地了解一下中国的国情，或许你就会了解为什么希望在孩子身上看到教育回报的家长会那么多，为什么这些家长大部分情况下不会选择佛系育儿。以中国现状来说，循循善诱式是最合适的，其次是虎妈式，最后才是佛系"。

笔者注意到，质疑者中有些似乎是基于对中国文化的认同才产生的不满，如"完全否认自己国家的教育，你对中国教育的未来是多没信心"，"中国有很多习惯，是一种文化，也不能说它就是错的"，"中国的文化理念和外国肯定是不同的。不可能人人都去国外，中国也有我们国人值得骄傲的地方"，"每个国家每个民族每个时代都有科学的方法和理论。中国传统的教育理论思想，现代的读书人不学习。我们民族的精神，教育的方法，教育的思想是何等的有用"。

很有意思的是，对中国文化的认同和维护并不全出自国内网友，有时反而身在国外的网友表达得更为强烈，甚至还因此被误认为在国内。例如这位网友不得不出来澄清："我也在美国，并不认为美国人的教育方式都是对的，而且美国人的家庭也是多样化的，不同国家来的移民都带有自己文化的特点，没有一个统一的标准说教育应该怎么样，千篇一律的教育才是最恐怖的。反感一味地肯定所谓的美国教育（因为根本就没有一个统一的教育叫做美国教育），也反感一味地批评中国传统教育。"

三、育儿社会环境的介绍

有关育儿的文章大多指出，几乎全世界的中产阶级都在流行"密集母职"（Intensive mothering），这让母亲的工作越来越不堪重负，中国的中产阶级尤其如此。由于国内普遍存在丧偶式育儿模式和职场性别歧视，导致了母亲的时间贫困和母职惩罚更加严重，给母亲带来很大的焦虑感和压力。在这种现状下，中国的母亲非常迫切地想要了解国外的母亲如何应对这些问题，以及国外的社会环境对育儿有哪些支持性措施和资源。

从育儿自媒体的一些内容来看，美国的育儿环境落后于欧洲，但仍然优于国内。首先是医疗技术和服务水平的差异。美国的孩子有固定的儿科医生，孩子就诊方便、规范，费用有基本保障，而国内孩子看病费时费力，费用往往不低；其次是社会照料设施的差别，美国的相关设施更健全，各种带娃工具如摇篮床、辅食等给母亲减轻了负担，提供了不少便利，国内这些资源都相对匮乏；最后是母亲的权益保障，美国是更为完善的。

澳洲和德国的情况与美国类似，可能还更胜一筹。例如有育儿自媒体提到澳洲的医疗体系和社会风气鼓励、教育和帮助丈夫在妻子产前、中、后积极参与，社区免费为母亲提供各种组织活动，如 Mother group（妈妈社群）在澳洲非常普遍；德国的很多公司（尤其是大公司）比较照顾母亲的需求，女性因为育儿需要可以跟老板商量更灵活的工作时间和工作方式，社区里也有很多自发组织的亲子活动和孩子的社交活动。

此外，一些自媒体还介绍了国外育儿社会环境中的冲突与矛盾，例如"澳洲妈咪育儿经"（莉安创办）提到澳洲"安全学校"[①]引起的争议。她认为

---

① 安全学校计划是由澳洲政府投资 100 万澳元发起的反对校园霸凌的项目，旨在反对歧视和校园暴力，关注学生身心健康，保护校园弱势群体，尤其关注 LGBTIQ 群体（性少数）的身心问题。

安全学校计划旨在摧毁作为社会基石的传统/自然家庭价值观,而这正是中华伦理的核心所在。她和一些华人家长非常重视传统家庭价值观,希望保护自己的孩子不受多元性/别教育的影响。为此,一些华人家长在2017年成立了"澳洲华人家庭守护联盟"(ACF),反对他们认为的(安全学校计划中的)高度色情化教学内容、可能导致孩子变成同性恋乃至转性的多元性/别观教育。

这些言论尤其是反对同性婚姻的观点在她的自媒体中引发了争议,有读者认为这"对同性恋者很不尊重也很不公平",更有读者反对在公号里面宣扬这些内容:"想来此号并不为分享所谓育儿经,而是宣传恐同思想和lgbt污名化的。我希望您马上停止发布这样不切实的消息。尊重性取向平等,反对歧视是世界大势,欧洲的大部分国家早已经同性婚姻合法化了,safe school的想法初衷是为了从年轻一代就培养孩子学会尊重,却完全被您扭曲和妖魔化了。希望您不要以自己狭隘的思想观念荼毒华人群体,逆世界大势!"

莉安则认为自己没有跑题,因为"关注性价值观、深刻认识婚姻的定义、了解当今社会的性价值观发展趋势……是非常重要的育儿话题",她这么做是要"努力捍卫自己用保守价值观教育孩子的权利。希望有权利告诉孩子:我们尊重每一个人的不同,但是有些人和妈妈一样,认为男女的结合更健康、更有利于家庭结构的平衡、更符合自然繁衍的规律。我希望有权利引导孩子认同其生理性别,尊重自己的身体。"国内近年来也开始在学校推进多元性/别教育,了解澳洲发生的这些争论,对国内教育界、家长可能有一些参考意义。

综上所述,我们不难发现育儿自媒体相对于大众媒体而言,在传播育儿知识、理念上有其优势。由于作者写的大多是自己亲身经历和感受,且不断与读者进行互动,这让读者觉得更真实可信,传播效果更好。例如一位网友这样评论道:"你写得真棒。有些书籍和杂志写的一些国外育儿经验不可信,总有种摆拍的感觉,喜欢这样真实且亲身体验的育儿知识"。同时,这种真实性也可能激起一些网友的负面情绪,对其进行激烈质疑和批评,这从某种意义上来说也证明了传播效果,即它所想要传达的信息被对方接收到了。在这个过程中,我们看到了中西方育儿观的冲突与矛盾,也看到不少家长希望在育儿过程中能对传统文化有所传承的殷切期待。显然,如何在吸取西方育儿观精华的基础上,结合中国传统文化进行融会贯通,创造出具有中国文化特色的育儿体系,是当下迫在眉睫的重要工作。

15

城市文化建构视域下的瓦伦西亚法雅节庆

王 韧* 李 传**

摘 要 传统艺术节庆是城市文化与精神的载体,体现着城市的发展脉络与时代精神。本文以西班牙瓦伦西亚法雅节为研究对象,通过分析其缘起、组织形式、节庆艺术活动特色等方面,力图立体呈现法雅节全貌;并从传统艺术样式、传统节庆的当代性及文化资本三个文化维度加以讨论,以期客观评价法雅节对于瓦伦西亚城市文化建构的作用和意义,并对中国发展城市节庆文化有一定启示。

关键词 节庆 城市文化 法雅节

一、古老的火祭节——法雅节

瓦伦西亚是西班牙第三大城市,位于地中海之滨的图里亚河谷凸岸,每年3月12日—19日在这里都会庆祝一个传统节日——法雅火祭节(La Festu de

* 王韧,上海社会科学院文学研究所助理研究员。主要研究领域为城市文化、艺术史。目前主持国家社科基金青年项目。
** 李传,瓦伦西亚大学文化经济学研究所博士研究员。主要研究领域为文化与创意产业、创新研究、博物馆研究。近期研究成果:
Li, C. and Ghirardi, S., 'The role of collaboration in innovation at cultural and creative organisations. The case of the museum', Museum Management and Curatorship. Routledge, 2018. doi:10.1080/09647775.2018.1520142.
Concilio, G., Li, C., Rausell P., and Tosoni, I., Cities as Enablers of Innovation, in: Concillio, G. & Tosoni, I. (eds) Innovation Capacity and the City. The Enabling Role of Design. Springer, 2019, pp. 43 - 60.

Les Falles de Valercia）。可以说,法雅火祭节是瓦伦西亚最重要和传统的节庆之一,是纪念城市悠久的丝绸之路历史。

"法雅"一词是瓦伦西亚语 Falla 的音译,它起源于拉丁语 Facula,有"小火炬"之意,也暗指了法雅节是一个与"火"有关的节庆。关于法雅节的起源,人们普遍认为它大致源自 16 世纪当地木匠的古老传统,即在圣何塞日(San José)当天(3 月 19 日),木匠们在木工作坊前的街道和公共广场上燃烧无用的边角料和冬季工作期间用于支撑照明灯具的木质玩意儿,以此纪念他们的守护神圣何塞。历经数百年的传承和发展,这一古老的行业传统最终与大众文化相融合并在 18 世纪演变成一场集仪式性和嘉年华于一身的节庆活动。作为节庆的核心元素,边角料和木质玩意儿被精心制作的大型人偶所取代;燃烧仪式也不仅仅是纪念木匠的守护神,同时演变成百姓送冬迎春、欢庆春回大地的狂欢活动。伴随着分散在城市街头巷尾的成百上千座人偶雕塑于圣何塞日当晚被付之一炬,这一节庆活动也最终被命名为"法雅节"(Las Fallas)。

作为节庆的对象和主题,法雅是城市文脉的标志与象征,具有短暂纪念性,并带有复杂的批判性和讽刺性等特质。一般它们是由高 5 至 30 米精致的纸板和木偶部件组成,造型各异,主题也不尽相同,有的针砭时弊、讥讽名人政客,有的颂扬爱情,展现传统寄情未来,更有取材经典的神话和小说人物造型,刻画细腻,惟妙惟肖,它们构成了"生动场面"或静态剧场。每件法雅作品皆由专职的艺术家和工匠共同完成,并需得到政府认可。工匠们一般受雇于瓦伦西亚市不同社区与团体,从草图设计、材料准备到完成装裱,历经半年甚至一年多的时间,并于法雅节前夕组装。每年 3 月 16 日开始,将由法雅评委对当年法雅节的人偶进行评选,并且通过网络投票最终选出排名第一的法雅。获得特别奖的法雅人偶将被送进法雅博物馆进行收藏,避免被焚烧的命运。

每一届法雅节幕后皆有一个由支持者和积极参与者组成的组织,称为法雅协会(Commisió Fallera)。此协会在拥有约 750 000 人口的瓦伦西亚是一个重要的社会现象,其实质是一个长期志愿者协会网络,在该地区拥有超过 20 万名会员。协会的基本组织单位是法雅委员会,通常包括 200—300 名成员。目前有 196 个法雅节官方委员会,这些志愿者协会是高度组织化的,且因其经济和行政合理性的结合而具有独特性,这种结合在根深蒂固的传统中产生了强烈的节日社交性。其中,有设计和建造法雅雕塑的艺术家协会和协调节日活动的中心委员会。

每个协会都来源于瓦伦西亚的一个社区,甚至更小的区域。它的活动中心位于一个名为卡萨尔(Casal)的社区建筑内(就如社区中心)。卡萨尔也可能被称为"法雅",因为它是这类协会日常生活的场所。城市的整个城区(现在还包括该地区的许多其他村庄和城镇)也完全被划分入法雅节的这些场所。卡萨尔是社会活动的实体基础,而这些活动是法雅社会性的核心。这些活动种类繁多,包括组织委员会议、召开年度成员大会、举行餐会、舞会、青年迪斯科派对和举办其他儿童活动,打纸牌、玩游戏、看电视、观影、筹款活动(彩票和抽奖)、"回放"(人们装扮成流行歌手和模仿他们的录音)、唱卡拉OK、组织其他音乐活动及由卡萨尔或附近街道的法雅者组织的许多不同类型的聚会。

法雅节一般在每年3月份开展,但高潮集中于14日至19日一周。这一阶段有具体活动和庆典的安排,包括铜管乐队表演,烟花爆竹秀,类似向圣母献花的宗教活动,讽刺游行以及各类有趣的户外活动等,最终以午夜焚偶达到高潮。

法雅节活动具体活动安排表(2018年)

2月25日(周日)	20:00 "Crida",在赛拉诺斯塔楼(Torres de Serranos)举行开幕式及焰火表演
3月3日(周六)	18:00 游行
	00:00 在市政广场举行七彩焰火表演
3月10日(周六)	00:00 夜晚焰火表演
3月11日(周日)	18:00 传统游行
3月15日(周四)	09:00 组装所有的儿童法雅人偶
	00:00 在市政广场举行焰火表演
	15日—16日,组装所有法雅人偶,16日早晨法雅人偶组装全部结束。

3月16日—17日(周五、六)	在 *Alameda* 大道举行焰火表演
3月17日—18日(周六、日)	在 *Virgin* 广场给城市的圣母献花
3月18日(周日)	01:30 在 *Alameda* 大道举行篝火晚会
3月19日(周一)	19:00 火把游行
	22:00 焚烧儿童法雅人偶
	22:30 焚烧特殊环节获胜者的法雅人偶
	23:00 在市政广场焚烧城市儿童法雅人偶
	00:00 焚烧所有法雅人偶
	00:30 特殊环节中,焚烧冬季法雅人偶
	01:00 在市政广场举行特殊的焰火表演,焚烧市政的法雅人偶
3月1日—19日	14:00 在市政广场举行礼炮和焰火表演(*Mascletà*)

如上表①所示,活动最初,在旧城的雷斯德塞拉诺斯(Torres de Serranos)塔楼城门处举行的 Crida 节日正式开幕式上,市长将这座城市的钥匙交与一组火炬手,他们从塔楼的阳台上邀请大家来参加这个节日。然后,他们穿过旧市区狭窄街道前往市政厅,观看第一场系列烟花表演。3月1日起,在市政广场(Plaza de Ayuntamiento)每天下午2点举行礼炮和烟花表演(Mascletà),届时成千上万的瓦伦西亚人和游客相约至此感受节日的气氛,人们或围拢跳舞、或昂首高呼。法雅节期间,每当夜幕降临后,夜空中会升起绚烂的烟火,当地的儿童也会玩着炮仗,与我们过春节无异。19日是法雅节的最后一天,举行焚烧法雅仪式。当晚,所有的法雅人偶将被烧毁。从22:00 焚烧儿童法雅人偶、00:00 焚烧所有人偶,至1:00 在市政广场举行最后一场烟花秀,并焚烧广场上最大的法雅人偶,推动法雅节到达高潮。焚烧过程中,每当20米高的法雅上有人偶掉下来时,人群中就会传来阵阵掌声和欢呼声,而最精彩瞬间则是整个法雅都被吞噬在火焰中被烧至全部坍塌

---

① 法雅节项目,载 http://fallasfromvalencia.com/en/fallas-events-programme/.

下来。

除焚烧法雅人偶外，法雅节的活动呈多样化，其中法雅小姐的选举活动就令所有人翘首以待，堪为法雅节一大亮点。法雅小姐给人以高贵、优雅、又有点神秘的距离感，她们化作节日盛典的代言人和法雅文化及精神的传播者，成为这场春日狂欢的璀璨明珠。从法雅节首日起，每个社区选出的法雅小姐身着华丽优雅、光彩照人的中世纪传统服装，代表自己的街区出席各种庆典活动。在长达一周的时间里，她们每天行走在大街小巷，与狂欢的人群一齐放生歌唱，绽放着最美的笑容与人们合影。

法雅小姐竞选其实像法雅评选一样，分儿童组和成人组，各产生一位冠军。评选过程中，礼服和选手的言谈举止是法雅小姐选举的两大制胜点。预选阶段，每个法雅社团推荐一名候选人。选举时，法雅小姐们站成一排由评审团来评选她们的服饰。自2012年起，每年有超过13个法雅社团的地区要选出3位法雅小姐，另有7到12个法雅社团的地区选出两位。而评审团则根据不同地区分为两大类：由法雅中心委员会指定的评审团和由不同地区的法雅主席组成的评审团。参加法雅小姐的选举要先交纳一定的会费。参选的服装由选手自己准备，因面料、工艺的差异，衣服价格千差万别，一般情况下，选手的一套服装价格大约为5 000—6 000欧元。预选中胜出的法雅小姐们将由特定的评审团进行评选。评审团由法雅中心委员会的主席来指定，由不同职业的评审（礼仪专家、记者、法雅艺术家等）和与法雅节有关的评审（上一届法雅小姐，法雅中心委员会的前任领导等）投票选举。评审团将选出最终竞选法雅小姐之位的13位最佳候选人，来进行最终的冠军角逐。选举过程中有一个简单的问答环节，但主要是考核她们的言谈举止是否优雅端庄。然后经过层层的筛选，产生最后的冠军。

二、法雅节的文化维度

任何节庆的文化内涵都会随着时间的推移而不断地演变和发展，法雅节也不例外。西班牙社会学家哈维尔·科斯塔（Xavier Costa）指出，"（法雅）既是庆祝的对象,也是庆祝的主题"①。在当地的语境中,一方面,法雅特指放置于街道或广场上的纪念碑式的艺术作品(las monumentales obras de arte),节庆活动中的主要仪式都是围绕着这些作品进行的;另一方面,法雅也是一种地方性的认知符号,它涵盖了有关节庆的一整套礼仪和习俗,并规范着节庆期间的仪式、游行和狂欢活动。此外,作为仅仅流行于瓦伦西亚城及其周边市镇一种独特的地方性节庆,法雅节由于其独特的文化特征和组织形式,使得它与当地人的日常生活紧紧地联系在了一起,进而成为城市文化的重要组成部分。总而言之,法雅节本身蕴含了丰富的文化要素。我们可以从传统艺术样式、传统节庆的当代性以及文化资本三个维度加以论述。

首先,作为传统艺术的法雅,具有独特的艺术形式、风格和社会文化价值。上文所述的节庆中纪念碑式的艺术作品也被称作法雅塑像,它根据作品尺寸的不同又可以细分为大型法雅和儿童法雅(las fallas infantiles)。每座法雅通常是由一组或多组表达相同主题或人设的人偶(ninot)组成。这些主题既包括了古代神话和爱情故事,也包括了当代时政和社会热点。尤其是后者,由于它针砭时弊的特征而直击社会问题要害,因此深受大众喜爱。

法雅雕塑的制作工艺和艺术风格也独具特色。法雅人偶通常以卡通风格的人物造型出现,色彩艳丽、造型夸张、装饰华丽,具有巴洛克主义的艺术风格。传统法雅主要以泥塑形,表面裹以纸张刻画人物外表细节;而现代法雅则更多地选用了质轻、易燃的材料如树脂、发泡苯乙烯、玻璃纤维等;3D扫描等新兴技术也在近年来得到广泛应用。

如果说普通的雕塑作品展现的是静态的、安谧的和永恒的美的话,那么法雅雕塑则追求的是动态的、热烈的和瞬间的美。因为一座法雅雕塑从搭建到毁灭通常只持续四五天的时间,如何在其短暂的生命周期里传达作品想要表达的情感、思想和诉求并引起观众的共鸣,是法雅艺术家的主要使命,这也决定了法雅雕塑的文化社会价值往往大于它们的艺术价值。正是这种特殊性决

---

① Costa, X. (2002). Festive Traditions in Modernity: The Public Sphere of the Festival of the 'Fallas' in Valencia (Spain). *The Sociological Review*, *50*(4), 482 – 504.

定了法雅不仅仅是一种传统艺术样式,而是与城市的历史与世俗生活仅仅地联系在了一起,从而避免了许多传统艺术因为曲高和寡、乏人问津而逐渐走向式微和消亡的命运。

其次,作为传统节庆的法雅,具有与时俱进的当代性特征。这种特征主要体现在两个方面:一方面,当代的法雅节在传统民俗(即制作和燃烧法雅雕塑)的基础上,融合并发展出了一整套相对固定的仪式、庆典、游行和狂欢活动。这些活动通常以赛拉诺斯城门上的盛大表演拉开法雅节庆的序幕,在放鞭炮(Mascletá)、搭建法雅、街道聚餐、盛装游行、彩灯表演、火龙游行、圣母献花等仪式,以及音乐会和其他狂欢活动中将节日推向高潮,最终在燃烧法雅的"火之夜"中落幕。因此,这些活动大大地丰富了传统法雅民俗的内涵。

另一方面,因法雅节而拓展出的城市公共空间,为"传统"与"当下"(the present)的交互作用提供了场域①,这是"现代性文化"(cultures of modernity)的重要表现形式之一②。这种公共空间包括了三个层次。一是以卡萨尔为代表的半公共空间,成为法雅协会会员(通常也是街坊邻里)间的日常生活社交中心。二是以社区(Barrio)为单位的公共空间,往往因其举办的某项节庆仪式的规模而逐渐形成品牌效应——如卡门社区(El Carmen)的圣母献花仪式,鲁萨法社区(Ruzafa)的彩灯表演和普拉特梅尔社区(El Pla del Remei)的火龙游行等,进而吸引到大量社区外的居民参与,形成了社区内外居民之间的互动。三是以"旧城"为中心的城市公共空间,通过临时的交通管制和举办各类不同的文娱和狂欢活动,将整个城市空间变身为嘉年华的派对场所,从而吸引国内外游客,促成了城市居民与游客之间的互动。传统的节庆活动,正是通过这些公共空间中发生的社会互动,体现其社会性、参与性、仪式性和象征性的特征,并最终实现其娱乐性的功能③。

---

① Costa, X. (2002). Festive Traditions in Modernity: The Public Sphere of the Festival of the 'Fallas' in Valencia (Spain). *The Sociological Review*, 50(4), 482 – 504.

② Wagner, P., (2000). Vanishing points of modernity. Inescapability and attainability in social theory. London: Sage.

③ Calvo-calvo, L. (2010). The Festival in the Mediterranean today: Tradition, Modernity and Heritage. *Quaderns de la Mediterrània*, 13, 85 – 90.

最后,作为文化资本的法雅,成为城市文脉的重要组成部分,是推动城市发展的宝贵财富。经过几个世纪的传承、发展和演变,法雅节庆逐渐发展出一套独特的表达方式——奢华考究的法雅服饰、诙谐夸张的法雅人偶、震耳欲聋的法雅节爆竹等,形成了法雅文化特有的声视觉系统,它们与西班牙其他城市的节庆方式截然不同,构成了瓦伦西亚这座城市特有的文化符号,从而塑造了独一无二的城市形象。与此同时,通过适当的文化资本化运作——如以法雅节庆为契机推动城市文化旅游和文化创意产业的发展——还能将文化资本转换成经济资本,从而推动城市的经济增长和创造就业机会。

三、法雅节对瓦伦西亚城市文化的影响

法雅文化脱胎于城市的传统文化,城市为法雅节庆的演变和发展提供了丰富的文化滋养和充分的公共空间,而法雅节的不断发展反过来也在影响、支撑和重塑城市的当代文化。

首先,法雅节推动了城市文化遗产的保护。作为联合国教科文组织登记在册的人类非物质文化遗产[1],法雅节不仅仅是一种传统庆祝活动的延续,其更重要的意义在于以节庆为契机带动其他文化遗产的保护和发展。诚如联合国教科文组织对其的评价,法雅节令"特有的地方性知识在家庭和法雅协会会员间口口相传""为集体创造力和传统艺术和手工艺的保护提供了机会"以及"在过去地方语言被禁止时期成为保护瓦伦西亚语言的一种方式"[2]。

以传统艺术和手工艺的保护为例,不像许多传统艺术样式因为年代久远或者远离现代人的生活方式而丧失生命力,上文已述的传统法雅雕塑却伴随着法雅节年复一年的举办而历久弥新并且不断地与时俱进。因为法雅节是一种自下而上的群众性节庆活动,分散在城市不同街道的上百个法雅协会是节庆活动最基本的组织单位。每个协会规模不等,少则上百人,多则上千人,会

---

[1] 2016 年,瓦伦西亚法雅节正式入选人类非物质文化遗产。
[2] 瓦伦西亚法雅节,载 https://ich.unesco.org/en/RL/valencia-fallas-festivity-00859.

员定期缴纳会费(通常为20—50欧元/月)支持协会活动。法雅雕塑就是由各个法雅协会委托法雅艺术家设计制作的,制作成本的七—八成主要来自于会员的会费,两成来自于政府的资助,其余为商业赞助。为了在法雅雕塑评选中获得佳绩,许多大型协会不惜重金支持法雅艺术家进行艺术探索和创新,也使得制作成本水涨船高。近年来,大型法雅雕塑特别组别①的成本达到了8.5—20万欧元之间,最贵的甚至达到了90万欧元。可以说,充足的资金保证为传统法雅艺术的传承和发展奠定了基础,而正是这种以协会为主、政府为辅、社会支持的多元赞助模式构成了一种文化遗产保护的可持续发展模式。

其次,法雅节强化了瓦伦西亚人的文化认同和文化自豪感。这种认同和自豪感是在瓦伦西亚人民反抗弗朗哥主义的单一文化论和对抗加泰罗尼亚分裂主义运动中通过对法雅节庆活动的实践和理论化而逐渐树立并得到强化的②。西班牙是一个多民族的统一国家,按人口规模划分,大致包括了卡斯蒂利亚人(80%)、加泰罗尼亚人(10%)、巴斯克人(5%)和加里西亚人(3%)等四大民族。此外,还有瓦伦西亚人、安达卢西亚人、吉普赛人等,但他们大多早已与其他民族同化,而不能算作独立的民族。在上个世纪70年代中期之前,西班牙长期处在弗朗哥政权的独裁统治之下,国家推行高压的文化政策,扶持卡斯蒂利亚语言与文化的同时,压制其他民族的语言与文化,以实现文化一元化的政治目标,而作为地方性节庆的法雅节成为当时保护瓦伦西亚语言的少数方式之一。在后弗朗哥时代,西班牙经历了从极权政治向民主化的转型,其文化政策也从一元独尊转向多元并举。随着文化上的解禁,不同民族的语言文字和文化传统逐渐得到恢复和发展。瓦伦西亚人更加重视本民族的法雅节,并通过大张旗鼓地举办法雅节在全社会教育和推广瓦伦西亚的语言和文化。另一方面,与弗朗哥极权主义相对的是加泰罗尼亚分裂主义。由于瓦伦西亚与加泰罗尼亚两个地区在语言上相近、地理上毗邻,又具有深厚的历史渊源

---

① 法雅雕塑的评比会根据其制作成本的不同分成若干个组别,特别组别为制作成本最高的组别。

② Hernàndez i Martí, G.. (2006) Los Estudios Falleros. El Desarrollo de La Investigación Social sobre Las Fallas de Valencia. *Revista Andaluza de Ciencias Sociales*, 6, 93－114.

（都属于古代阿拉贡王国的组成部分），所以加泰罗尼亚分离主义运动也对大部分的瓦伦西亚地区提出了领土主张。作为对分离主义的回应，瓦伦西亚人，尤其是其中的知识分子，试图通过对法雅节的制度化和学术性研究凸显自身历史和文化的独特性，以此与加泰罗尼亚文化进行切割。总而言之，法雅节成为当代瓦伦西亚人民应对以上两种威胁的主要抓手，并在此进程中逐渐树立并强化了瓦伦西亚人民对自身的文化认同和民族意识。

第三，法雅节促进了当地人与移民群体之间的互相理解，有助于社会融合。瓦伦西亚是一座多元文化交汇的欧洲大型都市，其 12% 的城市人口由外来移民构成，其中尤以罗马尼亚人、意大利人、中国人、巴基斯坦人、玻利维亚人、厄瓜多尔人和哥伦比亚人等为主，形成了城市里主要的移民群体。多元文化并存既是城市文化多样性的宝贵财富，也会因为不同国家语言、文化和习俗的差异而形成社会隔离，产生社会问题。法雅节主要从三个方面促进了本地文化与移民文化之间的相互理解。一是从法雅雕塑艺术的主题看，当代法雅艺术的表现主题已不再局限于传统神话和地方叙事，跨文化的中国传奇、日本武士、墨西哥亡灵节、美国动漫等都成为近年来法雅雕塑最为热衷的表现主题，进而拉近了当地人对外国形象、图示和文化的心理距离。二是从法雅协会的组织和人员构成上看，一些外国移民聚居的社区和街道也建立起了法雅协会，深入参与节庆的各项活动，如 2018 年一支以墨西哥人为主组建的法雅协会制作了以迪斯尼电影《寻梦环游记》中人物为原型的法雅雕塑，颇受大众欢迎。这种形式的参与不仅为移民群体深入地了解和参与本地文化创造了机会，同时移民也用当地人最喜闻乐见的方式原汁原味地展示了本国的文化，避免了由"他者"诠释本国文化而产生的误解和偏见。第三，每年因法雅节而吸引到的大量外国游客，也为当地人接触到不同国家的人及其所代表的丰富文化创造了宝贵的机会。正是建立在相互理解的基础上，人们对于自己身边的不同文化的态度和观点才会更加开放和包容，不同族群才能更好地融合与共生。

第四，法雅节创造了法雅艺术家这一独特的职业群体。因为法雅节的存在和繁荣发展，城里大大小小的法雅协会已经成为法雅手工艺人长期稳定的艺术赞助人。据统计,瓦伦西亚登记在册的职业法雅艺术家现有 300 余人,其中活跃的核心艺术家达到了 200 余人①。诚如上文所述,这种制度性的赞助模式为法雅雕塑的制作提供了充沛的资金支持,既保证了法雅艺术家在一定程度上的创作自由,又为他们的成果提供了比较丰厚的收入和名誉回报,因此能够保证这一职业群体的稳定性。

第五,法雅节也推动了城市相关文化产业的发展,带来了巨大的社会和经济效应。作为一种独特的文化资本,法雅节有效地拉动了城市对文化和创意活动在特定时间段内的巨大消费。根据 2008 年发布的《瓦伦西亚市法雅节的社会和经济影响研究》显示,当年节日期间制作的 760 座法雅雕塑累计成本达到 970 万欧元,其余各项公共庆祝活动(如彩灯、乐队、鞭炮、火之夜等活动)的支出总计达到 4 000 余万欧元。与此同时,法雅节也推动了当地文化旅游市场的发展。近年来,节日期间的到访游客平均在 150 万人次左右,几乎是瓦伦西亚城市常住人口的两倍,并仍在呈逐年递增的趋势。而游客的大幅增长拉动了城市交通、餐饮、住宿和其他服务业的需求,为这些行业创造的了新的就业岗位,间接地促进了城市的经济增长。据《研究》估算,2008 年法雅节所产生的直接和间接经济影响达到了 7 亿 5 千万欧元。尽管缺少近年来的相关数据,但不可否认的是,法雅节已经成为瓦伦西亚城市经济和社会发展的重要推动力量。

四、法雅节对中国发展城市节庆文化的启迪

节庆活动具有文化和经济双重属性,除了促进经济增长,更重要地表现在文化影响力上。目前我国的节庆或以政府主导型为主,或文化功能让位于经济功能,商业气息偏重,文化内涵尚待进一步深挖。因此,瓦伦西亚法雅节作为展现城市文化的一个重要平台,对我国节庆文化发展和城市品牌建立有一

① Rai Beltrán:法雅节职业艺术家,载 https://www.20minutos.es/noticia/2978501/0/fallas-por-dentro-profesion-artista-fallero/,2017 年 3 月 11 日。

定启示。

一是融合传统文化与现代文明,赋予传统节庆以时代特征。中国的传统节庆日大多起源于农耕社会,与现代社会时间跨度大且差异明显,传统节庆日中所蕴含的文化内涵,须进一步与时代特征相融合,强调节庆文化的传承与创新,才能赋以新时代意义,从而被广大群众所接受。比如传统节庆通常以家庭或家族单位维系的情感文化活动,较难满足现代社会与陌生人社会人们的情感交流需求。法雅节通过三个层次的城市公共空间,以社区为纽带实现了社区内外居民、甚至是与国内外游客之间的互动。中国也可以根据各地节庆文化特色,吸引参与者以"社区"为单位聚集在一起,一起工作一起玩乐,同时进行"社区互助",在传承古老节庆文化的同时赋予了法雅节时代特征。

二是深挖传统文化的民族特色内涵,探寻文化传承与经济需求的平衡点。没有文化的节庆是空洞的,一个地方要办好节庆不是由政府决定,也不是由当地经济决定,而是由当地深层的文化内涵和历史渊源决定。法雅节就是瓦伦西亚地方文化的集中体现。在其发展中形成了特定的文化认同,它还拥有节庆文化背景的周期性、仪式性等关键特征。目前,中国的节庆仍以经济效益为前提,商业氛围偏重,组织者应处理好文化效益与经济利益之间的关系。还需充分考虑当地的历史、地域、宗教、民俗及商业等因素的特色文化,找到现代节庆活动与当地特色文化的契合之处,发挥节庆文化对当地经济、文化建设的带动作用。

三是深化互利合作机制,构筑"一带一路"文化交流平台。全球化趋势下,国与国的文化交流日益深入,节庆文化的交流也同样势所必然。尤其是近几年,随着"一带一路"建设的全面推进,以各种节庆活动为载体的"文化走出去"成为我国文化发展最突出的主题之一。法雅节作为西班牙瓦伦西亚享誉国际盛名的节日,有效地塑造了城市文化品牌,并于2016年底被联合国教科文组织列入人类非物质遗产。因此,我国在实施节庆文化对外传播过程中,只有充分认识中外文化的共性,才能有针对性和更加有效地将特色节庆文化带到"一带一路"关联国家,与东道国联合举行文化交流与合作活动,将"走出去"与"请进来"相结合,形成国内外互动共荣的格局,助力"一带一路"倡议的实施。

四是创新组织模式管理,培养和引进各类节庆优秀人才。创新节庆文化建设涵盖了公共文化及群众文化的各方面,不仅要与其他方面的工作统筹安排,还须创新组织管理模式。单一的组织模式不仅会造成一定的社会问题,而且可能使城市失去个性、多样性和归属感。瓦伦西亚法雅节除了得到政府扶持外,还设立有长期的、专门的志愿者协会网络,高度组织化和具有强烈节日社交性的协会使得历届法雅节得以有序进行。因此,我国节庆活动除政府实施宏观管理外,还应积极拓宽管理渠道,实现简政放权,加强民间组织管理力量。同时,还应加快各类节庆人才的引进和培养步伐,营造有利于优秀人才脱颖而出的发展环境,制定相应的人才政策措施及奖励办法,充分发挥高等院校、科研机构这些资源和平台的作用。

美国著名城市学家伊里尔·沙里宁曾经说过:"让我看看你的城市,我就能说出这个城市的居民在文化上追求的是什么。"①每座城市都有其独具特色的文化,这种文化构成了城市的鲜明标志,彰显了这座城市的唯一性与独特性,以及长期积累的厚重的文化积淀。节庆艺术是城市文化的精灵,是具有核心影响力的文化构成。发展特色城市文化和特色节庆艺术,不仅给传统节庆注入新时代的内容,唤起民族的集体记忆,加深民族文化认同,同时也会带来巨大的经济和社会效益,提高城市文化品牌知名度,体现国家文化软实力和城市竞争力。瓦伦西亚法雅节就是展现城市文化的一个重要平台,它不仅能使所在地方的社会组织与市民活跃起来,激发他们以主人翁的身份热情参与,激荡他们的情感,启迪创意和思索,触动与抚摸社会心灵,体现与这座城市的同根同源同命运;还成功提升了瓦伦西亚在全球的知名度,培育、塑造、发展、弘扬了瓦伦西亚的城市文化,在市民心中树立了根植于城市甚至国家体验的归属感。在全球化浪潮的浸淫和"一带一路"倡议背景下,法雅节作为成熟的案例为中国建构具有时代意义和本土特色的节庆形式提供了良好的范本和合作交流的契机。

---

① [美]伊利尔·沙里宁:《城市——它的发展、衰败与未来》,顾启源译,中国建筑工业出版社1986年版,第17页。

（四）港澳台文化交流与实践

16

台湾信仰圈对妈祖信俗世界传播的推动

严文志*

摘　要　文章概括了台湾妈祖信仰圈的构成要素和类型，信仰圈覆盖一定的
　　　　地域范围，但不同信仰圈的妈祖宫庙间可以借由进香、会香、参香交
　　　　互往来，也欢迎外来客人参加当地的妈祖文化节，举办各友宫的联谊
　　　　活动，形成各地妈祖文化更高层次的文化交流；在台湾民间信仰中，
　　　　分灵系指地方新建庙宇，或者信徒欲在自宅供奉某一尊神明时，先到
　　　　历史悠久、神迹灵验的大庙去求取神明的灵力，经过特殊的仪式之
　　　　后，新塑的神像被视为祖庙神明的分身，具有相近的灵力，但是每年
　　　　必须重新回到祖庙来进香、刈火，方能保持灵力不衰，湄洲岛天后宫
　　　　被台湾各地妈祖庙奉为祖庙，论述了分灵的文化意蕴；以彰化市南瑶

---

* 严文志，台湾明道大学妈祖文化学院研究员。台湾云林县人，妈祖文化的终身义工，曾服务于
　台湾地区行政当局的文化部门、台湾中台科技大学、莆田学院等，主要研究妈祖文化传播、妈
　祖文化创意产业、妈祖文化经贸等。代表作有《妈祖文化与台湾区域发展之研究》《越南妈祖
　文化传播之研究》等论文。

里的一座主祀天上圣母的妈祖庙——为典型案例,论述了信仰圈的组织机构;以日本、泰国、福建、上海等地妈祖信俗推动世界传播的生动案例,揭示妈祖信俗所代表的精神文化促使人类命运共同体向更高层次广大范围发展。

关键词 台湾 信仰圈 妈祖信俗 世界传播

台湾早期的移民者在船上常敬供妈祖神像、恭怀妈祖灵符、口占妈祖圣号,期盼能够平安渡海。随着移民的船到了台湾的有关地方,则立庙崇祀妈祖,台湾的妈祖庙开始多起来。南宋时,台湾所属的澎湖隶属福建路晋江县。元朝在澎湖设巡检司,隶属福建省泉州同安县①。当时汉人渡海到澎湖、台湾定居的不少。据传承至今的《林氏大宗谱》记载:"北宋初,北方流民涌入莆田湄洲沿岸,林默造木排渡难民往澎湖定居谋生。"引文中的"林默",就是后来的"妈祖"。如此,妈祖信俗在台湾已经传承了几百年,如今台湾2 300万人口仍然有1 600万以上人口信仰妈祖,供奉妈祖的家庭有300多万户。"三月疯妈祖"是今天台湾信俗的一大特色,几乎每个市、县、乡、村都有妈祖寺庙,正如台湾人民推动中国和平统一促进会会长郭俊次先生所言:台湾岛即是妈祖岛。当下,仅台湾一地就有妈祖庙510座,②但这些庙宇,分属不同的信仰圈,但不同信仰圈的妈祖宫庙间可以借由进香、会香、参香交互往来,也欢迎外来客人参加当地的妈祖文化节,举办各友宫的联谊活动,形成各地妈祖文化更高层次的文化交流。这种不同信仰圈能够在台湾和谐共处,促进妈祖宫庙的传承、发展,促进妈祖文化创意产业的萌生与壮大,促进了妈祖信俗的世界传播。

---

① 今厦门。
② 其中有庙史可考者40座,建于明代的3座,建于清代37座。

一、台湾妈祖信仰圈的构成要素

台湾汉人传统的社会组织基本上可大别为两类,一类是血缘组织,一类是地缘组织,所谓血缘组织,是指以父系家族的关系为基础所形成的亲属组织,包括家庭、家族或宗族、祭祀公业、宗祠组织,以及某些以宗亲会为名但成员资格较受限制的亲族组织,所谓地缘组织,是指某一地域范围内人群的结合,基本是以部落为最小单位,以神明信仰为名义的社会组织,包括各种公庙(聚落庙、村庙、联庄庙或大庙)组织,有一定地域范围的神明会,以及各种大型的宗教活动如迎妈祖、迎王、迎天公、迎城隍、普度、建醮之组织。

林美容研究指出台湾的地缘组织不能不从民间信仰上来看,这是台湾社会的一个特色,只有以神为名义,才能结合某一地域范围内的大部分人群,这也牵涉到在台湾社会的基层组织——村庄是一个可以独立行动的社会单位,在这个单位内居民成为一个祭祀的共同体,共同祭拜天地神明,也只有在这个单位的基础上,才能作更大范围的人群的结合,而且仍然是要以神明信仰的名义才能达成。[①]

台湾的民间信仰组织一类是群体性的民间信仰,一类是个体性的民间信仰。所谓群体性的民间信仰是指具有公众祭祀(public worship)性质,且在一地域范围内居民共同的宗教活动及其组织;所谓个体性民间信仰是指具有私密性的信仰(private worship),可分为有组织性的民间教派如一贯道、鸾堂、斋堂、慈惠堂、轩辕教、天帝教等,以及无组织性的个人信仰行为如求签、卜卦、算命、改运、收惊、童乩、尪姨、法师等一些占卜与巫术性的信仰。

信仰圈为某一区域范围内,以某一神明及其分身之信仰为中心的信徒之志愿性的宗教组织,任何一个地域性的民间信仰之宗教组织符合此定义,即以一主神为中心,成员资格为志愿性,且成员分布范围超过该神的地方辖区,则谓其为信仰圈;神明之信徒会超过该神所在的地方小区形成信仰圈,一个最基

---

① 林美容:《彰化妈祖的信仰圈》,"中研院"《民族学研究所集刊》第 68 期,1990 年。

本的因素是庙宇虽然属于它建立之时出钱有份的地方小区,但庙宇一经建立,便具有开放性,人人都可以到庙里来求神拜拜,参与一些庙里的活动,如卜龟、卜饼、安光明灯、安太岁、给神作契子等等,添油香钱、谢戏酬神都是一般信徒常做的事,神明信仰的开放性,有灵验的神明就能吸引外地来的信徒,而神明的灵验又常跟它的历史的长短有关,神明的庙宇所在的地理位置也会影响其灵验事迹的传播,一个交通要道和街市的神明自然比乡村的神明更易传播它的灵验事迹,其信徒的分布范围越容易超过原来庙宇所属的地方小区,而形成一个信仰圈。

信仰圈覆盖一定的地域范围,且其范围通常超越地方小区的范围,即超越乡镇的界线,一般说来台湾的神明信仰具有开放性,庙宇之兴建与祭祀之维持固是小区居民的责任与义务,一旦建立庙宇,并不排除外地来的香客,因为香客多表示香火盛,就会引来更多香客,增加庙宇之油香钱的收入,也因此能够形成信仰圈的神祇常常有所为"荫外方"的传说,这是吸引外地信徒,形成信仰圈的过程中不可少的步骤,当外地形成信仰圈后进而促成"分灵"。

二、分灵的文化意蕴

分灵又称分香,在东亚传统宗教中,指在某座寺庙求取神佛的香火,回去供奉的行为,[①]而台湾民间信仰,分灵的神像每逢一段时间,就需要回到原庙宇(俗谓祖庙)参加祭典,以增添神明的法力,号称进香,分灵系指地方新建庙宇,或者信徒欲在自宅供奉某一尊神明时,先到历史悠久、神迹灵验的大庙去求取神明的灵力。经过特殊的仪式之后,新塑的神像被视为祖庙神明的分身,具有相近的灵力,但是每年必须重新回到祖庙来进香、刈火,方能保持灵力不衰,信徒也普遍相信,越是接近首座祭祀该神明的庙宇,层级越高,其神力也较强,如湄洲岛天后宫被各地妈祖庙奉为祖庙。

在华人的信仰中,神明是非常繁忙的,多在天庭或者原乡。所以分灵的神

---

① 黄美英:《台湾妈祖的香火与仪式》,(台北)自立晚报文化出版部,1994年版。

像,多是神祇本人。但在特殊情况下,并不一定是该神祇本人,如该神的部属,或者该神挑选之当地有功德的先人都可以。如台中万和宫妈祖庙奉祀的"老二妈"神像,就是当地的一位廖姓少女的魂魄。在同一座庙宇里,每一尊神像中都是不同的灵体——是主要神祇的化身。举例而言,一座妈祖庙奉祀的神像,会分成镇殿妈祖、湄洲妈祖、开基妈祖、巡游妈祖、大妈、二妈、三妈等,或精医药、或通堪舆、或善驱魔、或佑航海,各司其职。分灵的神像到一个新地方有同样或者相近的神力,但要经过回老家来保持这种神力。

台湾各大妈祖庙皆有分灵,如在 2010 年时由中国社会科学研究院副研究员陈进国教授深感新港奉天宫妈祖慈悲灵感有缘份,且新港妈祖驻台历史已有 391 年之久,若能请得新港妈祖金身分灵故乡福建永春陈阪宫回馈乡里,让故乡亲人也能得到妈祖庇佑,这个倡议获得永春县旅外子弟及泉州台商的支持,纷纷捐款筹建永春第一座妈祖庙,而新港奉天宫董事长何达煌也于 2011 年率领董监事前往参与开永妈祖庙奠基典礼,将本是由福建湄洲分灵来台的妈祖文化透过信仰再传播回中国大陆来永续传承。

三、信仰圈的组织机构

信仰圈的组织机构是神明会,可分为以下三种[1]:未建庙宇之前的神明会,在台湾有些地方公庙建立之前,是由当地热心的居民先组织神明会,维持村庄保护神的祭祀,这类作为庙宇之前身的神明会常常只限于某一村庄或某一地方的信徒才能参加,有时也要限制其祖籍,或者限制某一姓的人才能参加,这跟台湾传统的村庄,很多是血缘村庄,也有很多是同一祖籍地来的移民及其后代所构成的同籍村庄,不过很多所谓的同籍村庄里面,本质上是以某姓占优势的血缘村庄,这也是有些神明会之会员资格,既限某一祖籍,又限某一姓氏之故。

附属于庙宇的神明会,一旦庙宇设立之后,原先有神明会组织的,该神明

---

① 林美容:《彰化妈祖的信仰圈》,"中研院"《民族学研究所集刊》第 68 期,1990 年。

会可能仍然维持下来,作为核心的信徒参与庙务的主要组织,原先没有神明会的庙宇可能为了使神明的祭祀热络些,而组织神明会。也有些庙宇建立之后,可能因村庄较大,香火较盛,热心的信徒日多,他们可能另外雕刻主神的分身,组织神明会,裨庙会活动时可以有一些基本的信徒抬轿或参与阵头,无论如何,这些神明会是附属于庙宇的,要接受庙方之管理组织如管理委员会的管理或分派工作,而其会员仍以地方居民为主体,由地方上热心的信徒参加。

另与庙宇有关但独立于庙宇的管理组织与祭祀组织之外的神明会,往往一个历史悠久的大庙,其主神由于灵异传说的累积,信徒不断增加,可能为了庙宇要谒祖进香,而使这些信徒结合起来,组织神明会,这些神明会若仅是以庙宇之主神及其分身为其崇祀对象,对庙宇内其他的神祇并不祭拜,则此会与主导庙宇每年之例行性祭典的管理组织和祭祀组织分道扬镳已无关连;而且这样的神明会常常会超过庙宇所属的地方小区,而成为区域性的信徒组织。

我们来分析一个典型案例。台湾彰化县彰化市南瑶里的一座主祀天上圣母的妈祖庙,建于18世纪清朝乾隆年间,在彰化县城南门外,香火鼎盛,屡称灵验,[①]有"彰化妈荫外方"之名,现为中台湾的重点古庙,1985年4月25日公告指定为三级古迹(今为县定古迹)。

南瑶宫的创建起源,至今仍缺乏可资佐证的详细资料,现在只能从日人留下的《寺庙台帐》与宫内所存的沿革碑,加上相关文献与里民口传来综合推敲。在清雍正元年(1723),彰化设县,窑工杨谦自诸罗县(今嘉义县)笨港南街来此应募工事(可能是到瓦磘庄做工烧瓦[②]),随身携带妈祖香火袋庇身,杨谦将香火挂在工寮内,每当入夜附近居民就可见到此处散发五彩毫光,咸认为是神明显灵,于是地方士绅集资雕塑妈祖神像,奉祀在附近的福德庙内,居民参拜屡称灵验,遂香火日盛。清乾隆三年(1738),瓦磘庄民陈氏捐地建祠,时称"妈祖宫",同年11月,总理吴佳声、黄景祺、林君、赖武等发起募资兴建殿宇,雕塑五尊神像,取彰化县城南门之"南"与瓦磘庄的谐音雅字"瑶",正式定名为"南

---

① "一在邑治南门外尾窑。乾隆中,士民公建,岁往笨港进香,男女塞道,屡着灵应。"周玺总纂:《彰化县志》上册,(台北)文建会,1996年版,第267页。
② 卓克华:《寺庙与台湾开发史》,(台北)扬智文化,2006年版,第128页。

瑶宫"。①

大正年调查的《寺庙台帐》记载的是"……丙沿革……创立缘起……嘉义厅斗六鱼寮庄住民,陶工杨谦,虔诚信仰北港妈祖庙天上圣母,并于自家中供奉神像。乾隆元年(1736),移居瓦磘庄即现在之大埔庄,随即宣扬其灵显事迹。故而当时彰化总理林杨及李、赖蔡各姓诸同人共同筹款,塑造天上圣母神像,以供奉祀,至乾隆三年(1738),遂在瓦磘庄陈氏土地上,创建茅草小祠,安置神像,名为妈祖宫。"②

虽然大部分的记载都传南瑶宫建于1738年,但是建庙年份在官方志书中却未有记录,有之者仅周玺在清道光年间修纂的《彰化县志》中提到"一在邑治南门外尾窑,乾隆中士民公建",而非"乾隆初"。再者,南瑶宫在日治时期经历17年的改建工程,1936年完工后在前殿左侧立有一块纪念改筑的"沿革碑"③,碑上刻文却指建庙年代为1749年(清乾隆十四年),两相差距11年,但较符合《彰化县志》"乾隆中"的记载。④

南瑶宫主祀妈祖,附祀五谷王、土地公、国姓公、广泽尊王、观音等诸神,为南门口之公庙,其祭祀圈即南门口之南瑶里及成功里共四十邻之范围内,其庙内诸神的千秋祭典,以及普度、谢平安等每年之例行性祭典,由此四十邻之居民共同举行(邻长代表),但南瑶宫在历史的发展过程中,逐渐成为彰化市乃至邻近之彰化县、台中县、台中市、南投县等地区居民的信仰中心,其中因素很多,而以十个妈祖会的形成为最主要的因素。

彰化县志卷五祀志典祠庙云,南瑶宫"在邑治南门外尾,乾隆中士民公建,岁往笨港进香,男女塞道,屡着灵验",南瑶宫之所以往笨港进香,乃因其香火是彰化县建城时,一工人名杨谦者,自笨港携来,乾隆十几年始建庙,初不满十坪。嘉庆七年,彰化绅董联络县下信者,倡议重建,庙成之后每年往笨港进香,

① 罗启宏等编纂:《彰化南瑶宫志》,第三章本宫创建沿单,第二节创建缘由,(台湾)彰化市公所,1997年版。

② 维基百科:南瑶宫,https://zh. wikipedia. org/zh-tw/%E5%8D%97%E7%91%A4%E5%AE%AE #cite_note-10

③ 罗启宏等编纂:《彰化南瑶宫志》,(台湾)彰化市公所,1997年版,第23页。

④ 卓克华:《寺庙与台湾开发史》,(台湾)扬智文化,2006年版,第129—130页。

随驾香丁常拥十余万往复步行,时彰化县下各部落民遂倡议组织銮班会或称舆前会,以为护卫圣驾轮办进香之人员。[①]

銮班会或舆前会现皆称为会妈会,因各分尊妈祖属神明会所有,故称会妈,其会员组织即为会妈会,南瑶宫现有十个会妈会,即老大妈会、新大妈会、老二妈会、兴二妈会、圣三妈会、新三妈会、老四妈会、圣四妈会、老五妈会及老六妈会,十个妈会各有其会员,其会员分布各有一定的范围,会务及会员组织各自独立,各会每年都有例行的"作会",即在南瑶宫举行妈祖的千秋祭典。

四、多元的台湾信仰圈对妈祖信俗世界传播

在台湾妈祖的寺庙碑记中,不仅可以看到碑文所反映的寺庙管理状况,更可看到官员绅士透过碑文所欲强化的教化功能。这种教化功能及公众管理功能之所以能成立及运作,都反映了汉人社会中宗教信仰的重要性,不论是官绅或民众都受到了这一套宗教信仰的深入影响,它成为官民价值体系中的一环,左右汉人在日常生活中的思维,妈祖寺庙碑记之所以能发挥其作用,也是在汉人这样的社会文化中,才能保有其功能。

台湾在解严之前,宗教的管制有一定的严格性,1989 年"人民团体法"通过,宗教的发展有了新的局面,如台湾佛教的两大领袖人物星云法师与证严法师把佛教带上新的高境界,而一直被含括在道教范畴的民间宗教妈祖文化,是民间宗教中最具光环的文化,妈祖文化的推动是因为有利的政治环境、有利的经济、有利的文化创意、有利的人力推动。有利的环境造成是因为政治人物常常与庙会活动融为一体,提高了宫庙的知名度,而政治人物也因此得到有关信众的支持。有利的经济是因为信众有了经济力和宫庙起了一定的作用,宫庙因为经济力的充实才能够大力发展。有利的文化创意是因为宫庙注重文化产业发展研究、信息提供、产业环境创造,将产业发展的构思融入其文化意义中,

---

① 昭和十一年南瑶宫沿革碑文,《南瑶宫沿革碑记》。

凸显出建构多元妈祖文化产业之价值体系。至于有利的人力推动是因为妈祖文化的信众众多,利用此广大的人力资源向海内外宏扬,则妈祖文化必然大放异彩。妈祖文化隶属民间宗教,从北宋时期开始就一直被传承下来,这种从封建社会到威权社会再到民主化社会的过程历经了一千多年还是屹立不摇,这代表了妈祖文化的坚韧性和信众对妈祖文化的高度崇信,进而于2014年形成了妈祖海上丝绸之路的政策。

妈祖文化从大陆传播到台湾,除回湄洲谒祖外,已在台湾有各自的信仰圈,妈祖宫庙间并借由进香、会香、参香交互往来,每年各地都有当地的妈祖文化节,举办期间各友宫都借此活动联谊,形成各地妈祖文化交流,更在台湾解严后与大陆湄洲祖庙进行妈祖文化交流,透过妈祖文化交流让两岸关系更紧密。

现台湾妈祖文化潮流正如波涛汹涌,可以挹注源头湄洲祖庙因"文化大革命"所造成的断层,亦可传播信仰到世界各地,如北港朝天宫的分香日本"东京朝天宫",于关东地区建造妈祖庙,名誉会长江修正等人于1979年创立"日本妈祖会"于2008年11月9日命名为"东京朝天宫"。

又彰化南瑶宫分灵泰国南瑶妈祖宫,起源是一群在泰国事业有成的台商在2005年返台探亲,在造访彰化南瑶宫,与庙方谈起在异乡奋斗的心路历程,希望分灵妈祖,在掷筊请示妈祖后获得连3个圣筊应允,泰国南瑶妈祖宫便自此结缘,2006年分灵妈祖抵达泰国,[①]2011年于福建漳州兴建南瑶宫分灵庙,由彰化市长邱建富迎请妈祖驻驾漳州乌石天后宫,彰化市长邱建富是以南瑶宫管理人身分,率团迎请分灵妈祖到福建漳州,邱建富指出,去年南瑶宫与福建省漳州乌石天后宫缔结友好宫庙盟约,得知大陆将斥资人民币50亿元开发乌石妈祖文化园区,可望成为宗教观光旅游胜地,南瑶宫香火鼎盛且组织庞大,开发单位同意提拔土地兴设南瑶宫分灵庙。当地台商大力支持南瑶宫兴

---

① 刘得仓:"泰国南瑶妈祖宫 首座台湾妈祖庙",载"中央社",https://tw.news.yahoo.com/%E6%B3%B0%E5%9C%8B%E5%8D%97%E7%91%A4%E5%AA%BD%E7%A5%96%E5%AE%AE-%E9%A6%96%E5%BA%A7%E5%8F%B0%E7%81%A3%E5%AA%BD%E7%A5%96%E5%BB%9F-115920174.html,2015年3月21日

建分灵庙,分灵妈祖暂时驻驾乌石天后宫,邱建富说,5 年前南瑶宫在泰国兴建分灵庙,乌石南瑶宫是南瑶宫第二座海外分灵庙,也是台湾妈祖庙在大陆第一座分灵庙。[①]

嘉义新港奉天宫分灵福建永春开永妈祖庙组团,于 2012 年 12 月 30 日上午 9 时 30 分回新港奉天宫谒祖进香,也是全台首次由大陆分灵庙宇回台谒祖进香朝拜,2011 年 12 月 30 日新港奉天宫董事长何达煌率领董监事恭请奉天宫分灵开永妈祖庙的镇殿妈前往永春,造成全县城轰动,一年后的今天由永春陈阪宫董事长李文峰组成开永妈祖文化交流协会,恭请开永妈祖回祖庙新港奉天宫谒祖进香。

新港奉天宫董事长何达煌表示:"福建永春开永妈祖庙此次组团回祖庙进香,对于奉天宫及两岸宗教文化交流留下新的历史与创举,台湾的妈祖庙大多组团回到福建湄洲谒祖,但福建永春县开永妈祖庙创下第一个由大陆分灵庙宇回台谒祖进香,而且奉天宫分灵的开永妈祖庙也是永春县第一间妈祖庙,这更是难得。"荣誉董事周振树也表示,这次开永妈祖庙除了谒祖进香这重要的任务之外,更重要的任务是要来祖庙取经,学习如何办理大型的宗教文化活动,在福建各地打响祖庙新港奉天宫的名声及宣扬妈祖神威显赫,继而也成为另种文化性交流与互动。[②]

妈祖文化今天仍然是上海、台湾文化交流的重要内容。2017 年 12 月台湾大甲镇澜宫董事长颜清标在上海表示:拥有 600 多年历史的上海城隍庙已赴台交流过 3 次;向大甲妈祖请求一尊分灵到上海。妈祖对两岸民众信仰都占了相当重要的位置。上海城隍庙吉宏忠道长回应道:妈祖文化是两岸道教信仰沟通交流的重要纽带。上海作为海滨城市,妈祖信仰有着悠久的历史,上海

---

① 陈怡茵:南瑶宫漳州兴建分灵庙　邱建富迎请妈祖驻驾乌石天后宫,载"中央社",https://tw. news. yahoo.com/%E5%8D%97%E7%91%A4%E5%AE%AE%E5%AA%BD%E7%A5%96%E5%88%86 E9%9D%88 -%E7%9B%BC E5%90 B8%E5%BC%95 E9%99%B8 E5%AE%A2 -112157878. html,2011 年 6 月 16 日。

② 任礼清:《福建永春开永妈祖周年回奉天宫谒祖进香》,(台湾)《今日新闻》2012 年 12 月 30 日。

城隍庙内供奉的妈祖每天都有信众虔诚朝拜。①

　　蔡泰山研究指出② 19 世纪英国人类学家泰勒(Tylor. E. B)在 1871 年所著原始文化(Primitive Culture)一书中,对文化下了一个著名的定义:"文化是包括知识、信仰、艺术、法律、道德、风俗以及作为一个社会成员所获得的能力与习惯的复杂体",妈祖文化是一种文化的多容体,它可让民众有更多的认知,并且可以培养互信建立共识,其主要的核心价值是以妈祖大爱精神,维护航海安全及照顾渔民生活为文化内涵。

　　随着历史的发展,妈祖文化不断变化、丰富,从原先单一的海上女神,保护航海安全的使命发展成具有"祝福人类和谐、社会安宁、家庭太平、事业兴隆"等广泛内容③,形成了一种特色,更造就了台湾文化的发展场景,如每年 3 月23 日或 9 月 9 日妈祖宫庙所举办的妈祖遶境活动所营造出来的大格局活动,不但在世界上的网络可以见到,在台湾也热闹异常,是一项伟大的文化活动创举,蕴含政治、社会、经济、文化等多方面的功能。

　　2006 年台湾大甲镇澜宫号召 6 000 多名的信众浩浩荡荡前往福建湄洲岛举行的庙会活动,双方各显神通,从妈祖的舞蹈、文物、建筑、民俗等,将妈祖文化的内涵赤裸裸的呈现出来,充分体现妈祖文化的功能性,触动了两岸民众彼此的信任及妈祖文化共同的信仰。2018 年 6 月 8 日首届海峡两岸传统民俗文化交流会在漳州南靖龙山永丰成功举办,此次是以妈祖文化作为交流会主轴,其中台湾新港奉天宫妈祖分灵到福建漳州南靖的龙山永丰落根,使两岸因妈祖文化交流带动经济交流。

　　这些都是妈祖信俗推动世界传播的生动案例,它会促进人类命运共同体向更高层次广大范围发展。

---

①　李凤森:台湾大甲镇澜宫董事长颜清标一行参访上海城隍庙,载中国网,http://www.china. com. cn/guoqing/2017 − 07/19/content_41244848. htm,2017 年 07 月 19 日

②　蔡泰山:《妈祖文化在台湾民主信仰变迁及发展趋势》,台湾民主兴起与变迁第二届学术研讨会,台湾省咨议会,2007 年。

③　严文志:《妈祖文化与台湾区域发展之研究》,《莆田:海峡两岸妈祖文化学术研讨会》,2012 年。

五、结　语

笔者出生于 1976 年台湾云林县北港镇旁的春埔村,出生当日为农历三月 19 日,正是北港朝天宫妈祖绕境庆典日,当晚笔者父亲正参加北港妈祖庆典回家后喜获麟儿,如此笔者从小拜妈祖,更是妈祖信徒及终生义工。2015 年笔者参与新港奉天宫乙未年启建金箓庆成祈安护国七朝清醮,见来自各地及当地民众皆参与妈祖文化庆典,深感妈祖信仰文化已根深蒂固在信众之中,更进而带动地方社会之经济与发展,来自各地的信众祈求妈祖赐福保佑,可见妈祖信仰文化之能量,更以身为妈祖终身义工为荣;笔者经由台湾妈祖文化之研究,透过妈祖文化信仰圈传播归结本文谨研提有五点发现:

一、台湾妈祖信仰随先民移居而来,不断在台湾传承、扩大。

二、妈祖信仰在台湾经由群聚效应,进而影响台湾村庄的社会发展,形成了信仰圈。

三、妈祖文化已涵盖了台湾的经济、文化、政治、产业及生活圈。

四、台湾妈祖文化已如波涛汹涌传播到世界各地,更挹注了湄洲祖庙。

五、两岸妈祖文化经由海上丝绸之路航向世界各地。